D1701205

Spuren jüdischer Geschichte und Kultur

in der Grafschaft Montfort

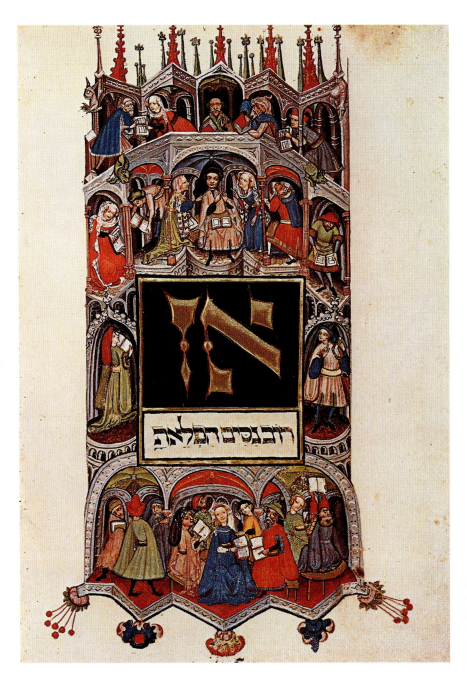

Miniatur aus der Darmstadt-Haggadah. Der architektonische Schmuck erinnert an die Wandmalereien der Kirche in Eriskirch aus der Zeit um 1410/20.

Karl Heinz Burmeister

Spuren jüdischer Geschichte und Kultur in der Grafschaft Montfort

Die Region
Tettnang, Langenargen, Wasserburg

Herausgegeben von Eduard Hindelang

 Museum Langenargen am Bodensee

 Jan Thorbecke Verlag Sigmaringen

Wir danken für die Förderung der Drucklegung dieses Werkes:

Stiftung der Württ. Hypothekenbank für Kunst und Wissenschaft
Diane Herzogin von Württemberg, Prinzessin von Frankreich-Stiftung Friedrichshafen
Landratsamt Bodenseekreis aus Mitteln der OEW
Landratsamt Lindau
Stadt Tettnang
Volksbank Tettnang eG
Gemeinde Langenargen
Gemeinde Eriskirch
Gemeinde Wasserburg
und Freunde des Museums, die nicht genannt sein wollen.

Die Deutsche Bibliothek – Cip-Einheitsaufnahme
Burmeister, Karl Heinz:
Spuren jüdischer Geschichte und Kultur in der Grafschaft Montfort:
die Region Tettnang, Langenargen, Wasserburg.
Karl Heinz Burmeister. Museum Langenargen am Bodensee.
Hrsg. von Eduard Hindelang. – Sigmaringen: Thorbecke, 1994
(Veröffentlichungen des Museums Langenargen)
ISBN 3-7995-3162-9

Veröffentlichungen des Museums Langenargen, D-88085 Langenargen am Bodensee
Herausgegeben von Eduard Hindelang
Erschienen zur gleichnamigen Dokumentation im Museum Langenargen 1994

© Prof. DDr. Karl Heinz Burmeister, Bregenz und das Museum

Herstellung: Druck + Verlag Senn, 88069 Tettnang
Buchbinderische Verarbeitung: Großbuchbinderei Moser, Weingarten
Papier: Phönix-Imperial 150 g/m2 der Fa. Scheufelen, Lenningen

Umschlagbild: Glasfenster im Chor der Pfarrkirche Eriskirch am Bodensee, ehem. Grafschaft Montfort, Gruppe der Juden aus der Befragung des Judas, Chor Süd. Memorialstiftung der Söhne des 1408 verstorbenen Grafen Heinricht VI. von Montfort-Tettnang. Aufnahme Dr. Wolfgang Kessler, Rottweil

Printed in Germany

ISBN 3-7995-3162-9

Inhalt

Vorwort des Herausgebers	7
Einleitung	9

Erstes Kapitel:
Die Grafen von Montfort und die Juden bis 1349 — 13
- I. Die Juden im Bodenseegebiet bis 1349 — 13
- II. Der angebliche Aufenthalt des Rabbi Meir mi-Rothenburg in Wasserburg 1286 — 15
- III. Juden als Geldgeber der Grafen von Montfort vor 1349 — 16
- IV. Das Geheimnis der Guta von Überlingen — 20

Zweites Kapitel:
Die Grafen von Montfort und die Juden bis 1448 — 21
- I. Die Juden im Bodenseegebiet 1350 bis 1448 — 21
- II. Repressalien der Stadt Lindau gegen Wasserburg wegen eines Juden 1358 — 25
- III. Seligman und Salman von Tettnang 1423/33 — 25
- IV. Die Beteiligung Graf Heinrichs VI. von Montfort-Tettnang am Ritualmordprozeß von 1443 — 32
- V. Juden als Geldgeber der Grafen von Montfort 1350 - 1448 — 33

Drittes Kapitel:
Urbanus Rhegius von Langenargen und die Juden — 35

Viertes Kapitel:
Juden in der Grafschaft Montfort 1551 – 1572 — 39
- I. Die Ansiedlung der Juden seit 1551 — 39
- II. Die montfortischen Juden bis 1572 — 40
  1. Juden in Tettnang — 41
  2. Juden in Langenargen — 43
  3. Juden in Wasserburg — 44
- III. Zur Tätigkeit der montfortischen Juden — 47
  1. Die sogenannten „wucherischen Kontrakte" — 47
  2. Die „wucherischen Kontrakte" in Vorarlberg — 49
  3. Prozesse vor dem Hofgericht Rottweil — 59
- IV. Die Ausweisung der Juden 1572 — 64

Fünftes Kapitel:
Juden in der Grafschaft Montfort 1584/1632 (1652/54) — 67
- I. Die Ansiedlung der Juden seit 1584 — 67
- II. Die montfortischen Juden bis 1632 (1652/54) — 67
  1. Juden in Wasserburg — 67
  2. Juden in Langenargen — 70
- III. Das Ende der montfortischen Juden 1625/40 (1652/54) — 90

Sechstes Kapitel:
Der Weg über die Gleichberechtigung zur Vernichtung — 91
- I. Juden im Bodenseegebiet vom 15. bis 19. Jahrhundert — 91
- II. Judentaufe in Tettnang 1749 — 96
- III. Jüdischer Handel und Wandel im 18. Jahrhundert — 99
  1. Tettnang — 99
  2. Langenargen — 103
- IV. Von der Emanzipation zum Holocaust — 108
  1. Tettnang — 110
  2. Langenargen — 117

Siebtes Kapitel:
Die Lebenswelt der Juden im Montforterland — 133
- Das Verhältnis zum Grafen — 133
- Die gesellschaftlichen Verhältnisse — 134
- Die Geschäftstätigkeit — 137
- Die Ausübung der Religion — 142
- Das äußere Erscheinungsbild — 150
- Die Namen — 152
- Sprache, Bildung und Kultur — 153

Schlußbetrachtung	157
Anmerkungen	159
Zeittafel	169
Quellenverzeichnis	171
Literaturverzeichnis	172
Register der Orte	178
Register der Personen	183
Bildnachweis	189

Matthäus Merian, Karte der Grafschaft Montfort, 1643.

Zum Geleit

Seit Gründung unseres Museums vor bald zwanzig Jahren erreichten uns immer wieder Anfragen nach jüdischen Mitbürgern in Langenargen und in der Grafschaft Montfort. Darüber gibt es weder in der Erstausgabe der Heimatgeschichte von Schilling 1870, noch bei Kiechler 1911 oder Eggart 1926 einen Hinweis. Auch Vanotti hat im letzten Jahrhundert in seinem großen Standardwerk über die Grafen von Montfort diese Frage nicht beantwortet. Neugierig geworden, fragte ich den wohl derzeit besten Kenner jüdischer Geschichte und Kultur im Bodenseeraum, Prof. Dr. Karl Heinz Burmeister, was er über jüdische Bevölkerung in der Grafschaft und der Region Tettnang, Langenargen und Wasserburg im besonderen schon gefunden hat. Er meinte, daß die wenigen Spuren, die er für diesen Bereich bereits vorliegen habe, eine gründliche Nachforschung reizvoll machten. Das Ergebnis seiner mehrjährigen Recherchen können wir nun vorlegen und damit eine Lücke in der Geschichtsschreibung über die Grafschaft schließen.

Mein Dank gilt dem Autor für seine Bereitschaft, sich meines Anliegens anzunehmen. Die Zusammenarbeit mit ihm machte Freude. Daß es für unser Museum wieder ein Kraftakt ist, dieses Buch herauszubringen, bedarf kaum des Hinweises. Deshalb bin ich allen Institutionen, die bei der Finanzierung mit Zuschüssen mitgeholfen haben, sehr dankbar.

Mit dem Autor bin ich allen Freunden und Kollegen zu Dank verpflichtet, die seine Arbeit bereitwillig unterstützt haben. Diese Hilfe kommt auch der begleitenden Dokumentation in unserem Museum zugute. Den Grundstock hierfür bilden die großzügig gewährten Leihgaben der jüdischen Museen in Hohenems und Laupheim, des Vorarlberger Landesarchivs und eines Privatsammlers.

Der Vorsitzende des Zentralrates der Juden in Deutschland, Ignaz Bubis, beklagte vor kurzem das Defizit an Wissen über das Judentum in der deutschen Bevölkerung. Bei der Einweihung eines neuen Vortragssaals im Berliner Centrum Judaicum sagte er: „Wir leben in einer Zeit, wo die Mehrheit der Deutschen nicht weiß, was Judentum ist, was es war, und daß es in Deutschland 1600 Jahre lang Judentum gegeben hat." Ohne diese Klage zu kennen, ist dieses Buch das gemeinsame Anliegen von Autor und Herausgeber, die jüdische Kultur den Menschen nahezubringen. Wenn dies über die Kenntnis jüdischer Vergangenheit in unserer Heimatregion hinaus gelingt, waren wir mit unserem Vorhaben auf dem rechten Wege.

Langenargen, im März 1994

Eduard Hindelang

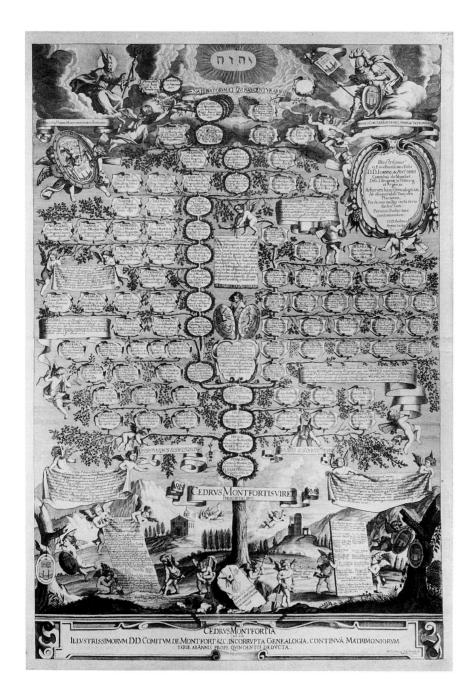

*Andreas Arzet
Cedrus Montfortia,
Stammbaum der
Grafen von Montfort,
gestochen von Michael
Wening, München, 1675.*

Einleitung

Wer sich in Tettnang, Langenargen oder Wasserburg auf die Suche nach Zeugnissen jüdischer Vergangenheit begibt, wird selbst bei intensiver Suche kaum etwas finden. Um so größer ist seine Überraschung, wenn er in Langenargen im Schloß Montfort eine ganze Reihe von Davidsternen entdeckt. Der Davidstern, hebräisch *„Magen Dawid"*, seit 1948 Symbol in der Staatsflagge Israels, seit 1897 Wahrzeichen des Zionismus, im 19. Jahrhundert religiöses Symbol des Judentums, doch schon den mittelalterlichen Juden bekannt, hat in einem vom württembergischen König um 1861/66 erbauten Schloß einen eher ungewöhnlichen Standort. Verbindet man diese Davidsterne aber mit dem maurisch-italienischen Stil des Gebäudes, so fügen sie sich nicht nur passend in diesen ein, vielmehr würde man sie – wären sie nicht vorhanden – geradezu vermissen. Denn eben dieser maurische oder neuislamische Stil ist im 19. Jahrhundert der vorherrschende Baustil der damals geschaffenen Synagogen gewesen. Die ersten Gebäude dieser Art waren die 1830/32 erbaute Synagoge von Ingenheim in der Pfalz und die 1837 entstandene Synagoge von Speyer. In Württemberg hatte König Wilhelm I. 1842/45 in diesem Baustil das Schloß Wilhelma in Cannstatt errichten lassen. 1859/61 prägte eben dieser Baustil die Synagoge in Stuttgart. Viele andere Synagogen in Württemberg folgten diesem Muster, u.a. jene in Ulm und Heilbronn (vgl. Hahn, Synagogen in Baden-Württemberg, S.27 – 32). Es mag vielleicht etwas außergewöhnlich klingen, aber wenn man auf den Baustil sieht, dann möchte man das Schloß Montfort als die *„Synagoge von Langenargen"* bezeichnen. Die Davidsterne im Schloß symbolisieren jedenfalls ein christlich-jüdisches Zusammenleben und eine Begegnung zweier Kulturen: diese Begegnung zwischen Juden und Christen in der lokalen Geschichte nachzuvollziehen, ist das Ziel des vorliegenden Buches.

Tettnang, Langenargen und Wasserburg, lange Zeit durch ein gemeinsames Band montfortischer Herrschaft miteinander verbunden, sind Orte, in denen die jüdische Vergangenheit nur sehr schwer greifbar ist; die drei Orte stehen damit ganz im Gegensatz zu typischen Gemeinden wie Ravensburg, Buchau, Laupheim oder Ulm, aber auch etwa zu Konstanz, Überlingen oder Gailingen: dort kann man aus der ganzen Fülle historischer Quellen und archäologischer Überreste ein detailliertes Bild von der Geschichte der Juden zeichnen. Für Tettnang, Langenargen oder Wasserburg gilt das nur in einer sehr begrenzten Weise.

In der über 750jährigen Geschichte der Grafschaft Montfort und deren politischer Nachfolgeinstitutionen (Oberamt, Kreis und Landkreis Tettnang) haben die Juden zu keiner Zeit eine herausragende Rolle gespielt. Die Zahl der Juden war stets so gering, daß es hier nie zu einer Gemeindebildung kommen konnte, sieht man von Buchhorn ab, das als Reichsstadt eine eigene – freilich alles andere als historisch aufgearbeitete – Entwicklung genommen hat. Die Geschichte der Juden in Buchhorn kann jedoch hier nur am Rande in unsere Betrachtung einbezogen werden. Die vor wenigen Jahren unter dem Titel *„Pinkas Hakehillot"* in hebräischer Sprache erschienene Enzyklopädie der jüdischen Gemeinden in Baden-Württemberg von ihrer Gründung bis in die Zeit nach dem Holocaust (Jerusalem 1986) erwähnt weder Tettnang noch Langenargen. Vergebens sucht man auch in den einschlägigen Titeln zur regionalen Geschichte der Juden nach Hinweisen auf die Geschichte der Juden in Tettnang, Langenargen und Wasserburg. Und da, wo die „Germania Judaica" (Band 3/1, Tübingen 1987) einen Artikel über Langenargen bringt, erweist sich dieser als wenig informativ und in seiner Kernaussage sogar als falsch. Zusätzliche Probleme gibt es im Falle von Wasserburg durch die Namensgleichheit mit Wasserburg am Inn und anderen gleichnamigen Orten.

Man könnte daher gleich zu Beginn die Frage stellen, ob ein Buch über die Juden in Orten mit einer kaum greifbaren jüdischen Geschichte überhaupt berechtigt ist oder sinnvoll sein kann. Man muß diese Frage positiv beantworten. Denn auch wenn es zu einer Gemeindebildung nicht gekommen ist, so haben doch immer wieder Juden zu verschiedenen Zeiten versucht, in Tettnang, Langenargen oder Wasserburg heimisch zu werden, oder sie sind dort heimisch geworden, sie haben wesentliche Beiträge zur wirtschaftlichen Entwicklung geleistet und sie haben zeitweise auch diesen Orten – wenigstens andeutungsweise – den Stempel ihrer eigenen Kultur aufgedrückt: durch ihre besondere Sprache und Schrift, durch ihre Religion, durch ihre Lebensweise, durch ihr Brauchtum. Gerade aber um diese Spuren einer kulturellen Vielfalt in den drei Orten sichtbar zu machen, erschien es als eine lohnende Aufgabe, auch dort nach ihnen zu suchen, wo auf den ersten Blick scheinbar gar nichts oder nur wenig vorhanden war.

Es geht in diesem Buch, wie es auch in seinem Titel zum Ausdruck kommt, in erster Linie um eine Spurensuche und Spurensicherung, um einen ersten Schritt in die angezeigte Richtung, eine kulturelle Vielfalt in einer sich prima facie eintönig oder uniform darstellenden Gesellschaft sichtbar zu machen. Es geht darum, die in zahlreichen Archiven oder Sammlungen versteckten Überreste aufzuspüren und für künftige aufbauende Studien aufzubereiten und festzuhalten. Das Buch soll etwa auch dem Lehrer die Möglichkeit bieten, die Probleme der deutsch-jüdischen Geschichte anhand von lokalen Materialien darzustellen. Es wurde daher auch angestrebt, möglichst viele einschlägige Quellen aus den verschiedensten geschichtlichen Epochen in vollem Wortlaut und auch im Bild wiederzugeben. Großer Wert wurde auch auf die genaue Angabe der Fundorte der Belege gelegt.

Davidstern aus dem im maurischen Stil 1861/66 erbauten Schloß Langenargen.

Mangels internen jüdischen Materials wurde die Quellenbasis für diese Darstellung dadurch erweitert, daß auch die heimische wissenschaftliche und künstlerische Auseinandersetzung mit dem Judentum in die Betrachtung einbezogen wurde. Sowohl ein Urbanus Rhegius als auch die Künstler der Glasfenster oder der Wandmalereien in der Pfarrkirche von Eriskirch waren Menschen, die jene jüdisch-christliche kulturelle Vielfalt, deren Aufspürung wir uns zum Ziel gesetzt haben, in ihrer Zeit deutlich erkannt und mit der sie sich geistig auseinandergesetzt haben.

Jüngere Arbeiten zeigen, daß der hier beschrittene Weg einer Spurensuche und Spurensicherung jüdischer Geschichte in der Grafschaft Montfort durchaus ein legitimes Anliegen ist. Insbesondere ist hier auf das Buch von Joachim Hahn „Erinnerungen und Zeugnisse jüdischer Geschichte in Baden-Württemberg" (Stuttgart 1988) hinzuweisen, das erstmals auch kleine Artikel über *„Langenargen"* und *„Tettnang"* aufgenommen hat. Sodann hat Karl Schweizer in einer Veröffentlichung über die *„Juden in Friedrichshafen"* (Konstanz 1988) auf Fundstellen mit Bezug auf Juden in Langenargen und Tettnang hingewiesen. Und zuletzt hat Roland Weiß in seinem Buch *„Die Grafen von Montfort im 16. Jahrhundert"* (Markdorf/Tettnang 1992) einen Exkurs über *„Montfort und Juden"* aufgenommen. Unverkennbar besteht ein steigendes Interesse an solchen lokalen Fragestellungen, das uns ermutigt hat, die nachfolgende Darstellung mit dem Anspruch abzufassen, ein grundlegendes (wenn auch notgedrungen nicht vollständiges) Quellenwerk zur Geschichte der Juden in Tettnang, Langenargen und Wasserburg (zugleich mit dem Blick auf einige andere Nachbargemeinden) zu schaffen.

Dieses Buch wäre ohne die Mithilfe zahlreicher Kollegen und Freunde nicht zustande gekommen; ihnen allen gebührt mein herzlicher Dank. Im besonderen danke ich Herrn Staatsarchivdirektor Dr. Reinhard H. Seitz in Augsburg, Herrn Kreisarchivar Elmar Kuhn in Markdorf, Frau Dr. Angelika Barth vom Stadtarchiv Tettnang, Frau Barbara Fischer vom Gemeindearchiv Langenargen, Herrn Werner Dobras vom Stadtarchiv Lindau, Herrn Stadtarchivdirektor Prof. Dr. Helmut Maurer in Konstanz, Herrn Stadtarchivdirektor Dr. Peter Eitel in Ravensburg, Herrn Stiftsarchivar Dr. Werner Vogler in St. Gallen und Frau Magister Eva Grabherr, Direktorin des Jüdischen Museums Hohenems. Wertvolle Hinweise verdanke ich Frau Mag. Leipold-Schneider in Höchst (Vorarlberg), Frau Mag. Gisela Roming in Konstanz, Frau Helma Müller in Heidelberg, Frau Marlene Schorer in Wasserburg und Herrn Pfarrer Herbert Mader in Stiefenhofen. Bei der Beschaffung der Bilder, die einen nicht unbedeutenden Teil des Buches ausmachen, waren mir besonders behilflich Herr Kurt Feiner in Langenargen, Herr Helmut Klapper in Bregenz und Herr Erwin Longhi in Bregenz. Vor allem aber gilt mein Dank dem Herausgeber Eduard Hindelang, Museumsleiter in Langenargen, auf den die Initiative zu diesem Buch zurückgeht und der mich in vielen Fragen bei der Ausführung dieses Plans ganz wesentlich unterstützt hat.

Enzisweiler in der ehemals montfortischen Herrschaft Wasserburg am Feste Rosch ha-Schana 5754
(= 16. September 1993).

Karl Heinz Burmeister

Graf Rudolf VI. von Montfort-Tettnang auf dem Konstanzer Konzil 1417 (aus der Chronik des Ulrich Richental).

Erstes Kapitel

Die Grafen von Montfort und die Juden bis 1349

I. Die Juden im Bodenseegebiet bis 1349

Es ist sehr wahrscheinlich, zu einem geringen Teil auch aus den historischen Quellen belegbar, daß bereits in der Römerzeit und im frühen Mittelalter Juden im Bodenseegebiet gelebt haben. Lange vor der eigentlichen Ansiedlung von Juden im Bodenseeraum lassen sich vereinzelte Juden im Kloster St. Gallen nachweisen. So berichtet der um 1060 gestorbene Mönch Ekkehard I. von einem Juden, der aus Jerusalem kam und sich taufen ließ und ihm vieles über den dortigen Tempel und seine Bräuche zu berichten wußte; Ekkehard verfaßte über ihn ein lateinisches Gedicht[1].

Die schwäbischen Juden wollten freilich ihre Ursprünge in einer noch früheren Zeit sehen. War der mittelalterliche Antijudaismus in erster Linie von der Vorstellung der Juden als den „Christusmördern" beherrscht gewesen, so konnte man diesem Vorwurf am ehesten dadurch entgehen, daß man die Einwanderung nach Schwaben in vorchristliche Zeit verlegte. So weiß Sebastian Franck in seiner „*Chronika des gantzen teutschen Landes*" 1538 zu berichten, die Juden von Ulm seien im Besitz eines Briefes, den ihnen die Juden aus Palästina unmittelbar nach der Kreuzigung Christi geschrieben hätten[2]. Der Wortlaut dieses im 14. Jahrhundert von Ulmer Juden gefälschten Briefes erscheint erstmals bei dem Ulmer Chronisten Felix Fabri (1441–1503) in dessen „*Tractatus de Civitati Ulmensi*"[3]. Dieser Brief bewies, daß die schwäbischen Juden an der Kreuzigung nicht beteiligt sein konnten. Sie konnten folglich – aus christlicher Sicht – als bessere Juden als die anderen gelten. Denn solche Unterscheidungen liebte man durchaus zu machen, so wie man etwa auch Moses oder David zu den guten Juden rechnete. In den zahlreichen Darstellungen des „*Jüngsten Gerichts*" werden die guten Juden dem Paradies zugewiesen, gelegentlich tragen sie sogar einen Heiligenschein. Diese erwähnte Legende blieb offenbar lange Zeit in Umlauf. Noch die Rankweiler Chronik von Johannes Häusle enthält um die Mitte des 18. Jahrhunderts die Erzählung, daß die Juden während des Makkabäeraufstandes im 2. Jahrhundert vor Christus geflohen und in Schwaben eingewandert wären. „*...wie auch zu der Zeit alß Antiochus der König das Judenlandt abermahl verdierbt und verhergt, auch den Tempell ausgeraubt. So seyndt die Juden all welche nur haben könen entrinen, auf und davon geflochen und haben sich einige zu selbiger Kriegszeiten in daß Schwabenlandt häusheblich nidergelasen. Wie anzaiget ain Brief, so in der schwabischen Arciff gefunden worden, daß die Juden in Jerusalem denen in Schwaben zugeschriben: sie sollen sich mit ihnen erfreuen und wohl leben, weilen Jesus von Nazereth an daß Creuz sey auffgehenckht worden*"[4].

Seit der Wende des 12. zum 13. Jahrhundert können wir die Ansiedlung von Juden im Bodenseeraum in drei Phasen verfolgen, die jedesmal ein gewaltsames Ende gefunden haben: 1348/49, 1429/48 und 1933/45. Diese Eckdaten der Geschichte der Juden in der Region sind auch für die Juden in den Montforterlanden von entscheidender Bedeutung gewesen. Die Ermordung und Vertreibung der Juden hatte jeweils auch zur Folge, daß ihre Synagogen, ihre Friedhöfe, ihre rituellen Bäder, ihre Häuser, ihre Archive sowie die Zeugnisse ihrer Kunst und Kultur weitestgehend der Zerstörung anheimfielen, so daß heute nur mehr wenige Zeugnisse vom einst blühenden Leben der Juden am See Kunde geben.

Jede Neuansiedlung von Juden war daher zugleich auch ein Neubeginn, bei dem die Kontinuität durchbrochen worden war. Und so änderte sich im Laufe der Zeit auch das Erscheinungsbild des Juden grundlegend: die mit-

Judenverbrennung. Holzschnitt, Nürnberg 1493.

telalterlichen Juden lebten in der Stadt und betrieben in der Hauptsache den Geldhandel, der den Christen wegen des kirchlichen Zinsverbotes nicht erlaubt war. In der Neuzeit, d.h. im 16., 17. und 18. Jahrhundert, ging der Geldhandel in christliche Hände über, so daß die Juden nicht mehr gefragt waren. Sie galten jetzt als Konkurrenten und mußten aus den Städten weichen. Sie fanden Zuflucht in den kleineren Städten und auf dem Lande, wo der Typus des *„Landjuden"* geprägt wurde, der vor allem Viehhandel betrieb oder als Hausierer herumzog. Im Laufe des 19. Jahrhundert gelangten die Juden über die Emanzipation zur bürgerlichen Gleichstellung mit den Christen: erst jetzt war es ihnen erlaubt, auch in anderen Berufen tätig zu werden, als Akademiker, Handwerker oder Bauern. Viele Juden zogen seit der Mitte des 19. Jahrhunderts wieder in die Stadt, während das Landjudentum zunehmend an Bedeutung verlor[5]. Über alle Zeiten hinweg einigten die Juden ihre Religion und ihre Kultur, insbesondere auch die hebräische Schrift und die hebräische Sprache, auch wenn die Kenntnisse in der letzteren nicht zu allen Zeiten gleich gewesen sind und zu gewissen Zeiten das Juden-Deutsche (*„Jiddische"*) und seit der Emanzipation auch das Deutsche die Überhand gewannen.

Im Jahre 1182 wurden die Juden aus Nordfrankreich vertrieben. Viele wanderten in die Rheinlande aus. Ein Teil der Juden zog auch entlang des Hochrheins zum Bodensee. 1213 lassen sich erstmals Juden in Basel nachweisen, 1226 in Überlingen, 1240 in Konstanz und Lindau, 1268 in St. Gallen, 1278 in Schaffhausen, 1288 in Bischofszell im Thurgau, 1296 in Ravensburg, 1310 in Feldkirch, 1343 in Bludenz und noch vor 1348 auch in Buchhorn (seit 1813 Friedrichshafen), Wangen (Allgäu), Radolfzell und Diessenhofen, vielleicht auch in Bregenz und in Rapperswil. Die Annahme von Juden in Stein am Rhein, Allensbach, Ailingen[6], Gailingen oder auf der Reichenau beruht auf Fehlinterpretationen der historischen Quellen.

Die Juden im Bodenseegebiet, ob sie nun in Gemeinden zusammengeschlossen waren, wie beispielsweise in Konstanz, oder ob sie nur vereinzelt in den Städten lebten, fühlten sich einer einzigen großen Gemeinde zugehörig. Sie selbst bezeichneten diese Gemeinde in hebräischer Sprache als *„medinat bodase"*[7], als Bezirk Bodensee innerhalb der deutschen Judenheit. Ihr Zentrum hatte diese Großgemeinde in Überlingen. Hier feierten die Juden gemeinsam ihre hohen Feiertage, hier regelten sie ihre inneren politischen Angelegenheiten, hier befand sich der gemeinsame Friedhof für alle Juden von Schaffhausen bis Feldkirch, von St. Gallen bis Ravensburg. Zwischen den Städten gab es eine beträchtliche Mobilität. Ein Jude konnte heute in Konstanz, morgen in Feldkirch, übermorgen in Schaffhausen Bürger werden. Die Zahl der Juden im Bodenseegebiet könnte am Ende der ersten Ansiedlungsepoche vielleicht sogar die 1000 Seelen überschritten haben. Überlingen und Konstanz waren mit je 300 jüdischen Einwohnern die größten Gemeinden.

אלה הגזרות אשר נעשו בעו"ה בשנת ק"ט לאלף השישי.
מדינת בודאזי(1). וועלטקירכן. לינדווא. רבנשפורק. בוכהורן.
(קהלת) אוברלינגן. קונשטנצא. שפהוזן. עד כאן בודאוי. מעמינגן. ביברא.
גענדלונגן. מדינת ביירן. קהלת אוגשפורק. (לנדשפרק)(2). בוריננא.
פפנהיבן. עיכא. וילהיים. וסרבורק. ערטונגן. (ליפהיים)(3). דילונא.
אינגלשטעטט. מינכן. נונשטט. וועלדורף. גרידינגן. היידקא. בייר...
(קהלת)(4) נירדלונן. ויהטונק. עלווננן. דינקלשבהל. בורטורף. אריא.
ציבונן. שורו. ארבורק. עללינגן. רופרטשוילרא. צריך. בכא. זעקנא.
ידהשהוט. רינוענלדן. קהלת בולא. נוונבורק. ורייבורק. טנא. (פירטי)(5).
אנגסהיים. נהיים. ויטוילרא. זולצא. געוילרא. מילהוזן. הרלשהיים.
קיורשפרק. (מונשטרטל. רובקא)(6). דורנקהיים. קולמרא. (רופולטשוילרא.
ריבוילרא. צעלנבק)(7). פולשא. בערקהיים. קעטשנהולן. שלעצשטט.
ניקולטשהיים. אהנהיים. אירשהיים. ורדא. רושהיים. צבא. נוילרא.
בישוילרא. איפנבורק. מורשמונשטרא. רינווא. עטנהיים. הזלא. לרא.
אנדלוי. קענצנן. פעוועלט. שטרשפורק הקהלה. הגנוא. לנדוא.
לוטרברק. עלשא: קהלת וורמישא ושפירא(8). (כרישעלא. פירצהיים.
בעמהיים)(9). היילברונא. ופנא. זולמא. שרישהיים. עלטיל.

*Verzeichnis der 1349 untergegangenen jüdischen Gemeinden, ab Zeile 2 von oben „Medinat Bodase"
„(Bezirk Bodensee): Feldkirch, Lindau, Ravensburg, Buchhorn, Überlingen, Konstanz, Schaffhausen (aus dem Martyrologium des Nürnberger Memorbundes, hg. v. Siegmund Salfeld, Berlin 1898).*

Im Jahre 1332 kam es in Überlingen wegen eines angeblichen Ritualmordes an dem Knaben Ulrich zu einer blutigen Judenverfolgung. Der Kaiser griff hier zwar als Schutzherr der Juden ein, indem er die Überlinger bestrafte und einen Teil ihrer Stadtmauer niederreißen ließ, hatte aber nicht verhindern können, daß an die 400 Juden den Tod gefunden hatten. Die Niederreißung der Mauern sollte den Überlingern wohl in Erinnerung rufen, daß die Juden – wie es in den meisten Städten üblich war – mit ihrem Geld einen Teil der Stadtmauer zu unterhalten hatten. Es scheint jedoch, daß die Bestrafung der Bürger den Haß gegen die Juden nur noch steigerte; denn sie errichteten dem *„guten Ulrich"* in Überlingen eine Kapelle und eine Wallfahrt, die das Gedenken an den angeblichen Ritualmord verewigen sollte. Als 1348 die große Pest den Bodenseeraum erreichte, beschuldigte man auch hier die Juden, durch Brunnenvergiftung diese Pest verursacht zu haben. In allen Bodenseestädten wurden daraufhin die Juden verbrannt: im Dezember 1348 in Lindau, im Januar 1349 in Ravensburg, Buchhorn und Feldkirch, im Februar 1349 in Überlingen, St. Gallen, Wangen und Schaffhausen, im März 1349 in Konstanz, im April 1349 in Radolfzell und im September 1349 in Diessenhofen. Das Vermögen der Juden wurde eingezogen, die Schuldbriefe wurden für ungültig erklärt. Diesmal gewährte der Kaiser den meisten Städten Straffreiheit und verzichtete zugunsten der Städte auf das rechtlich ihm zugefallene jüdische Vermögen. Konstanz und St. Gallen erhielten bereits im April 1349 entsprechende kaiserliche Privilegien, Überlingen im Juni 1349. Die erste, etwa 150 Jahre währende Epoche jüdischer Siedlung im Bodenseeraum hatte 1349 ein schreckliches Ende gefunden.

II. Der angebliche Aufenthalt des berühmten Rabbi Meir mi-Rothenburg in Wasserburg 1286.

Die oben dargestellte erste Epoche jüdischer Ansiedlung am Bodensee von ca. 1200 bis 1349 ist gekennzeichnet durch die Einbindung der Juden in die Stadt. Die Juden suchten die Nähe zum Markt, in dessen nächster Umgebung denn auch die *„Judengassen"* in dieser Zeit lagen. Juden auf dem Lande sind äußerst selten, sie sind daher auch in Tettnang, Langenargen oder Wasserburg in dieser Zeit ebenso wenig wie in Ailingen, Gailingen oder Allensbach zu erwarten. Die regen Kontakte, die etwa die Grafen von Montfort zu den Juden unterhielten, liefen über die Städte; die Grafen suchten die Juden in den Städten auf: in Lindau, in Überlingen, in Konstanz, in Feldkirch.

Um so merkwürdiger erscheint die in der Literatur immer wieder anzutreffende Behauptung, der berühmte Rabbi Meir mi-Rothenburg sei um 1286 eine Zeitlang in Wasserburg vom Kaiser gefangengehalten worden.

Meir ben Baruch mi-Rothenburg, um 1220 im Worms geboren, gestorben am 27. April 1293 in Ensisheim (Haut-Rhin), war nach dem Studium in Frankreich 1245 nach Deutschland gekommen und in einer Reihe von Gemeinden als Rabbiner tätig, darunter angeblich auch um 1250/60 in Konstanz[8], doch wird diese These heute nicht mehr vertreten[9]. Er wirkte als Lehrer und Richter hauptsächlich in Rothenburg ob der Tauber, wo er als einer der größten jüdischen Gelehrten seiner Zeit von weither konsultiert wurde, nicht nur aus Deutschland, sondern auch aus Frankreich und Italien. 1286 oder 1287 wollte er mit anderen Juden Deutschland in Richtung Palästina verlassen. König Rudolf I. von Habsburg, der nach der damaligen Rechtsauffassung die Juden als seine Kammerknechte beanspruchte, durchkreuzte diese Pläne. Rabbi Meir und seine Gefährten wurden im *„lombardischen Gebirge"* im Gebiet der Grafen von Tirol durch einen getauften Juden, der ihn erkannte, verraten und im Auftrag des Bischofs Heinrich von Basel, der damals bereits Erzbischof von Mainz geworden war und sich auf der Rückreise aus Rom befand, gefangen genommen und dem König ausgeliefert. Der König hielt Rabbi Meir in milder Haft, zuerst in *„Wasserburg"*, später in Ensisheim.

Dieser historische Bericht könnte aufgrund der geographischen Gegebenheiten auf unser Wasserburg am Bodensee hindeuten, wenn man die Gefangennahme Rabbi Meirs in Tirol in Rechnung stellt. Eine solche Deutung ist auch beispielsweise der kartographischen Darstellung in der *„Encyclopedia of Jewish History"*[10] zu entnehmen.

Dem steht jedoch entgegen, daß in den Quellen von der Einkerkerung *„in einer Wasserburg"* die Rede ist, was schwerlich auf den Ortsnamen Wasserburg am Bodensee zu beziehen ist. Überdies wird in der Literatur vorwiegend die Meinung vertreten, es handele sich bei dieser *„Wasserburg"* um ein festes Haus in Mainz[11]. Die These läßt sich auch nicht mit Hinweis auf Aufenthalte von Juden in Wasserburg in der 2. Hälfte des 14. Jahrhunderts aufrechterhalten. So sehr man sich als Vertreter der Regionalgeschichte eine Anwesenheit eines der größten jüdischen Gelehrten dieser Zeit im Bodenseeraum auch wünschen würde, man muß unter den gegebenen Umstände von beiden Thesen Abschied nehmen, von der Tätigkeit des Rabbi Meir in Konstanz ebenso wie von dem Gefängnisaufenthalt in Wasserburg.

Gleichwohl ist die These vom Gefängnisaufenthalt des Meir ben Baruch mi-Rothenburg damit keineswegs endgültig vom Tisch. Denn immerhin wurde diese von bedeutenden Gelehrten wie Leopold Zunz[12] oder Ernest Renan[13] vertreten. Dem Einwand, es sei lediglich eine *„Wasserburg"* gemeint und nicht ein Ort namens Wasserburg, bleibt entgegenzuhalten, daß für das Gefängnis des berühmten Rabbiners immerhin ein hebräischer Ortsname *„wsrburk"* überliefert ist[14]. Es bleibt also die Frage, ob hier Wasserburg am Bodensee gemeint sein kann, weiter zu überdenken.

III. Juden als Geldgeber der Grafen von Montfort vor 1349.

Gleichwohl können wir mit dem Jahr 1286 die ersten Kontakte zwischen den Grafen von Montfort und den Juden beobachten. Es entspricht durchaus dem landläufigen Bild, das wir von den Grafen von Montfort haben, daß sie sich in den sechs Jahrhunderten ihres Daseins stets in finanziellen Nöten befanden. Und so wundert es uns nicht, daß sie zur Aufnahme von Krediten immer wieder den Kontakt zu den Juden suchten. Eine ganze Reihe von Urkunden haben sich erhalten, die von diesen Geldgeschäften Zeugnis ablegen.

Den Anfang machten die Brüder Graf Wilhelm I. von Montfort, Abt zu St. Gallen, und Ulrich I. von Montfort-Bregenz[15], die sich am 27. September 1286 bei der Jüdin Mirjam (Maria) in Lindau 30 Mark reinen Silbers ausliehen[16]. Der Zinssatz lag bei 60 % und war damit

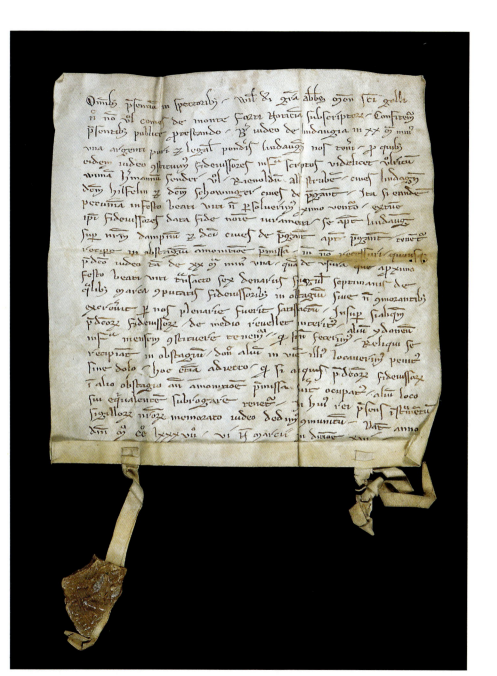

Graf Wilhelm von Montfort, Abt von St. Gallen, und Graf Ulrich von Montfort leihen am 2. März 1287 bei Bertold, Juden in Lindau, 19 Mark Silber (Original im Stiftsarchiv St. Gallen, Urk. FF 5 B 2).

wesentlich höher als der im Bodenseeraum übliche Höchstzinssatz von 43 1/3 %, der 1255 durch den Mainzer Städtetag festgelegt worden war[17] und wohl auf französisches Vorbild zurückgeht[18]. Als Pfand wurden keine Sachwerte eingesetzt, vielmehr stellten sich sechs Bürger von Lindau und ein Bregenzer als Bürgen zur Verfügung.

Nicht einmal sechs Monate später, am 2. März 1287, liehen sich dieselben Brüder, Abt Wilhelm I. von St. Gallen und Graf Ulrich I. von Montfort-Bregenz, weitere 19 Mark Silber zum gleichen Zinssatz aus, doch diesmal bei dem Lindauer Juden Bertold[19]. Abermals stellten sich vier Lindauer und zwei Bregenzer Bürger als Bürgen, zum Teil die gleichen wie im September 1286. In beiden Fällen stellten die Grafen von Montfort den jüdischen Geldverleihern besiegelte Urkunden als Schuldbriefe aus.

Am 19. Juli 1290 hören wir davon, daß auch Graf Hugo III. von Montfort-Tettnang seinen vorgenannten beiden Brüdern nachfolgte und ebenfalls bei Juden Geld aufnahm. Diesmal ging es um eine beträchtlich höhere Summe, nämlich 135 Mark Silber, die von der Jüdin Guta in Überlingen zur Verfügung gestellt wurden. Als Bürgen fungierten die Klosterfrauen von Löwental, die sich ihr Risiko allerdings ebenfalls versichern ließen. Graf Hugo III. stellte ihnen sein *„aigen und Guet zu Argen"* als Pfand, das er um 360 Mark Silber von den Chorherren zu Konstanz gekauft hatte. Es war üblich, daß das Pfand mindestens den doppelten Wert einer Schuld ausmachte, weil ja auch die Zinsen zu versichern waren. Der Graf verspricht, seine Schuld innerhalb eines Jahres zurückzuzahlen[20].

Mit Datum Feldkirch, den 30. Juni 1304, übernahm Graf Hugo von Werdenberg, ein enger Verwandter der Grafen von Montfort, die Abtragung bestimmter Schulden für den Churer Bischof Bertold von Heiligenberg[21]. Als Geldgeber scheinen hier die Jüdin Guta von Überlingen und deren Söhne Anshalm und Moyses von Überlingen auf.

Vom 31. Dezember 1304 in der Stadt Feldkirch datiert eine Abrechnung des Grafen Hugo V. von Montfort-Bregenz, des Sohnes des vorgenannten Grafen Ulrich I., mit dem Hochstift Chur[22]. In dieser Abrechnung tauchen eine ganze Reihe von früheren Judenschulden der Grafen von Montfort auf, die bis in das Jahr 1287 zurückreichen und den Churer Bischof Friedrich II. von Montfort betrafen; das Geld wurde, wie wir hier erfahren, für Kriegszüge gebraucht und dem Bischof von seinen Brüdern vermittelt. Im einzelnen stammten die zum Teil hohen Beträge von der Jüdin Guta in Überlingen, von dem Juden Bendit in Konstanz, den Juden Bertschi (wohl identisch mit dem oben genannten Bertoldus) und Süzkint aus Lindau und der Jüdin Belin aus Konstanz. Auch diese Schulden waren durch Bürgen gesichert und mußten teilweise im Wege der Geiselschaft von den Montfortern eingetrieben werden: Gefolgsleute der Montforter ließen sich in guten Wirtshäusern solange einsperren, bis die Schulden zurückgezahlt waren; dabei konnten und sollten sie auf Kosten der Schuldner so viel wie möglich essen und trinken, um so die Rückzahlung zu beschleunigen. Denn je länger sie eingesperrt blieben, desto teurer wurde es für die Montforter.

In dieser Abrechnung begegnen uns zum ersten Mal die christlichen Konkurrenten der Juden, die sogenannten Kawertschen oder Lombarden, italienische Kaufleute aus Asti, die entgegen dem kanonischen Zinsverbot Geldhandel betrieben; sie lebten deswegen auch häufig im Zustand des Kirchenbanns. Graf Hugo V. von Montfort-Bregenz hatte 1294 bei dem Lombarden[23] Jacobus Kowerzinus in Lindau 50 Mark Silber ausgeliehen, wobei der jährliche Zinssatz weit über dem lag, was bei den Juden üblich war, nämlich bei 149 %![24] Als 1344 Lombardinnen und Lombarden in Lindau gar Zinssätze von 216 2/3 % einforderten, verbot ihnen der Rat den Geldhandel und übertrug diesen den Juden, die selbst angeboten hatten, sich mit 43 1/3 % begnügen zu wollen[25].

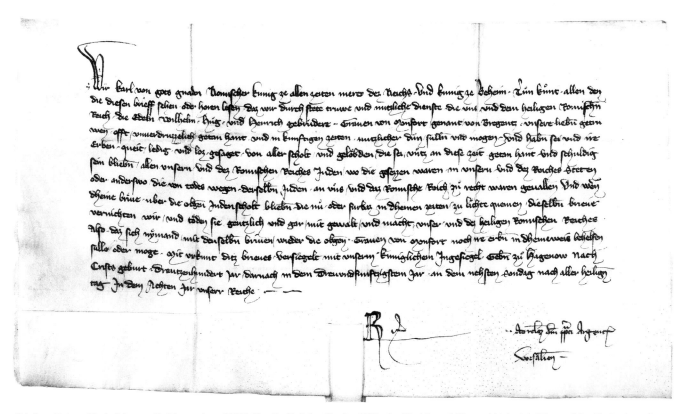

Privileg Kaiser Karls IV. vom 3. November 1353 für die Brüder Grafen Wilhelm III., Hugo VIII. und Heinrich IV. von Montfort, das alle ihre Schulden bei Juden für nichtig erklärt. (Original: Hauptstaatsarchiv München, Montf. Urk. 16).

Mit dem Jahre 1304 bricht die Überlieferung dieser Schuldurkunden ab, was aber keineswegs bedeutet, daß die Grafen von Montfort sich nicht mehr bei Juden verschuldeten. Möglicherweise sind solche Urkunden deshalb nicht mehr überliefert, weil die Grafen von Montfort jetzt dazu übergingen, sich ihre eigenen „Hofjuden" zu halten. So siedelte Graf Rudolf III. von Montfort-Feldkirch um 1310 Juden in Feldkirch an. Ein Feldkircher Jude finanzierte 1334 den Ankauf von Leibeigenen zum Birnbaum (Gemeinde Höchst in Vorarlberg) von Ulrich von Ems durch Graf Ulrich II. von Montfort-Feldkirch um 10 Mark Silber. Dieser Jude, dessen Namen wir nicht kennen, vermerkte auf einem der Urkunde angehängten Pergamentstreifen in hebräischer Sprache und Schrift, daß die als Beweis ausgestellte Urkunde dem Montforter auszuhändigen sei, sobald dieser das vorgestreckte Geld zurückgezahlt habe[26]. In diesem Fall wurde die Urkunde als Sicherungsmittel eingesetzt.

Schließlich gehörten auch die Grafen von Montfort zu den Nutznießern der brutalen Judenverfolgung von 1349. Kaiser Karl IV., dem theoretisch alle Vermögenswerte der ermordeten Juden zugefallen waren, sprach am 3. November 1353 die Söhne des Tettnanger Grafen Wilhelms II. († 1352), nämlich Graf Wilhelm III. von Montfort-Bregenz, Graf Hugo VIII. und Graf Heinrich IV. von Montfort-Tettnang von allen Schulden und Verpflichtungen an Juden frei, die durch deren Tod an das Reich gefallen waren, und erklärte alle Schuldbriefe für ungültig, *„die nuo oder furbaz in dheinen zeiten zu lichte quemen"*. Der Kaiser will damit die *„stete truwe und nutzliche dienste"* belohnen, die diese Grafen von Montfort *„offt unverdruzzelich getan hant und in kunftigen zeiten nutzlicher duon sullen und mogen"*[27].

IV. Das Geheimnis der Guta von Überlingen

Unter den jüdischen Geldgebern der Grafen von Montfort ragt Guta von Überlingen besonders hervor. Zu ihren Schuldnern gehören insgesamt sieben Mitglieder des Hauses Montfort und Werdenberg: die Churer Bischöfe Berthold von Heiligenberg und Friedrich II. von Montfort-Feldkirch, Graf Hugo II. von Werdenberg, die Grafen Rudolf II. von Montfort-Feldkirch, Ulrich I. von Montfort-Bregenz, Hugo V. von Montfort-Bregenz, Hugo III. von Montfort-Tettnang sowie dessen Söhne. Es paßt zwar nicht in diese Zeit, wenn wir von einer *„Hofjüdin"* sprechen wollten, aber etwas davon haftet der Guta von Überlingen an.

Die um 1250 geborene Guta von Überlingen, die zwei Söhne Moses und Anshelm hatte, scheint nicht verheiratet gewesen zu sein. Sie tätigt völlig selbständig ihre Geschäfte. Man könnte sie zwar für eine Witwe halten, doch ist davon nie die Rede. Dagegen fällt auf, daß ihr Sohn Moses 1305 und 1308 in amtlichen Urkunden als *„Moses, Sohn der Guta von Überlingen"* aufscheint. Es ist gänzlich ungewöhnlich, daß sich ein Jude nach seiner Mutter und nicht nach seinem Vater nennt. Es sei denn: der Vater war unbekannt oder wollte unbekannt bleiben.

Noch etwas fällt auf: Guta wird in verschiedenen Urkunden, die in Feldkirch und in Löwental ausgestellt sind, also in nächster Umgebung der Montforter, als *„Domina"* oder als *„Frau"* bezeichnet. Solche Titel waren ausschließlich adeligen Damen vorbehalten, keinesfalls aber wurden Jüdinnen so bezeichnet.

Es gibt also offenbar ein Geheimnis um Guta von Überlingen. Vielleicht war ein Graf von Montfort oder sonst ein Adeliger aus der Umgebung der Grafen von Montfort der Vater der beiden Söhne Gutas, die dann jüdisch erzogen wurden. Nach dem 1275 verfaßten Schwabenspiegel galten derartige Beziehungen zwischen einem Christen und einer Jüdin als todeswürdiges Verbrechen, *„denn der Christemann hat seinen Christenglauben verleugnet"*[28]. Zwar war die Praxis nicht mehr ganz so streng, doch erschien es durchaus ratsam, sich zu einer solchen Verbindung nicht öffentlich zu bekennen. Möglicherweise wanderten deshalb auch beide Söhne, nachdem sie anfangs im Geschäft ihrer Mutter mitgearbeitet hatten, in das weit entfernte Köln aus, weil man sie nicht in der Nähe haben wollte.

Andererseits war aber diese unerlaubte Verbindung doch jedermann bekannt. Denn nur so ist es verständlich, daß die montfortischen Schreiber der Guta von Überlingen die Adelstitel *„Frau"* oder *„Domina"* zuerkannt haben.

Zweites Kapitel

Die Juden in der Grafschaft Montfort bis 1448

I. Die Juden im Bodenseegebiet 1350 – 1448

Das kanonische Zinsverbot, das auf dem Konzil von Vienne 1311 präzisiert und neuerlich eingeschärft worden war, machte die Anwesenheit von Juden unentbehrlich. In Feldkirch, wo noch 1349 die gesamte Stadt durch einen Großbrand in Schutt und Asche versank, brauchte man für den Wiederaufbau dringend Kredite und ließ die Juden unmittelbar nach ihrer Vernichtung wieder zu, ja man bemühte sich, durch eine kräftige Erhöhung der Bußen für Gewalttätigkeiten gegen Juden, einen Anreiz für eine neuerliche Niederlassung zu geben. Dieses Gesetz trat vor 1354 in Kraft. Und schon 1353, möglicherweise sogar noch früher, prozessierte eine Jüdin vor dem kaiserlichen Landgericht in Rankweil um ihr Erbe, das wohl 1349 enteignet worden war. Feldkirch dürfte somit die erste Bodenseestadt gewesen sein, die sich wieder den Juden öffnete. Auch andere Städte haben die Juden frühzeitig wieder zugelassen, so etwa Breslau 1350 *„um ihres Nutzens willen"*, Zürich 1352, Speyer 1352[29], Worms oder Hagenau 1353. Die Bodenseestädte folgten, sieht man von Feldkirch ab, eher zögernd: 1358 Lindau, 1369 Schaffhausen, 1375 Konstanz, 1377 St. Gallen, 1378 Überlingen, 1380 Ravensburg und Rapperswil, 1396 Diessenhofen, 1401 Wangen, vor 1429 Buchhorn. So entstand in der zweiten Hälfte des 14. Jahrhunderts eine neue Großgemeinde, die 1414 in einer Kaiserurkunde die *„Judescheit an dem Bodmensee"* genannt wird[30]. Jetzt übernahm Konstanz die führende Rolle; doch blieb der gemeinsame Friedhof weiterhin in Überlingen.

Das Leben der Juden unterscheidet sich kaum grundlegend von der vorausgehenden Epoche. Die Juden blieben weiterhin im Geldhandel tätig. Als Beispiel für einen erfolgreichen Bankier sei hier der *„reiche Samuel"* aus Lindau genannt[31]. Den Juden fiel bei der Finanzierung des Konstanzer Konzils 1414 bis 1418 eine maßgebliche Rolle zu. Der Kaiser erneuerte den Juden ihre Privilegien, selbst der Papst gab den Juden seinen Segen. Eine wesentliche Rolle spielten die Juden auch im Handel, wie die unten aufgeführten Beispiele Tettnanger Juden zeigen. Besonders erwähnenswert ist auch die vorbildliche Tätigkeit jüdischer Ärzte in dieser Zeit[32].

Der Niedergang der Wirtschaft nach der überhitzten Konjunktur des Konstanzer Konzils ließ die alten Spannungen zwischen Juden und Christen wieder aufleben. Zwei angebliche Ritualmorde 1429 und 1443 setzten der *„Judescheit an dem Bodmensee"* neuerlich ein Ende. In Lindau, Ravensburg, Buchhorn und Überlingen wurden 1429/30 viele Juden ermordet oder vertrieben. Zugleich beschlossen diese Städte mit Billigung des Kaisers, nie wieder Juden in ihren Mauern dulden zu wollen. Damit hatte sich die Großgemeinde am Bodensee auf Konstanz, Schaffhausen, Feldkirch und St. Gallen reduziert. Die Hetze gegen die Juden aber schwelte weiter und führte dazu, daß nach einer abermaligen Ritualmordbeschuldigung die Juden 1443/48 auch aus diesen Städten weichen mußten[33]. Der jüdische Arzt und Historiker des 16. Jahrhunderts Joseph ben Josua ha Cohen hat in seinem in hebräischer Sprache abgefaßten Werk *„Emek habacha"* (= Tal der Tränen) dieser traurigen Ereignisse gedacht, wenn er schreibt: *„In jenen Tagen brachte man gegen die Juden, welche in Deutschland und zwar in der wasserreichen Gegend am Bodensee, in Zürich, Schaffhausen und der Umgegend wohnten, falsche Beschuldigungen vor, um sie zu verderben und zu vernichten und ihren ganzen Besitz zu rauben. Man ließ sie ins Gefängnis werfen, verurteilte sie in gewohnter Weise, obwohl sie kein Unrecht begangen hatten..."*[34].

Der Papst gibt auf dem Konstanzer Konzil den Juden seinen Segen. Aus der Chronik des Ulrich Richental.

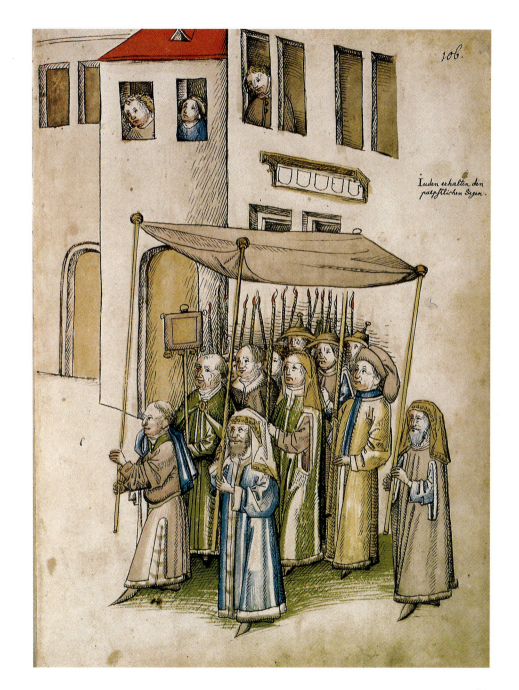

Szene aus der Kreuzlegende im Chorfenster der Kirche in Eriskirch: Der greise Judas, mit Judenhut gekennzeichnet, wird der Kaiserin Helena vorgeführt, um ihr Golgotha zu zeigen, um 1420.

II. Repressalien der Stadt Lindau gegen Wasserburg wegen eines Juden 1358

Im Jahre 1358 kam es zu einer Fehde zwischen der Stadt Lindau und den Edelleuten Ritter Marquart von Schellenberg zu Wasserburg und Freiherr Burkhart von Ellerbach zu Pfaffenhofen. Die beiden Adligen hatten einen Juden gefangengenommen und *„ime seine schulden mit gewalt abgetrungen"*[35]. Gewöhnlich denkt man dabei an einen Lindauer Juden, wie die Reaktion der Stadt nahelegt; es handelte sich also wohl nicht um einen Wasserburger Juden. Aber immerhin wurde dieser Jude auf das Schloß Wasserburg in Haft gelegt: eine Wiederholung des – wenn auch streitigen – Vorfalls von 1286 scheint also gegeben. Als die Edelleute die Herausgabe des Gefangenen verweigerten, zogen die Städte Lindau, Konstanz, St. Gallen und Schaffhausen mit Heeresmacht vor das Schloß Wasserburg und zerstörten dieses.

III. Seligman und Salman von Tettnang 1423 – 1433

Die lokale und die regionale Geschichtsschreibung haben bis heute kaum zur Kenntnis genommen, daß es gegen das Ende des ersten Drittels des 15. Jahrhunderts in Tettnang eine Ansiedlung von Juden gegeben hat. Alle einschlägigen Darstellungen, etwa die Oberamtsbeschreibung (1915)[36], dann Keyser (1962)[37], Miller (1965)[38], Sauer (1966)[39], Frick (1969)[40], Pinkas Hakehillot (1986)[41] übergehen diese Tatsache, während neuerdings Hahn (1988)[42] wenigstens einen kurzen Hinweis dazu bringt. Doch verdient es diese jüdische Ansiedlung in Tettnang, hier etwas eingehender dargestellt zu werden, auch wenn man sich diesem Problem weniger von der Stadtgeschichte als von der Personengeschichte her annähern muß. Denn die genannte jüdische Ansiedlung ist engstens mit der Biographie zweier Persönlichkeiten verbunden, nämlich der des Seligman von Tettnang und der des Salman von Tettnang.

In den Jahren 1414 – 1418 fand das Konzil zu Konstanz statt. Diese große Reichs- und Kirchenversammlung förderte den Ausbau der jüdischen Gemeinde in Konstanz, die das nötige Geld für die Hofhaltungen aufbringen mußte. Auch die Grafen von Montfort waren auf dem Konzil zugegen und spielten dort eine nicht geringe Rolle. Graf Rudolf VI. von Montfort-Tettnang (+ 1425) war seit 1412 Landvogt in Schwaben und als solcher für den Judenschutz in der Region verantwortlich. Auch sein Bruder Graf Wilhelm V., 1408 – 1439 Landesherr in Tettnang, mochte auf dem Konzil Kontakt mit Juden aufgenommen haben.

Als sich nach dem Konzil die Wirtschaftslage in Konstanz verschlechterte und manche Juden sich deswegen veranlaßt sahen, auszuwandern, erschien es Graf Wilhelm V. nicht ungünstig, einzelne Juden nach Tettnang zu berufen. Denn auch sonst bemühte sich Graf Wilhelm V., der bei König Sigismund in hohem Ansehen stand, um den wirtschaftlichen Ausbau seiner Residenzstadt Tettnang. So verlieh der König 1429 der Stadt Tettnang das Recht auf einen zweiten Jahrmarkt[44].

Spätestens 1425 ließen sich zwei Juden in Tettnang nieder: der im Konstanzer Ammann-Gerichtsbuch am 26. Oktober 1425 genannte Seligman, Jude von Tettnang, und der ebenda häufig erwähnte und am 11. September 1425 als Bürger von Tettnang bezeichnete Salman.

Was die Rechtsstellung der Juden in Tettnang angeht, so galt hier einerseits der Schwabenspiegel mit seinem ausführlichen Judenrecht[45]. Da Tettnang seit 1297 das Lindauer Stadtrecht besaß, darf man davon ausgehen, daß auch das im Feldkircher Stadtrecht seit 1325 nach Lindauer Vorbild formulierte und 1399 noch einmal bestätigte „Judenrecht"[46] galt.

Seligman von Tettnang

Seligman – in der Form Selkman (hebr. *slqmn*), einer Nebenform zu Selig (mhd. *saelic*), 1298 in Nürnberg

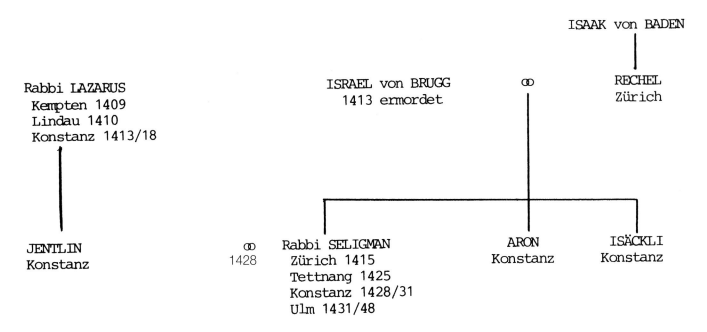

bezeugt – kommt nur ein einziges Mal in der schon erwähnten Quelle vor[48]. Selig, der Jude aus Stein am Rhein, bekennt, daß die Konstanzer Jüdin Maitli, Ehefrau des Konstanzer Juden Hayny (Chajm), mit dem Juden Seligman und dessen Ehefrau einen Kaufvertrag abgeschlossen habe, und zwar über ein Erbe, das ihm von seinem Stiefkind Israel zufließen möchte. Würde Selig diesen Kauf nicht halten, so soll er der Maitli 30 Gulden zahlen.

Möglicherweise ist der genannte Seligman identisch mit jenem verheirateten Seligman, Sohn des Israel von Brugg (Aargau) und der Rechel, Tochter des Isaak von Baden (Aargau), der 1415 aus Zürich ausgewiesen wurde, weil er mit Elsi, der christlichen Magd seiner Mutter, zwei Kinder erzeugt hatte, die er auf seine Kosten von Christen aufziehen ließ[49]. Seligman wurde in den Turm gesperrt und erst nach Zahlung von 200 Gulden freigelassen. Auch Elsi wurde aus Zürich verbannt, nachdem sie zuvor mit einem Judenhütlin bedeckt auf einem Karren durch die Stadt gezogen worden war. Als Seligman 1416 heimlich nach Zürich kam und dort ertappt wurde, erneuerte man den Bann gegen ihn.

Seligmans Mutter Rechel wohnte zu dieser Zeit im Haus zur Judenschule in Zürich (Froschauergasse Nr. 3 gegenüber der Synagoge). Am 21. Oktober 1423 verkaufte Selig, der Schwiegersohn der Rechel, auch im Namen seines Neffen Israel und des Johanan, der 1418 die Witwe Rechel geheiratet hatte, dieses Haus zur Judenschule, nachdem die Stadt Zürich beschlossen hatte, den Juden ihre Aufenthaltsbewilligungen nicht mehr zu erneuern.

Zu diesem Zeitpunkt lebte Aron, ein Sohn der Rechel aus erster Ehe, bereits in Konstanz, seit 1422 auch ihr jüngster Sohn Isäckli. Auch Seligman selbst dürfte nach seiner Ausweisung aus Zürich nach 1415 vorübergehend in Konstanz Unterschlupf gefunden haben.

Die hier verfochtene Identifizierung von Seligman aus Zürich und Seligman aus Tettnang mag nicht ganz gesichert erscheinen, ist aber doch wohl einigermaßen wahrscheinlich; denn einerseits sind generell sehr starke familiäre Beziehungen zwischen den Juden in Zürich und in Konstanz gegeben, andererseits stoßen wir auch auf eine Verwandtschaft zwischen einem Selig und einem Seligman. Dazu kommt noch, daß jenes Stiefkind Israel gegenüber diesen beiden einer jüngeren Generation angehört, mit beiden verwandt ist und den Namen vielleicht nach dem 1413 ermordeten Großvater Israel von Brugg führt.

Über diese sehr bezeichnende verwandtschaftliche Verflechtung mit Juden in Zürich, im Aargau und in Konstanz hinaus ist über Seligman von Tettnang sonst nichts bekannt. Es ist jedoch nicht ausgeschlossen, daß Seligman von Tettnang nach Ulm weitergezogen ist. Denn hier in Ulm begegnet uns 1445 ein Seligman als Inhaber eines Schuldbriefes über 200 Gulden, die ihm ein Sohn Graf Wilhelms V., Graf Rudolf VII. von Tettnang zu Rothenfels, schuldig war[50].

Wenn diese Überlegung zutrifft, dann muß man aber den im Ammann-Gerichtsbuch von Konstanz 1431 genannten Seligman von Ulm mit unserem Seligman von Tettnang identifizieren. Hektor Ammann[51] und Franz Hundsnurscher[52] sehen dagegen in Seligman von Ulm den Rabbiner und Geldhändler Seligman von Konstanz[53], der 1428 nach Konstanz kam und dort die ebenfalls sehr reiche Geldverleiherin Jentlin, Tochter des Lazarus, zu heiraten[54]. Wahrscheinlich ist dieser Lazarus kein anderer als jener Rabbi, der 1409 in Kempten und 1410 in Lindau wohnte, 1418 nimmt er als Bürger zu Konstanz die kaiserliche Handfeste über die jüdischen Freiheiten entgegen[55]. Der Widerspruch um die Person Seligmans würde sich auflösen, wenn man Seligman von Zürich, Seligman von Tettnang und Seligman von Ulm als eine Person betrachtet, was von der Chronologie durchaus möglich ist; denn der Rabbiner Seligman ist in Konstanz nur von 1428 – 1430 belegt, könnte also durchaus von Tettnang dorthin gekommen und 1431 nach Ulm weiter gezogen sein, zumal der Konstanzer Rat 1431 beschlossen hatte, daß verschiedene Juden, u.a. auch Seligman, nicht mehr als Bürger in der Stadt wohnen und nur noch gegen besondere Abgaben Geld verleihen dürfen[56]. 1448 beauftragte König Friedrich III. Seligman von Ulm, die Kosten für den Rechtsstreit um die Juden, die seit 1443 in Konstanz wegen eines angeblichen Ritualmords gefangen gelegen waren, auf die Juden im Bistum Konstanz umzulegen[57]. Während der Gefangenschaft der Juden war 1443 der Jentlin, Seligmans Frau, gestattet worden, gegen eine jährliche Abgabe von 35 Gulden für zwei Jahre „In gelaitzwise hir zu sint"[58].

Alles spricht dafür, daß Seligman von Tettnang mit dem reichen Konstanzer Rabbiner identisch ist. Das würde zwar bedeuten, daß Seligman nur wenige Jahre als Bürger von Tettnang in der Montfortstadt zugebracht hat. Andererseits nimmt dieser erste Tettnanger Jude die Gestalt eines recht bedeutenden Mannes an, dessen Geschäftsverbindungen nach Heilbronn[59] und nach Mestre (Venedig) reichten[60], der zugleich aber auch – wie sein Schwiegervater Lazarus – zur Führungsschicht der deutschen Judenschaft gehört und der aber auch als Rabbiner in der jüdischen Geisteswelt seinen Platz hat: denn Seligman begegnet uns mehrfach in den Responsen des berühmten Talmudgelehrten Jakob ben Juda Weil[61], der 1412 – 1438 als Rabbiner in Augsburg wirkte[62].

Salman von Tettnang

Die Quellen über Salman von Tettnang sind ebenfalls sehr reichhaltig. Der Name Salman (hebr. *slmn*) ist häufig eine landläufige Form für Salomon, aber keineswegs immer; der Name kann nämlich auch vom mittelhochdeutschen Wort „*salman*" abgeleitet sein, was soviel wie Gewährsmann oder Treuhänder bedeutet[63].

Über seine Herkunft wissen wir vorerst nichts; doch führte auch ihn der Weg über Konstanz und das dortige Konzil nach Tettnang. 1413 nahm König Sigismund der Stadt Konstanz zuliebe einige Juden, u.a. auch Salman, in den Reichsschutz auf, da sie sich im Dienste des Königs und des Reiches besonders bewährt hatten. Der König erließ diesen Juden (unter ihnen finden wir auch wieder Lazarus, den mutmaßlichen Schwiegervater Seligmans) auf zwölf Jahre den goldenen Opferpfennig und die halbe Judensteuer sowie andere Abgaben; auch erhielten sie einen privilegierten Gerichtsstand in Konstanz sowie das Privileg, daß sie nicht durch den Bann (hebr. „*cherem*") eines Judenmeisters geächtet werden könnten[64]. Der konkrete Schutz dieser Juden wird dem Landvogt in Schwaben übertragen, ein Amt, das – wie schon gesagt – seit 1412 in den Händen des Grafen Rudolf VI. von Montfort-Tettnang lag.

In Konstanz bewohnte Salman das „*Haus zum Panzer*" am Blaicherstad, der Judengasse, später Münzgasse genannt. Das Nachbarhaus gehörte der Jentlin[65], die 1428 den Rabbiner Seligman heiratete. 1425, nach Ablauf des königlichen Steuerprivilegs, verkaufte Salman sein Haus in der Judengasse um 150 Gulden an Gottlieb, einen Juden in Konstanz[66]. Wenige Monate zuvor, am 11. September 1425, erscheint Salman erstmals als „*Burger zue Tettnang*" belegt[67]. Der Verkauf des Hauses in Konstanz könnte in einem direkten Zusammenhang mit der Übersiedlung Salmans nach Tettnang im Zusammenhang stehen.

Die von Hektor Ammann publizierten Judengeschäfte des Konstanzer Ammann-Gerichtsbuches erlauben uns einen recht guten Einblick in die Geschäfte des Salman und dessen Medine (Geschäftsbezirk). Dabei geht es aber nur um die in Konstanz getätigten Geschäfte, denen ein Tettnanger Geschäftsbezirk zur Seite steht, über den wir – aus Mangel an entsprechenden Quellen – nichts wissen. Wir müssen also diese Tettnanger Geschäfte, die sicherlich einen Schwerpunkt ausgemacht haben, hinzurechnen, wenn wir uns ein Gesamtbild von der Geschäftstätigkeit Salmans machen wollen.

Die in Konstanz getätigten Geschäfte im Zeitraum 1423 – 1433 weisen Aktivschulden im Umfang von etwa 1227 Gulden aus, also ein nicht ganz unbeachtliches Kapital, das Salman in die regionale Wirtschaft investiert hatte. Salman blieb dabei zwar um einiges hinter Seligman zurück, hatte aber doch einen ansehnlichen Anteil, an den insgesamt 24.000 Gulden Darlehen der Konstanzer Juden dieser Zeit[68]. Einen Anhaltspunkt für den tatsächlichen Wert dieses Kapitals gewinnen wir, wenn wir diese Summe in Beziehung setzen zu dem Kaufpreis von 150 Gulden, den Salman für sein Konstanzer Haus erzielte.

Salman war in erster Linie als Geldverleiher tätig: er gab Kredite mit einer relativ kurzen Laufzeit und zu hohen Zinsen, auch wenn der im 14. Jahrhundert in der Bodenseegegend übliche Zinssatz von 43 1/3 % nicht mehr allgemein gültig gewesen ist. Von den 77 Geschäftspartnern Salmans sitzen ca. 40 % in Konstanz, weitere 20 % in der Umgebung der Stadt (Petershausen, Wollmatingen, Reichenau, Friedingen, Stockach, Neufrach, Herlach bei Meersburg, Hagnau), die restlichen ca. 40 % im Thurgau (Gottlieben, Triboldingen, Ermatingen, Uttwil, Raperswilen bei Steckborn, Frauenfeld, Langdorf, Resterbühl, Matzingen, Reuti und Berg bei Weinfelden, Bürglen und Sulgen). Die östliche Bodenseegegend fehlt, weil sie wohl von Tettnang aus betreut wurde.

Die Geschäftspartner Salmans waren wohl meist Bauern, vor allem Weinbauern, und Handwerker. Genannt werden insbesondere Müller, Metzger und Bader. Es

Jüdischer Geldverleiher fordert ein Pfand zur Sicherung eines zu gewährenden Kredites. (Original: Bernhard von Breydenbach, Pilgerreise ins Heilige Land, Mainz 1486).

waren aber auch Ritter und Amtsträger darunter, wie beispielsweise der Vogt zu Bürglen, ein Unterbürgermeister, ein Ammann und ein Schreiber.

Die eingesetzten Pfänder waren, wie es die Regel auch sonst war, sehr viel mehr wert als das dargeliehene Kapital; denn es sollten damit ja auch ausständige Zinsen mit abgedeckt werden können. Unter den Grundpfändern treffen wir nicht weniger als zwölf Häuser und Hofstätten in Konstanz, Petershausen, Wollmatingen, Gottlieben, Ermatingen, Raperswilen, sodann eine Badstube, weiters eine Mühle zu Herlach zwischen Meersburg und Hagnau, schließlich sogar den Kellhof zu Friedingen. Dazu kamen noch eine Anzahl Weingärten, Reben, Äcker, Wiesen und Baumgärten.

Gelegentlich ließ sich Salman auch die zu erwartenden Früchte verpfänden, insbesondere Wein und Korn. Damit eröffnete sich ihm ein weiterer Handelszweig, nämlich der Handel mit Wein[69] und mit Getreide; denn er mußte diese in größeren Mengen anfallenden Naturalien kapitalisieren. So wurde ihm Clas von der Reichenau am 15. Dezember 1424 aus seinen beiden Weingärten fünf Fuder Wein schuldig (umgerechnet etwa 150 Liter); davon sollte er im Herbst 1425 zwei Fuder sowie im Herbst 1426 und 1427 jeweils weitere 1 1/2 Fuder liefern. Der Müller Liebhans von Neufrach wurde ihm am 18. September 1427 zwölf Mütt Kernen (umgerechnet 300 Liter Getreide) schuldig, zahlbar auf Martini 1427, 1428 und 1429 jeweils vier Mütt Kernen[70]. Weiters scheint Salman auch mit Wachs gehandelt zu haben[71].

Eine nicht geringe Rolle spielten auch die von Salman zu Pfand genommenen Pretiosen. 1424 setzt der Ritter Johann Schwarz *„ain vergülten silbrin spangürtel, 2 güldin ring, hat der ain ain adamas, der ander ain safir"*[72] ein. Derselbe verpfändete 1427 *„ain vergülten kopff, 6 silbrin becher, 4 silbrin schalen"*[73]. Inwieweit Salman mit solchem Silbergeschirr auch gehandelt hat, wissen wir nicht, doch spricht einiges dafür. Auf jeden Fall gehörten derartige Gegenstände zu seinem Geschäftsinventar in seinem Tettnanger Haus.

Dieses Haus des Salman in Tettnang kennen wir bislang nicht. Es läßt sich jedoch mit ziemlicher Sicherheit behaupten, daß Salman ein solches Haus in Tettnang besessen hat, da das Bürgerrecht an den Grundbesitz gebunden war. Auch Seligman besaß wohl ein solches Haus in Tettnang. Weiterhin können wir vermuten, daß auf Grund ihres Besitzstandes beide Tettnanger Juden über ein zahlenmäßig großes Gesinde verfügt haben, zu dem nicht nur Knechte und Mägde, sondern auch Handlungsgehilfen und Schreiber gehört haben werden. Auch wenn in Tettnang keine große Judenansiedlung vorhanden war, so muß sie – bei den kleinen Verhältnissen in der Stadt – doch auffällig gewesen sein, schon wegen des Reichtums der Haushaltsvorstände.

Indessen war diese Ansiedlung nicht von langer Dauer. Setzen wir ihre Anfänge in die Zeit nach 1415 (Zeitpunkt der Ausweisung Seligmans aus Zürich), so endet sie spätestens in den frühen 1430er Jahren, nachdem Seligman schon 1428 nach Konstanz übersiedelt und wohl noch 1430 nach Ulm weitergezogen war, während sich Salmans Spuren 1433 verlieren. Tettnang hatte, bedingt durch die guten Verbindungen seiner Stadtherren, der Grafen von Montfort, zum Konstanzer Konzil, eine kurze, aber prächtige Blüte einer ersten jüdischen Ansiedlung in diesem Zeitraum erlebt. Die seit 1429 wegen eines angeblichen Ritualmordes anläßlich einer jüdischen Hochzeit in Ravensburg einsetzenden Judenverfolgungen in Ravensburg, Lindau, Buchhorn, Meersburg und Überlingen konnten nicht ohne Folgen für die Tettnanger Juden bleiben, so wie sich denn auch in der Folge seit 1443 die noch verbliebenen Judengemeinden in Feldkirch und Konstanz bis 1448 aufgelöst haben. Über dieses Jahr hinaus wäre auch für die Juden in Tettnang keine Chance eines Weiterlebens gewesen. Wir kennen vorerst Salmans Schicksal nach 1433 nicht, aber man geht wohl kaum zu weit, wenn man von einem mehr oder weniger gewaltsamen Ende dieser ersten Judenansiedlung in Tettnang ausgeht. Denn der schon erwähnte angebliche Ritualmord in Meersburg von 1443, der zur Auflösung der noch vorhandenen jüdischen Gemeinden im Bodenseeraum führte, war eine konsequente Weiterverfolgung der 1429 eingeleiteten Politik gegen die Juden. Das Überleben der Juden in der Region war seit 1429 nur mehr eine Frage der Zeit gewesen. Erst nach mehr als hundert Jahren kam es 1551 in Tettnang wieder zur Gründung einer Judenansiedlung.

Sogenannter „Judenziegel" im Städtischen Museum Ravensburg, vor 1429, als magisches Abwehrzeichen gegen die Ravensburger Juden auf dem dortigen Grünen Turm aufgesetzt

An dieser Stelle ist noch einmal deutlich zu sagen, daß es sich in Tettnang um eine Ansiedlung von Juden, keineswegs aber um eine Gemeinde gehandelt hat. Zwar mögen zeitweise in den Häusern von Seligman und Salman so viele erwachsene männliche Juden anwesend gewesen sein, daß ein Minjan – die für den Gottesdienst vorgeschriebene Zehnzahl – gegeben war. Es dürfte aber an der Dauerhaftigkeit eines solchen Minjan gefehlt haben. Auch war die Verbindung mit anderen Judengemeinden, besonders mit Konstanz, so eng, daß man die großen Feste wohl eher dort gefeiert und die dortigen Gemeindeeinrichtungen mitbenutzt hat. In Tettnang konnte es somit zu einer Gemeindeentstehung nicht einmal in den Ansätzen kommen.

Dennoch bleibt als Ergebnis festzuhalten, daß es in den Jahren um 1425 für kurze Zeit eine kleine, aber doch recht bemerkenswerte jüdische Ansiedlung gegeben hat, die von der bisherigen Geschichtsschreibung zu Unrecht übergangen wurde.

IV. Die Beteiligung Graf Heinrichs VI. von Montfort-Tettnang am Ritualmordprozeß von 1443

Das Ende der Judenschaft am Bodensee war, wie schon angedeutet, durch einen angeblichen Ritualmord bedingt, der 1443 zur Gefangennahme aller Juden im Bodenseegebiet führte; erst nach fünf Jahren erkannte man die Nichtschuld der Juden an diesem Verbrechen an.

Bei diesem Ritualmord wurde folgender Tatbestand unterstellt: ein Jude namens Jäckli von Feldkirch soll mit Geld auf Margarethe und Heinz Säm sowie deren Sohn Jakob aus Ahausen eingewirkt haben, den bei ihnen wohnenden Knaben Hansl, Sohn des Bürgers von Meersburg Konrad Schmid, herauszugeben; Hansl soll darauf durch Jäckli grausam ermordet worden sein. Als man den toten Knaben entdeckt hatte, wurde die Familie

Juden in einer Synagoge. Holzschnitt, Trient 1475.

Säm gefangengesetzt; sie belastete den Juden, der nach Feldkirch geflohen war und dort später zum Tode verurteilt wurde. Damit scheiterte der Konstanzer Rat mit seinem Begehren, den Täter in Konstanz abzuurteilen. Die gefangenen Juden gab man jedoch erst 1448 frei[74].

Kaiser Friedrich III., der seinerseits gegenüber der Stadt Konstanz auf seine herkömmlichen Rechte an den Juden pochte, wurde in der Angelegenheit ebenfalls aktiv. Auf kaiserliches Ersuchen setzte Jakob Truchseß von Waldburg als Landvogt in Schwaben zwei Gerichtstage in

Meersburg sowie einen in Überlingen an. Zu dem Gerichtstag in Überlingen am 1. Mai 1443 erschienen acht adlige Beisitzer, an ihrer Spitze Graf Heinrich VI. von Montfort-Tettnang. Diese verhörten alle drei Mitglieder der Familie Säm wegen des Mordes, der *„von den vyenden cristliches gloubens den schnöden lasterlichen juden beschähen sin sol"*[75]; alle hielten ihre Beschuldigung gegen Jäckli aufrecht. Bezeichnend ist in diesem Fall die Formulierung der Tat: die Juden werden bereits vor der Feststellung ihrer allfälligen Verantwortung als *„schnöde"* und *„lasterhaft"* sowie als *„Feinde des christlichen Glaubens"* bezeichnet, wodurch ein objektives Verfahren einigermaßen erschwert wurde. Auch wenn Graf Heinrich VI. hier nur als Untersuchungsrichter tätig war und somit keinen Schuldspruch des Jäckli zu verantworten hat, kann man ihn doch nicht ganz davon freisprechen, daß er die Vorurteile seiner Zeit gegen die Juden unbedenklich geteilt hat.

Eine weitere Beteiligung des Grafen an dem Fall scheint nicht mehr gegeben, da Jäckli in Feldkirch verurteilt wurde und der ganze Streit auf einen Kompetenzkonflikt zwischen dem Kaiser und der Stadt Konstanz auf Kosten der Juden hinauslief.

V. Juden als Geldgeber der
Grafen von Montfort 1350 – 1448

Die Grafen von Montfort blieben auch in dieser Zeit weiterhin Kreditnehmer der Juden. Zwar fehlen weitgehend die urkundlichen Belege für das 14. und die ersten Jahrzehnte des 15. Jahrhunderts. Wir dürfen aber besonders für die Zeit des Konstanzer Konzils 1414 – 1418 und für die Zeit der Anwesenheit von Juden in Tettnang 1423 – 1433 eine verstärkte Inanspruchnahme der Juden durch die Grafen von Montfort annehmen. Belegt ist das für den Churer Bischof Graf Hartmann IV. von Werdenberg-Sargans, der zu Beginn des 15. Jahrhunderts bei Juden in Zürich 2700 Gulden aufgenommen hat, wofür er Güter, Zinsen und Silbergeschirr als Pfand einsetzte; außerdem mußten das Domkapitel Chur und die Stadt Chur eine Bürgschaft leisten[76].

1439 berichtet Konrad von Weinsberg über eine Schuld von 500 Gulden, die er gegenüber der Tochter seiner Schwester hatte; diese Tochter, die Gräfin Beatrix von Helfenstein, war verheiratet mit Graf Rudolf VII. von Montfort zu Rothenfels. Konrad von Weinsberg hatte ihr für diese Schuld Silbergeschirr zu Pfand gegeben, *„die mir der dützsche meister gelyhen hat"*. Zur Abtragung dieser Schulden verpflichtete Konrad von Weinsberg mehrere Juden, u.a. den Lew in Konstanz mit 300 Gulden und weiteren 30 Gulden, dann Abraham von Stein am Rhein mit 10 Gulden, Abraham von Kolmar mit 40 Gulden und weiteren 2 Gulden, Obelin von Feldkirch mit 30 Gulden und weiteren 1 1/2 Gulden, schließlich Mosse von Mellingen mit 20 Gulden und 1 Gulden[77].

Am 7. Dezember 1445 verspricht derselbe Graf Rudolf VII. von Montfort zu Rothenfels dem Rudolf von Raitnau die Schadloshaltung wegen eines gemeinsam gegen den Juden Seligman von Ulm ausgefertigten Schuldbriefes über 200 Gulden[78].

Schon über diese Zeit hinaus führt eine am 15. November 1491 in Linz ausgestellte Urkunde Kaiser Friedrichs III., in der er bekundet, daß Graf Hugo XVII. von Montfort-Bregenz und dessen Geschwister auf den Landschrannen zu Graz und zu St. Veit in Kärnten *„alle in Händen von Christen und Juden befindliche Briefe und Siegel"* seines Vaters, des Grafen Hermann II. und seines Oheims, des Grafen Johanns III., über Geldschulden und andere Forderungen etliche Male zur Auslösung aufgerufen habe; infolgedessen werden alle diese Schuldurkunden für nichtig erklärt[79]. Inwieweit diese allgemeine Formulierung tatsächlich auf Kredite der Montforter bei Juden rückschließen läßt, bleibt allerdings offen, würde aber einer lange geübten Praxis durchaus entsprechen.

Der Humanist und Reformator Urbanus Rhegius von Langenargen, Holzschnitt von 1524.

Drittes Kapitel

Urbanus Rhegius von Langenargen und die Juden

Der Reformator Urbanus Rhegius gehört ohne Zweifel zu den bedeutendsten Persönlichkeiten, die aus Langenargen hervorgegangen sind[80]. Als Sohn des Kaplans an der Fridolinskapelle Conrad Rieger 1489 in Langenargen geboren, studierte er nach dem Besuch der Lateinschule in Lindau an den Universitäten Freiburg i. Br., Ingolstadt, Tübingen und Basel die sieben freien Künste und Theologie. Unter bedeutenden Gelehrten wie Ulrich Zasius oder Johannes Eck erhielt er eine hervorragende humanistische Bildung. In Konstanz zum Priester geweiht wurde Urbanus Rhegius Domprediger in Augsburg, dann Kaplan in Hall in Tirol, mußte von dort wegen seiner Neigung zu Luther fliehen, kam abermals nach Augsburg, wo er auf dem berühmten Reichstag von 1530 (*„Augsburger Konfession"*) von dem Herzog Ernst von Braunschweig-Lüneburg gewonnen wurde, die Reformation in Celle einzuführen; später wirkte er im gleichen Sinne auch in Lüneburg. 1541 ist Urbanus Rhegius in Celle gestorben.

In eine erste Berührung mit den Juden kam Urbanus Rhegius als junger Student in Freiburg, wo er im Hause des berühmten Rechtslehrers Ulrich Zasius lebte. Am 19. Juni 1508 hatte sich Rhegius in die Freiburger Universität eingeschrieben. Und in eben diesem Jahr 1508 veröffentlichte sein Lehrer und Hausherr Ulrich Zasius seine Schrift *„De Judaeos parvulis baptizandis quaestiones tres"* (Drei Fragen über die Taufe minderjähriger Juden). Diese in ihren Kernaussagen entschieden antijudaistische Schrift hatte einen realen Hintergrund: ein gefangener Jude hatte in Freiburg seinen minderjährigen Sohn als Geisel hinterlassen, um ein von ihm zu zahlendes Lösegeld aufzubringen. Trotz des Versprechens, man werde ihm den Sohn nach Zahlung des Lösegeldes zurückgeben, betrieb der Pfarrer die Taufe des Judenknaben. Das Kirchenrecht aber verbot die Rückgabe getaufter Kinder an ihre jüdischen Eltern. Die Angelegenheit wurde zum Tagesgespräch der Freiburger Theologen und Juristen. In seiner Schrift faßte Zasius die verschiedensten Argumente zusammen, um sich am Ende für die Zulässigkeit der Taufe auszusprechen[81].

Die Schrift des Zasius fand eine begeisterte Zustimmung in den Gelehrtenkreisen. Und mit Sicherheit dürfen wir annehmen, daß auch Rhegius diese Schrift und deren Argumente zur Kenntnis genommen hat; denn dieses Problem der Judentaufe hat ihn auch später noch beschäftigt. 1520 veröffentlichte Rhegius in Konstanz seine *„Cura pastoralis"*[82], ein Lehrbuch für die Konstanzer Kandidaten zur Priesterweihe, in dem der gesamte Prüfungsstoff ausgebreitet wird. Rhegius hat dieses Buch auf der Basis einer 1510 in Basel erschienenen Ausgabe gleichen Inhalts ausgearbeitet, indem er vor allem die moderne Literatur eingebracht hat. Unter anderem führt er zur Frage der Taufe von Judenkindern die Meinungen von Zasius und von Eck an[83].

Eck hatte der Meinung des Zasius mehrfach widersprochen und war darüber mit Zasius in einen heftigen Streit geraten[84]. Zuerst hatte sich Eck in seiner Schrift *„Chrysopassus"* (1514), zu der Urbanus Rhegius ein Gedicht beisteuerte[85], und dann in seinem Buch *„De materia juramenti decisio"* (1518) die Ansicht des Zasius bekämpft. Insbesondere wandte sich Eck gegen die Meinung des Zasius, man müsse gegenüber seinen Feinden nicht Wort halten. In dieser Frage hat übrigens auch später Hugo Grotius, der Begründer des modernen Völkerrechts, dem Zasius widersprochen[86]. Über diese Äußerungen kam es zu einer Entfremdung zwischen

Zasius und Eck; aber auch Rhegius geriet sowohl zu Eck als auch zu Zasius über die Frage der Reformation auf Distanz.

Zum humanistischen Ausbildungskanon gehörte nicht zuletzt auch das Studium der hebräischen Sprache. War dieses früher eigentlich nur im Hinblick auf die Judenmission, d.h. die Bekehrung der Juden zum christlichen Glauben von Interesse gewesen, so hatte es jetzt eine entscheidende Funktion in bezug auf das Studium des Alten Testaments in der hebräischen Ursprache bekommen. Erste Ansätze zu einer modernen christlichen Hebraistik bildeten sich bald nach 1500, vor allem in Schwaben und am Oberrhein. Insbesondere ist hier das Buch von Konrad Pellikan *„De modo legendi et intelligendi Hebraea"* (1503) zu nennen, sodann die fast gleichzeitigen *„Rudimenta linguae hebraicae"* von Johannes Reuchlin (1506); zu erwähnen ist aber auch die *„Margarita Philosophica"* des Freiburger Kartäuserpriors Gregor Reisch, die ein hebräisches Alphabet enthielt (Straßburg 1504). Reuchlin selbst hatte das Hebräische bei einem Juden erlernt, eine Methode, die anfänglich auch sonst verbreitet war. Der Nürnberger Humanist Christoph Scheurl versetzte 1505 in Bologna einen Ring, den ihm seine Mutter mitgegeben hatte, um bei einem Juden Hebräisch zu lernen[87].

Eck erlernte die hebräische Sprache zunächst bei Gregor Reisch in Freiburg (1511), später dann bei Johannes Böschenstein (1515) und bei Reuchlin in Ingolstadt (1521)[88]. Wahrscheinlich war es Eck, der Rhegius in Freiburg oder in Ingolstadt dem Studium der hebräischen Sprache zugeführt hat[89]. Jedenfalls hat sich Rhegius nicht nur solide Kenntnisse im Hebräischen angeeignet[90], sondern auch grundsätzlich dieser Sprache einen herausragenden Stellenwert für das theologische Studium zuerkannt. So schrieb Urbanus Rhegius an einen jungen Pastor in Linden bei Hannover: *„Vor Allem muß man das Studium der Theologie beginnen in der Furcht Gottes und mit ernstlichem Gebet. Denn die heilige Schrift lernt man nur unter der Leitung desselben heiligen Geistes verstehen, der sie gegeben hat. Die Sprachen, in denen das Wort Gottes der Welt überliefert ist, soll man fleißig lernen, nicht blos Griechisch und Lateinisch, sondern auch Hebräisch"*[91].

In seinen Bibelauslegungen des Alten Testaments ging Urbanus Rhegius stets vom hebräischen Grundtext aus. Und zur Erklärung zog er nicht nur die Kirchenväter heran, sondern er auch die jüdischen Ausleger des Mittelalters, in deren Schriften er ebenfalls bewandert war[92].

Gerade diese Tatsache, die Kenntnis der hebräischen Sprache und der rabbinischen Autoritäten, befähigte Urbanus Rhegius in besonderem Maße, in ein direktes Gespräch mit den Juden einzutreten, um damit das alte Anliegen der Judenmission wieder aufzunehmen. Martin Luther hatte dazu mit der Schrift *„Daß Jesus Christus eine geborener Jude sei"* (1523), die auf Betreiben des mit Rhegius eng befreundeten Augsburger Andreas Rem ins Lateinische übersetzt wurde, ein Signal gegeben. Luther sieht eine neue Grundlage für die Judenmission: das Papsttum habe in dieser Angelegenheit versagt und versagen müssen, weil die Juden Leute des Worts seien, was dem Papsttum abgegangen sei. Jetzt aber sei das Wort wieder da. Man müsse die Juden unterrichten, dann würden sie sich bekehren. Luther wendet sich gegen die Diskriminierung der Juden, denen man verbiete, mit den Christen Gemeinschaft zu haben, zu arbeiten, Handel zu treiben. Das führe nur dazu, daß die Juden sich dem Wucher zuwendeten. Man muß die Juden grundsätzlich anders behandeln, sie freundlich annehmen und arbeiten lassen, *„damit sie Ursach und Raum gewinnen, bei und um uns zu sein und christliche Lehre und Leben zu hören und zu sehen"*[93].

Rhegius hatte schon auf Reichstagen in Regensburg und in Augsburg gemeinsam mit Melanchthon und Brenz eine Disputation mit einem gelehrten Rabbi aus Prag über Isaias 53 geführt. Es ging darum, die dort ausgesprochene Weissagung auf Christus zu beziehen, doch gelang es nicht, den Juden davon zu überzeugen[94].

Später besuchte Rhegius die Juden in Hannover und in Braunschweig in ihren Synagogen, um ihnen zu beweisen, daß Jesus der Messias ist. Rhegius hatte jedoch an beiden Orten keinen Erfolg damit, was ihn über die Hartnäckigkeit der Juden klagen ließ. Auch Luther änderte später bekanntlich seine Haltung gegenüber den Juden. Die Rechnung, die Juden könnten einer evangelischen christlichen Lehre eher zuneigen als einer katholischen, war nicht aufgegangen. Die evangelische Lehre versagte ebenso wie zuvor das Papsttum versagt hatte[95].

In diesem Zusammenhang bleibt noch ein Brief zu erwähnen, den Urbanus Rhegius 1535 in hebräischer Sprache an die Juden in Braunschweig gerichtet hat. Er bat sie in diesem Brief darum, die Weissagung des Segens Mosis und die des Daniel von den 70 Wochen im Hinblick auf ihre Beziehung auf Jesus Christus ernsthaft zu prüfen und ihm ihre Meinung mitzuteilen[96].

Wiewohl alle diese Bemühungen gescheitert sind und bei Rhegius Resignation hinterlassen haben, bleiben diese Versuche, mit den Juden in ein wissenschaftliches Gespräch einzutreten, doch auch positiv zu bewerten. Zwar sind Missionsversuche, die meist aus einem Gefühl der Überlegenheit und der Stärke eingeleitet werden, grundsätzlich wohl mit Skepsis zu betrachten; doch in den hier dargestellten Gesprächen begegnet Rhegius den Juden eher als gleichberechtigter Partner, liegt doch schon in dem Gebrauch der hebräischen Sprache und in der Bezugnahme auf die rabbinische Literatur eine Anerkennung der fremden Kultur. Rhegius nähert sich den Juden als „Jude", er konfrontiert sie mit ihren eigenen Texten und ihrer eigenen Überlieferung, ihrer eigenen Sprache und ihrer eigenen Wissenschaft. Und: er sucht sie in ihrer eigenen Umgebung auf, in ihren eigenen Versammlungen und in ihren Synagogen. Mag auch das Ziel des Rhegius ein missionarisches gewesen sein, so erscheint doch die Art und Weise, wie diese Gespräche geführt wurden, etwas von der heute zur Institution gewordenen christlich-jüdischen Begegnung vorweggenommen zu haben.

Streitgespräch zwischen jüdischen und christlichen Gelehrten. Holzschnitt von Johann von Armsheim, 1483.

Graf Hugo XVI. Original in der Fürstlich-Fürstenbergischen Bibliothek in Donaueschingen.

Viertes Kapitel

Juden in der Grafschaft Montfort 1551 – 1572

I. Die Ansiedlung der Juden seit 1551

Mehr als hundert Jahre hatten in der Grafschaft Tettnang keine Juden mehr gewohnt. Wenn sich im Jahre 1551 Graf Hugo XVI. von Montfort entschloß, Juden neuerlich aufzunehmen, so waren dafür eine Reihe von Gründen maßgeblich. Einmal versprachen die Juden über die Schutzgeldzahlungen und sonstige Abgaben direkte finanzielle Einkünfte für den Grafen. Zum andern erwartete er eine wirtschaftliche Belebung seiner drei Residenzorte Tettnang, Langenargen und Wasserburg. Schließlich sind aber auch humanitäre Erwägungen nicht zu übersehen. Die Juden befanden sich im späten 15. und frühen 16. Jahrhundert in einer schwierigen Lage, da sie mehr und mehr aus den Reichsstädten verbannt wurden. Eine wachsende Zahl von Juden war auf der Suche nach einer neuen Ansiedlungsmöglichkeit in kleinen Landstädten oder auf dem Lande. Da sich viele Territorialherren, namentlich die größeren, gegen eine Aufnahme von Juden sperrten, fanden diese meist nur in kleineren Herrschaften Unterkunft. Die Grafschaft Montfort ist dafür ein Beispiel.

Graf Hugo XVI. von Montfort war ein humanistisch und juristisch gebildeter Mann. Wie Urbanus Rhegius war er ein Schüler des Juristen Ulrich Zasius gewesen. Die Frage der Aufnahme oder Nichtaufnahme der Juden wurde vielfach auch von ihrer juristischen Seite aus betrachtet, wobei sich die Problematik durch die Glaubensspaltung noch verschärfte. Konnte man in einem katholischen Territorium einerseits den Protestanten die Religionsausübung untersagen, andererseits aber den Juden ihre Glaubensfreiheit lassen? Der Bischof von Konstanz Märk Sittich von Hohenems hat 1559 in Meersburg auf der Grundlage von Rechtsgutachten seiner Juristen die damalige Diskussion zusammengefaßt und die Meinung vertreten, daß Kaiser Ferdinand I. den Juden sehr viel Gnade und Gunst erwiesen habe, womit er wohl zum Ausdruck bringen wollte, daß auch den kleinen Territorialherren eine Nachahmung dieser Politik nicht zu nehmen sei. Sowohl das römische als auch das kanonische Recht erlaubten es Christen und Juden, *„mit ainandern zu handtyren vnd kouf vnd verkouf ze haben"*. Es sei uns Christen nicht gestattet, den Juden irgendein Leid zuzufügen, sondern vielmehr bestehe – auf eben dieser Rechtsgrundlage – die Pflicht, die Juden bei dem ihnen eigenen Privatrecht zu lassen, desgleichen bei ihren religiösen Lehren, bei ihren Schulen, ihren Synagogen, ihren Friedhöfen. Der Bischof ging sogar soweit, daß den Juden auch der Druck von Büchern und Traktaten in hebräischer Sprache erlaubt sein müsse[97].

Graf Hugo XVI. ließ sich bei seiner Entscheidung, Juden aufzunehmen, von ganz ähnlichen Gedanken leiten. Diese brachte er auch in den Schutzbriefen für die montfortischen Juden zum Ausdruck, wenn er darin die Glaubensfreiheit ausdrücklich erwähnte. Der Graf dürfte auf dem Augsburger Reichstag von 1548 ausführlich mit diesen Fragen konfrontiert gewesen sein. Denn im Rahmen der Diskussion der Reichspolizeiordnung ging es auch um die sogenannten *„wucherischen Kontrakte"* und im Zusammenhang damit um das Problem, *„daß alle vnd iede obrigkeiten, vndter denen die Juden gesessen, nothwendigs gebürlichs einsehen thun vnd solche billiche gleiche Ordnung fürnehmen sollten, damit ihre vnd andere frembde Vnderthanen nit so hoch beschwerdt vnd verderbt werden"*[98].

Für Graf Hugo XVI. stellte sich im Hinblick auf die Aufnahme von Juden insbesondere die Frage, *„seinen"*

Juden ähnliche Privilegien zu verschaffen, wie sie den Frankfurter Juden am 26. Mai 1551 zugestanden worden waren; denn nur so konnte die Ansiedlung der Juden zu einem wirtschaftlichen Erfolg werden.

Am 14. Januar 1552 nahm Graf Hugo XVI. von Montfort zwei Juden unter seinen Schutz und Schirm auf: Esaias und Moses samt Familien und Gesinde. Sie sollten sich in Langenargen in zwei Behausungen niederlassen, die sie entweder kaufen oder bauen sollten[99]. Ausdrücklich wurde ihnen zugesagt, daß sie bei ihrem Glauben bleiben sollten. Gewöhnlich war mit dem Niederlassungsrecht ein jährlich zu zahlendes Schutzgeld verbunden, dessen Höhe 1617 bei fünf Reichstalern (= 15 Gulden) lag; dazu waren noch alljährlich zwei Gänse an den Grafen zu liefern.

Es muß noch weitere solche Schutzbriefe geben, mit denen Juden auch in Tettnang und in Wasserburg ein Niederlassungsrecht erhielten. Denn 1556 wohnten in Tettnang vier jüdische Familien, nämlich Zadic, Dadaras, Isac und Abraham. Für sie dürften ähnliche Schutzbriefe wie für Esaias und Moses bestanden haben. Dasselbe gilt auch für Jacob Berlin und Wolf, die wir 1556 in Wasserburg antreffen. Insgesamt ist also mit wenigstens acht Montforter Schutzjuden zu rechnen, davon vier in Tettnang, zwei in Langenargen und zwei in Wasserburg. Die Zahl der Juden war aber beträchtlich größer, da jeweils die Familien und das Gesinde eingeschlossen waren. Rechnet man die Familie zu durchschnittlich fünf Personen, so erhöht sich die Zahl der Juden auf insgesamt 40. Der Schutzbrief für die Langenargener Juden erwähnt außer den Familienmitgliedern aber noch Knechte, Brotgesinde und einen Lehrmeister für die Kinder, pro Familie also etwa weitere 4 bis 5 Personen; für die Wasserburger Juden werden *„Mitverwandte und Gesellen"* genannt. Man darf also wohl mit bis zu weiteren 30 bis 40 Personen rechnen, so daß die Gesamtzahl der montfortischen Juden bei 70 oder 80 Personen lag, von denen etwa 40 in Tettnang und je 20 in Langenargen und Wasserburg gewohnt haben. Vielleicht sind diese Zahlen etwas zu hoch, weil die einzelnen Schutzjuden teilweise untereinander verwandt oder verschwägert waren und wir nicht genau wissen, ob sie einen eigenen Hausstand bildeten oder der Familie zugerechnet wurden. Es mag auch sein, daß die Juden in allen drei Orten sich mit einem einzigen Lehrmeister begnügt haben. Andererseits ist nicht ganz auszuschließen, daß auch ein Lehrmeister gelegentlich verheiratet war und eigene Kinder hatte, was bei der obigen Rechnung übergangen wurde.

Was die Herkunft der Juden angeht, so gibt es gewisse Anhaltspunkte dafür, daß sie die Nachkommen jener mittelalterlichen Stadtjuden des Bodenseegebiets waren, die seit der 2. Hälfte des 15. Jahrhunderts nicht mehr geduldet wurden.

Für wenigstens drei Juden ist die Herkunft aus dem Bodenseeraum bezeugt: Moses von Langenargen ist 1545 in Meersburg[100] nachweisbar, desgleichen Esaias von Langenargen 1541 ff.[101], 1550/51[102] und noch 1553 (gleichzeitig aber auch in Langenargen)[103] und Abraham von Tettnang in Aach (Landkreis Konstanz)[104]. Es ist zu vermuten, daß auch die andern Juden aus dem Bodenseeraum in die Grafschaft Montfort gekommen sind, insbesondere aus Aach. Denn so wie für Abraham, der 1551 Schutzbriefe zugleich für Aach und für Tettnang erlangte, könnte das auch für andere Juden aus Aach zutreffen. Zu den 1551 in Aach aufgenommenen Juden gehörte auch ein „Schey", vielleicht identisch mit Esaias von Langenargen; dann weiters ein „Seckhl", vielleicht identisch mit Isaac von Tettnang, der immerhin ein Schwager des Abraham war und daher diesem besonders nahestand.

II. Die montfortischen Juden bis 1572

Im einzelnen lassen sich einige Daten über die erste Generation montfortischer Schutzjuden aus der recht

Ansicht von Tettnang nach einer Handwerks-Kundschaft von 1790. Original im Stadtarchiv Tettnang.

spärlichen Überlieferung zusammentragen. Die Daten sollen im folgenden nach den drei Wohnorten Tettnang, Langenargen und Wasserburg gegliedert überblicksmäßig dargestellt und einige davon im Anschluß daran etwas ausführlicher behandelt werden.

1. Die Juden in Tettnang 1551 – 1572

In den Anfängen der Aufnahme der montfortischen Schutzjuden spielte Tettnang die führende Rolle, gab diese jedoch frühzeitig an Langenargen und Wasserburg

"Mosse zu Tettnang" (gemeint wohl Moses von Langenargen) im Ratsprotokoll der Stadt Lindau 1552/55, Bl. 52r. (Original im Stadtarchiv Lindau).

ab. Angeblich wohnte schon 1560 in Tettnang kein Jude mehr[105]; doch sind ab 1569 wieder Juden in der Stadt anzutreffen.

Abraham von Tettnang

Abraham ist, wie schon angeführt, aus Aach zugewandert; jedenfalls wird er 1555 als Jude von Tettnang und von Aach erwähnt[106]. In Aach wurden 1551 zugleich Abraham der Ältere und Abraham der Jüngere aufgenommen[107]; welcher von beiden gemeint ist, muß offen bleiben. Über Abrahams Medine ist nichts bekannt, sieht man von einer Klage ab, die in die Stadt Konstanz deutet. Beim Besuch des Notars Scharrer in Tettnang am 30. Juli 1556 ist Abraham ortsabwesend. Im gleichen Zusammenhang erfahren wir, daß er ein Schwager des Tettnanger Juden Isac war. Abraham ist wohl noch vor 1560 nach Aach zurückgekehrt; denn als Abraham von Aach führte er 1564 einen Prozeß wegen einer Schuldforderung gegen Bastian Herderer zu Tuttlingen, einen Untertanen des Hans Jakob Fugger zu Augsburg[108]. Am 30. Oktober 1568 wird die Jüdin Sara zu Orsenhausen (Gemeinde Schwendi, Landkreis Biberach) erwähnt, die mit Graf Ulrich IX. von Montfort-Tettnang wegen einer Schuld streitet[109]; in derselben Sache wird diese Sara 1569 als Witwe des Juden Abraham bezeichnet[110]; da durchaus denkbar ist, daß Abraham von Tettnang auch den Grafen von Montfort Geld geliehen hat, ist die Annahme einer Identität wahrscheinlich. Abraham wäre dann wohl vor 1568 verstorben.

Dadaras von Tettnang

Der Name ist abgeleitet von Theodorus[111]. Die Herkunft des Dadaras ist unbekannt. 1556 begegnet er uns als Hausbesitzer, vermutlich in der Vorstadt in Tettnang, wo auch die Häuser des Isac und des Zadic lagen. In seinem Haus fand damals in der oberen größeren Stube ein Notariatsakt statt, obwohl er selbst ortsabwesend war[112].

Vermutlich war Dadaras ein Schwager des Zadic. Mehr ist nicht bekannt. Er wohnte schon 1560 nicht mehr in Tettnang.

Isac von Tettnang

Über ihn ist nur bekannt, daß er 1556 ein Haus in der Vorstadt besaß und daß möglicherweise der oben genannte Abraham sein Schwager war[113]. Isac ist vielleicht mit dem 1551 in Aach aufgenommenen Juden „Seckhl" identisch; doch tritt dieser als „Säcklin Jud zu Aach" 1554 als Kläger auf[114]. Isac hat vor 1560 Tettnang wieder verlassen.

Zadic von Tettnang

Der Name Zadic (überliefert ist die Form Zadac) bedeutet der „Gerechte", entspricht also dem verbreiteten Namen Justus[115]. Er besaß 1556 ebenfalls ein Haus in der Vorstadt. Vielleicht war Dadaras sein Schwager[116]. Auch über Zadic ist weiter nichts bekannt. Er scheint vor 1560 Tettnang wieder verlassen zu haben.

Aaron von Tettnang

Aaron von Tettnang wird nur ein einziges Mal genannt, und zwar 1569 als Ehemann der Gütlin von Wasserburg.[117] Beide sind 1556 und 1560 noch keine montfortischen Schutzjuden. Aaron ist demnach wohl sehr viel später als die anderen bekannten Tettnanger Juden in die Stadt gekommen.

2. Die Juden in Langenargen

Es hat den Anschein, daß in Langenargen sich von Anfang an die reicheren und bedeutenderen Juden niedergelassen haben. Die Langenargener und auch die Wasserburger Juden hatten schon vor ihrer Niederlassung in der Grafschaft Montfort enge Beziehungen nach Lindau, wo sie offenbar von Meersburg aus tätig wurden[118]. Seit 1550 wurden wiederholt Lindauer Untertanen wegen ihrer Schulden bei Juden aus Stadt und Gericht Lindau verbannt; sie durften erst nach der Rückzahlung ihrer Schulden zurückkehren. Erst recht wurde Lindau nach der Niederlassung der Juden in Langenargen und Wasserburg deren Handelsdomäne. Der Lindauer Rat hat in dieser Zeit wiederholt gesetzgeberische Maßnahmen treffen müssen. So willigte er 1552 in die Vollstreckung durch Juden ein: *„Auff alleweil beschechen anrueffen vnd begern setzt ein Erbar Rath hiemit den Juden in krafft seiner erlangten rechten vnd schyrmbrieue in die hab vnnd gueden, wie Inen die in der Anlait bestimpt, wie sich gepürrt ein, doch allen denen, so eltere vnd pessere gerechtigkait haben, in allweg one schaden"*[119]. Am 10. März 1553 faßte der Rat den Beschluß, die Juden nur mehr in polizeilicher Begleitung in die Stadt zu lassen: *„Errathen, daß hinfüro kain Jud herein gelassen werd, er hab dann ainen knecht mit Im, dem soll er all tag* (Tag gestrichen, dafür:) *stund 1 Kr. geben"*[120]. Das bedeutete, daß die Juden den ihnen aufgezwungenen Polizeischutz auch noch mit einem Kreuzer pro Stunde zu bezahlen hatten. Diese Bestimmung wurden in der Folgezeit immer wieder eingeschärft und bildete einen ständigen Streitpunkt zwischen den Juden und der Stadt Lindau. Es spricht für die Willkürlichkeit dieser Maßnahme, daß die ursprünglich pro Tag gerechnete Gebühr mit einem Federstrich in eine stündliche Gebühr umgewandelt wurde.

Im Gegensatz zu den Juden in Tettnang, die sich bald wieder zerstreuten, blieben die Juden in Langenargen bis zu ihrer Ausweisung 1572 kontinuierlich dort wohnhaft. In Langenargen gab es in dieser Zeit zwei jüdische Häuser, deren Lage unbekannt ist.

Esaias von Langenargen

Esaias, auch Osaias, genannt Schaich, was nur eine andere Form für den Namen Esaias darstellt[121], erhielt 1552 den Schirmbrief, demzufolge er in Langenargen ein Haus kaufen oder bauen durfte[122]. Er wohnte zeitweise in Meersburg und gehörte wohl zu jenen Juden, die 1546 nach Güttingen (Thurgau) zogen, dann aber bald wieder nach Meersburg zurückkehrten[123]. Wahrscheinlich ist er auch mit jenem „Schey" identisch, der 1551 in Aach Schutzjude wird[124]. 1552 und 1553 tritt Esaias („Schay") wiederholt als Gläubiger in Lindau auf[125]. Esaias prozessiert am 8. November 1552 in Wangen vor dem Landgericht in Ober- und Niederschwaben gegen Hans Schimpflin in Paradies bei Konstanz und erlangt gegen diesen einen Achtbrief[126]; gesteht am 12. Februar 1553 vor dem Hofgericht Rottweil zu, daß der Konstanzer Goldschmied Thomas Ärmlin wieder aus der Acht entlassen wird, in die dieser wegen einer Schuldforderung gekommen war[127]; läßt am 30. April 1553 von demselben Rottweiler Hofgericht den Cosman Scheffmacher aus Petershausen in die Acht tun[128]; 1555 appelliert die Stadt Konstanz namens ihrer Bürger Georg Hagen und Sigmund Schreiber gegen den wegen Schuldforderungen klagenden Esaias[129]; Anfang November 1555 erschien Esaias (vielleicht auch sein Schwiegersohn Moses) bei dem Augsburger Kaufmann David Paumgartner, um ihm die Grafschaft Rothenfels zum Kauf anzubieten[130]; am 30. Juli 1556, als er sich zufällig in Tettnang aufhielt, insinuiert ihm der Notar Georg Scharrer die kaiserlichen (weiter unten angeführten) Privilegien für Weingarten und Ochsenhausen[131]; eine Tochter des Esaias ist 1556 mit dem Langenargener Schutzjuden Moses verheiratet[132]; 1563 wird Esaias als verstorben genannt in der Appellation des Hans Ulrich von Schellenberg zu Kißlegg und des Sebastian Schlegel zu Wangen bzw. Kißlegg gegen eine Klage des Juden Lemblin zu Wolfenweiler (Ortsteil von Schallstadt, Landkreis Breisgau-Hochschwarzwald) und Weil (Landkreis Lörrach), der Erbe des Esaias war.

Moses von Langenargen

Moses von Langenargen ist eine der markantesten Persönlichkeiten unter den montfortischen Juden. Moses, genannt Mosse, auch Mossle, ist zunächst (1545) in Meersburg wohnhaft[133]; schon von hier aus stand er in geschäftlicher Verbindung mit Lindau, wie zwei Urkunden des Hofrichters von Rottweil vom 15. September 1545 bezeugen[134]. Moses gehörte – so wie sein Schwiegervater Esaias, zu jenen Juden, die 1546 von Meersburg vorübergehend nach Güttingen übersiedelt sind, dann aber wieder nach Meersburg zurückgingen[135]. Moses erhielt 1552 den Schirmbrief mit dem Recht, ein Haus zu kaufen oder zu bauen[136]. *„Mossle"* begegnet uns, so wie schon Esaias, seit 1552 und besonders 1553 als Gläubiger vor dem Lindauer Rat[137]. Am 25. Januar 1553 erließ das Hofgericht Rottweil auf seine Klage hin einen Achtbrief gegen Hans Bernhard, Nestler (Hersteller von Schnüren und Bändeln) zu Konstanz[138]; Moses war 1556 mit einer Tochter des Esaias verheiratet[139]; 1558 klagt Moses gegen die Stadt Konstanz und deren Bürger Hans Westler wegen einer Darlehensforderung über 31 Gulden[140]; 1564 wird eine Schuld der Magdalena Zenckin in Kluftern bei Moses in der Höhe von 27 Gulden genannt[141]; am 26. März 1565 erklärt das Hofgericht Rottweil auf Moses' Klage die Acht über Stoffel Philipp und Kaspar Gasser in Nenzing sowie über Paulus (oder Balthus) Hack in Gundertweiler (abgegangener Ort bei Markdorf)[142]; am gleichen Tag stellte Michael Herzog, Beisitzer des Hofgerichtes zu Rottweil dem Moses einen Gantbrief aus, um gegen Stoffel Philipp um ca. 20 Gulden

eine Vollstreckung durchzuführen[143]; 1566 klagte Abt Gerwig von Weingarten und Ochsenhausen gegen Moses, weil er gegen das kaiserliche Privileg von 1556 verstoßen und Untertanen des Klosters Weingarten Geld gegen Zinsen geliehen hatte[144]; 1572 wurde Moses wegen *„wucherischer Kontrakte"* durch den Grafen Ulrich IX. von Montfort mit einer hohen Geldstrafe belegt und aus der Grafschaft Montfort ausgewiesen[145]; Moses hatte im Pfarrhof von Hörbranz in der Herrschaft Bregenz ein vorläufiges Asyl gefunden, doch verlangte die Regierung in Innsbruck von den Amtleuten in Bregenz am 12. Februar 1573 vehement seine Ausweisung[146]; 1573 klagte *„Moses Jud zu Tettnang"*, wohl unser Moses von Langenargen, gegen Graf Ulrich IX. und dessen Beamte wegen Abzugsfreiheit[147]; damit verlieren sich seine Spuren.

3. Die Juden in Wasserburg

Am Beginn repräsentierten Berlin und Wolf die Juden von Wasserburg, für die wir ebenfalls zwei Häuser anzunehmen haben. Wie lange sich die Juden in Wasserburg halten konnten, ist nicht ganz eindeutig. Während eine Quelle angibt, daß bereits 1560 keine Juden mehr in Wasserburg wohnten, liegt uns ein aus Wasserburg datiertes Schreiben des Wolf vom 22. Juli 1562 vor. Danach finden wir erst 1569 wieder eine Jüdin in Wasserburg. Der für 1584 bezeugte Jude Wolf ist der zweiten Ansiedlungsphase in Wasserburg zuzurechnen.

Berlin von Wasserburg

Berlin, der Name, eine Verkleinerungsform von Bär, steht symbolisch für Issachar (Gen. 49,14)[148], wird 1556 auch Jacob Berlin genannt. 1555 taucht er als *„Berlin von Wasserburg"* vor dem Rat in Lindau auf[149]. Ebenfalls 1555 klagt er gegen Klara Roen in Mittelbuch bei Ochsenhausen, die Witwe des Melchior Schieffeneck, wegen

Älteste Ansicht von Wasserburg. Original im Malhaus-Museum in Wasserburg.

"Berlin Jud zue Wasserburg" im Ratsprotokoll der Stadt Lindau 1552/55, Bl 176v. (Original im Stadtarchiv Lindau).

einer Schuldforderung[150]. Am 31. Juli 1556 verkündet ihm der Notar Scharrer in Wasserburg im Haus der verstorbenen Hans Carlin das Privileg für Weingarten und Ochsenhausen[151]. 1557[152] und 1558[153] begegnet uns Berlin abermals in Lindau. Gemeinsam mit Wolf hatte er 1557 seine Medine nach Vorarlberg in die Herrschaften Feldkirch und Bludenz[154] verlegt, wo viele Schuldner die Rückzahlung verweigerten. Er suchte dann 1558/59 die Hilfe der Regierung in Innsbruck[155]. 1560 wohnt in Wasserburg kein Jude mehr. Aber es begegnet uns jetzt häufiger ein Berlin zu Obersulmetingen (Gemeinde Laupheim, Landkreis Biberach), und zwar 1564/71[156], 1566[157], 1571/75[158], zuletzt in einer undatierten Quelle (um 1600), diesmal unter der Bezeichnung *"Berlin Jud von Wasserburg zu Obersulmetingen"*[159]. Man darf diese Belege wohl dahingehend zusammenfassen, daß Berlin um 1562/64 seinen Wohnsitz von Wasserburg nach Obersulmetingen verlegt hat. 1566 war eine Tochter Berlins mit einem Moses zu Obersulmetingen verheiratet.

Wolf (I.) von Wasserburg

Wolf – der Name ist ein Symbol für Benjamin (vgl. Gen.49,27) – ist wie Berlin bereits 1556 im Dorf Wasserburg *"haussessig"*[161]. Wie Berlin steht auch *"Wolf von Wasserburg"* wiederholt als Gläubiger vor dem Lindauer Rat[162]. Ebenfalls mit Berlin wurde er nach 1557 in den Herrschaften Feldkirch und Bludenz in Geldgeschäften tätig und richtete vor dem 16. Februar 1559 eine Supplikation an den Kaiser[163]. Noch im Juli und August 1562 schrieb Wolf aus Wasserburg an die Regierung in Innsbruck wegen der Rückzahlung seiner Guthaben, obwohl angeblich schon 1560 in Wasserburg keine Juden mehr wohnten. Danach wird Wolf in den Quellen nicht mehr genannt.

Es ist allerdings sehr wahrscheinlich, daß der 1584 in Wasserburg genannte Wolf mit unserem Wolf identisch ist; er erlangte damals von Erzherzog Ferdinand von Tirol das Recht, sich mit seinen Kindern und seinem Gesinde in der Herrschaft Bregenz niederzulassen, falls er in Wasserburg nicht mehr bleiben könne[164]. Dieser Wolf von Wasserburg ist für den 12. Dezember 1589 als verstorben ausgewiesen[165].

Gütlin von Wasserburg

Gütlin von Wasserburg wird erst 1569 und nur einmal erwähnt, scheint sich also erst später in Wasserburg niedergelassen zu haben. Das Hofgericht in Rottweil teilte Graf Ulrich IX. von Montfort mit, daß die Güter des Hans Auberlin zu Brünnensweiler bei Tettnang zugunsten der Gütlin gepfändet worden seien[166]. Aus derselben Quelle erfahren wir, daß Gütlin mit Aaron von Tettnang

"Wolf Jud zu Wasserburg" im Ratsprotokoll der Stadt Lindau, Bl. 80r. (Original im Stadtarchiv Lindau).

verheiratet war. Bemerkenswert erscheint hier, daß Gütlin von Wasserburg als Frau ein selbständiges Geschäft betrieb, also offenbar nicht unter der unter Christen üblichen Vormundschaft ihres Mannes stand. Selbständige jüdische Geldverleiherinnen sind im Bodenseeraum seit dem 13. Jahrhundert vielfach bezeugt.

III. Zur Tätigkeit der montfortischen Juden

1. Die sogenannten „wucherischen Kontrakte"

Wie im Mittelalter, so war die Haupttätigkeit der Juden nach wie vor auf den Geldverleih beschränkt. Denn die Mehrzahl der Berufe, insbesondere etwa im Handwerk, kam für die Juden wegen des Zunftzwangs nicht in Betracht. Andererseits unterlag der Geldhandel zunehmend Einschränkungen durch die Reichsgesetzgebung, an der die kleinen Territorien nicht so ohne weiteres vorbeikamen. Die Privilegierung der Juden bezüglich der „wucherischen Kontrakte" wurde schon wenige Jahre nach der Aufnahme der Juden dadurch unterlaufen, daß jetzt die benachbarten Reichsstände rings um die Grafschaft Montfort über kaiserliche Privilegien ihren Untertanen verboten, ohne Vorwissen der Obrigkeit mit Juden Geschäfte abzuschließen. Privilegien standen jetzt gegen Privilegien.

Den Anfang machten die Klöster Weingarten und Ochsenhausen. Am 11. Februar 1556 gewährte Kaiser Karl V. in Brüssel den Klöstern Weingarten und Ochsenhausen das Privileg, daß kein Jude ihren Untertanen auf liegende Güter Geld leihen dürfe und daß alle Schuldverschreibungen dieser Untertanen gegenüber Juden ungültig sein sollten[167]. Beide Klöster lagen innerhalb der üblichen Medine (Handelsbezirk) der montfortischen Juden, so daß diese von dem Privileg direkt betroffen waren.

Durch dieses Privileg war neues Recht geschaffen worden. Es lag nun im Interesse der Klöster, den Juden dieses neue Recht mitzuteilen. Zu diesem Zweck sandten sie einen Notar in sämtliche umliegenden Judendörfer mit dem Auftrag, den Juden das kaiserliche Privileg vorzulesen. Man bezeichnet diesen Vorgang mit dem Fachausdruck „Insinuation". Auf seiner Reise im Juli und August 1556 kam der in Konstanz ansässige Notar Georg Scharrer von Landshut auch nach Tettnang, Langenargen und Wasserburg, um den dort wohnenden Juden das Privileg zur Kenntnis zu bringen („zu insinuieren"). Alle seine Amtshandlungen legte der Notar dann in einer umfangreichen Urkunde schriftlich nieder[168].

Am 30. Juli 1556 kam der Notar nach Tettnang, wo er das Privileg den anwesenden Juden Zadic und Isac vorlas und ihnen eine beglaubigte Abschrift davon aushändigte. Zugleich verpflichtete er die beiden Juden, ihren abwesenden Schwägern Dadaras und Abraham den Inhalt der Kopie ebenfalls zur Kenntnis zu bringen. Wörtlich notierte der Notar in seine Urkunde über diesen Vorgang:

„Harnach donstags den dreisigisten tag des Monaths July benants Jars vmb vesper Zeit hab Jch auch nachbenenter Notarius vff erforderung wie obgemelt Zadac vnnd Jsac Juden zuo Thettnang Jn der Vorstatt haussessig wolgedachten Keyserlichen Freyheitsbrief bester form verkündt, eröffnet, von Wort zu Wort Jnen den vorgelesen vnnd davon ein glaubwirdige Copey vberantwurtet, Dabey Jnen befolhen, daß sy solch Copey auch Iren schwehern Dadaroß vnnd Abraham Juden, so abwesent waren, zu derselben ankunfft mitheilen wolten"[169].

Als der Notar sich gerade auf den Weg nach Langenargen machen wollte, stellte sich der dortige Jude Esaias ein. Der Notar nahm diese Gelegenheit wahr, um auch ihm das Privileg Wort für Wort vorzulesen und ihm eine beglaubigte Abschrift zu übergeben mit der Bitte, Esaias möge seinem Schwiegersohn Moses in Langenargen eine entsprechende Mitteilung machen. Auf diese Weise konnte sich der Notar den Besuch in Langenargen ersparen. Der Vorgang spielte sich im Haus des Dadaras in der Vorstadt ab, und zwar in der oberen größeren Stube. Zu dem Notariatsakt hatte der Notar auch zwei Tettnanger Bürger als Zeugen geladen, nämlich den Wirt des ebenfalls in der Vorstadt gelegenen Gasthofs „Zum roten Kreuz" Georg Müller, genannt Balthasar[170], und den Bäcker Christian Hertzog. Entsprechend vermerkte er in seiner Urkunde:

„Alls Jch sollichs gedachten zweyen Juden fürgehalten kam Esaias Jud von Langenargen am Bodensee gelegen, dem Jch gleichfahlls daselbst den Jnhalt Offtangeregts Keyserlichen Freyheitsbrieff eröffnet, verkündt vnnd Jme ain glaubwürdige Copey, dieselb auch dahaim seinem dochterman Mosse Juden mitzutheilen vnnd anzuzeigen, sich vor schaden wüssen zuohüeten, geben vnnd vberantwuortet hab, Welches beschehen Jn vorgesagts Dadaras Juden behausung, vnd Jn seiner Obern Grössern Stuben, Jn beysein vnnd gegenwürtigkeit Georgen Müllers genants Balthassern würts zum Rothen Creutz vnnd Christen Hertzogen genant Beckhen, bede Bürgern daselbst zu Thetnang, alls gezeugen hierzuo mit sonderm vleiß berueftt vnnd erbetten"[171].

Am folgenden Tag, am 31. Juli 1556, reiste der Notar Georg Scharrer weiter nach Wasserburg. Dort wiederholte sich der ganze Vorgang in der oben dargestellten Form gegenüber den dortigen Juden Jacob Berlin und Wolf; auch sie wurden gebeten, ihren abwesenden Mitverwandten und Gesellen eine entsprechende Mitteilung zu machen. Der Notariatsakt spielte sich ab in der unteren Stube im Hause des verstorbenen Hans Carlin im Dorf Wasserburg in Gegenwart von dazu herbeigerufenen zwei Zeugen, des Baders Hans Jelin und des Mesmers Georg Wer, beide wohnhaft in Wasserburg. Der Notar notierte:

„Nachgendts Freytags der da was der Einundtdreysigist tag bemelts Monats vnd Jars, hab Jch vndenbestimpter Notarius Jn dem dorff wasserburg am Bodensee gelegen Jacob Berlin vnd Wolff Juden daselbst haussessig vilgedachten Keyserlichen Freyhaitsbrieff Jn bester Form von Wort zu Wort verlesen, verkundt vnnd Jnen davon ein glaubwürdige Copey mitgetheilt, darbey sy wie auch anderen vorgeschribnen Juden beschehen, daß sy andere Jre mituerwandten vnnd gesellen, so abwesendt waren, diß Jnen Publicierten Keyserlichen Freyhaitsbrieff verstendigen vnnd sy vor schaden verhüeteten, mit vleiß ermanet, söllichs beschehen Jn ernantem Dorff Wasserburg vnnd daselbst Jn Hansen Carlins seligen huß Jn der vndern Stuben Jn gegenwürtigkeit vnnd Beysein Hans Jelins baders vnnd Jergen wern Mesmers, beyde zuo Wasserburg, hierzu sonderlich berueftt vnnd erbetten"[172].

Für die montfortischen Juden blieb diese Einengung ihres Geschäftskreises nicht ohne Folge; sie versuchten, ihre Medine in südliche Richtung nach Vorarlberg hin auszudehnen. Und so ist es kein Zufall, daß sie seit 1557 verstärkt in den Grafschaften Feldkirch und Bludenz tätig wurden.

Seit 1559 verschärfte sich die Situation für die montfortischen Juden dadurch, daß eine ganze Reihe von Städten und Herrschaften in diesem Jahr kaiserliche Privilegien nach dem Muster von Weingarten und Ochsenhausen von 1556 erlangten. Den Anfang machten die Reichsstädte Ravensburg am 10. Mai 1559[173] und Lindau am 29. Mai 1559, denen Kaiser Ferdinand I. ein Privileg erteilte, „daß weder Jud noch Jüdin einem Angehörigen der Stadt auf fahrende oder liegende Habe, Briefe, Wucher oder wucherliche Contracte ohne Erlaubnis der Obrigkeit etwas leihen dürfte"; widrigenfalls sollten alle Verträge und Urkunden ungültig sein[174]. Am 5. Juli 1559 erlangten Stadt und Herrschaft Bregenz das Privileg, daß kein Jude und keine Jüdin ohne Wissen und Bewilligung der Obrigkeit keinem Bürger oder Untertan in Stadt und Land Geld leihen oder mit ihm Geschäfte abschließen darf[175]. Ein ähnliches Privileg verschaffte sich die Reichsstadt Leutkirch am 11. Juli 1559[176], die Reichsritterschaft in Schwaben am 1. August 1559[177] und die Reichsstadt Biberach am 11. August 1559[178].

Zu diesen Privilegien ist zu bemerken, daß zumindest jenes für Lindau direkt durch die montfortischen Juden ausgelöst wurde; denn am 16. August 1558 verhandelte der Lindauer Rat mit *„den Juden zue Tettnang vnd Wasserburg ihrer Bürger halb"*[179].

Für Ravensburg ist die notarielle Insinuation dieses Privilegs überliefert[180]. Diesmal erschien der Ravensburger Bürger und Notar Johann Bappel am 22. Januar 1560 in Tettnang, wo er dem Stadtammann Hans Schnell und dem Stadt- und Landschreiber der Stadt und Herrschaft Tettnang Konrad Kaufmann den Inhalt des Privilegs verkündete, *„die solichs mit gebürender weiß von mir empfangen vnd angenommen vnd gesagt haben, Jr gnediger Herr von Montfort hette nur noch ainen Juden zu Argen wonendt, der hett noch ain Jar, das nun mehr halb verschinen, vnnd lenger nit alda zu hausen, wolten nach Jme Juden schickhen vnnd mit Jme von Obrigkait wegen verschaffen, das er antzaigen müßte, was er mit deren von Ravenspurg bürgern, beiwonen und zugehörigen zu handeln hett, unnd sover sy was hinder vnd bey Jme Juden erkundigen würden, dasselbig von stund den gedachten herren von Ravenspurg zuschreiben vnnd zu wissen machen"*[181].

Demnach hatte sich die Situation der Juden in der Grafschaft Montfort grundlegend gewandelt. Nur mehr ein einziger Jude soll in Langenargen gelebt haben, dessen Aufenthaltsberechtigung innerhalb des folgenden halben Jahres auslaufen sollte. Von Juden in Tettnang und in Wasserburg ist keine Rede mehr. Das stimmt allerdings nicht ganz mit dem urkundlichen Befund der folgenden Jahre überein, wonach offenbar in Langenargen mehrere und in Wasserburg wenigstens ein Jude gelebt haben, wenig später auch wieder in Tettnang. Möglicherweise wurde der Notar in Tettnang mit falschen Auskünften abgespeist, weil diese Einschränkung der Handelsfreiheit der Juden nicht im Sinne des dortigen Territorialherrn sein konnte. Gleichwohl läßt sich nicht ganz leugnen, daß einige montfortische Juden in den 1560er Jahren abgewandert sind. Da überdies die Aufnahme in den Judenschutz in der Regel nur befristet erfolgte, muß auch damit gerechnet werden, daß einzelne Juden zeitweise in den Schutz eines anderen Herrn traten und dann wieder zurückgekehrt sind.

2. Die „wucherischen Kontrakte" in Vorarlberg

Wolf und Berlin von Wasserburg hatten um 1556/57 an verschiedene Untertanen der Herrschaften Feldkirch und Bludenz Darlehen ausgegeben. Große Beträge waren es nicht; Wolf spricht 1562 von insgesamt 130 Gulden, die er in den Herrschaften Bludenz und Sonnenberg ausgeliehen hatte. Für Berlin darf man einen ähnlichen Betrag vermuten. Als beide nach Jahresfrist ihr Geld zurückforderten, wollte niemand zahlen. Man berief sich auf das 1551 durch den Augsburger Reichstag verfügte Verbot der „wucherischen Kontrakte". Dieses Verbot galt allerdings nur dann, wenn diese Verträge nicht vor der zuständigen Obrigkeit aufgerichtet worden waren; von der Obrigkeit genehmigte Verträge mit Juden waren hingegen wirksam.

In der Stadt Bludenz wurden 1558 Hieronymus Geiger, Jos Neßler, Heinrich Kühne und Hans Zurlaut eingesperrt, weil sie gegen das Verbot von Juden Geld ausgeliehen hatten; man ließ sie jedoch bald wieder frei, allerdings mußten sie das geliehene Geld an die Regierung in Innsbruck bezahlen[182]; hier ist es nicht verwunderlich, daß sie eine Rückzahlung an die Juden verweigerten.

Wolf und Berlin hatten mit allen ihren Versuchen keinen Erfolg, wieder zu ihrem Geld zu kommen.

Unter diesen Umständen versuchten sie, die Regierung in Innsbruck und sogar den Kaiser einzuschalten, damit diese einen entsprechenden Druck auf die Vogteiverwaltungen ausüben sollten. Die Regierung hatte schon am 28. Juli 1558, wohl auf Intervention der Juden, vom Vogteiamt Bludenz einen Bericht gefordert, welcher Art die Verträge der Juden mit den dortigen Untertanen seien, blieb aber ohne Antwort seitens des Vogteiamtes Bludenz. Daher richtete Berlin von Wasserburg am 22. Dezember 1558 neuerlich eine Supplikation an die Regierung in Innsbruck, die folgenden Wortlaut hatte:

„Berlin Juden zu Wasserburg In der herrschafft Tetnang seshafft Suplication.

Wolgeborn, Edl, gestrengg, hochgelert, vest, gnedig vnd gebietend herren, Ich armer Jud pit E. gn.[183], dise nachvolgende mein beschwär genediglichen anzuhören. Genedig herren, Nach dem E. gn. vnd gunsten one allen zweifl guet wissen tragen vnd Ingedenckh sein, wie Ich vormals an E. gn. vnd gunsten auch suppliciert vnd E. gn. vndterthenigblichen bericht hab, wie Ich Etliche schuldner In der herrschafft Pluditz habe, welchen Junckher Merckh von Hochen Embß als Vogt zu Pluditz verpotten, mir nicht verfolgen zu lassen, so ist damals, mir von E. gn. ain mundtlicher beschaidt erfvolgt, E. gn. lassen die sach bleiben bey dem beschaidt, so E. gn. dem Vogt zu Pluditz am 28zigsten tag des monats Julius geben haben, alda mage Ich widerumben ansuechen, so durch mich beschechen, vnd ain aignen potten bey gemelten von Embß gehabt, vnd Ime geschriben, auch gezaigt, wie Ich an E. gn. suppliciert hab vnd was Ich von E. gn. für beschaidt emphanngen, vnd Ine von Embß vnderthenigblichen gebeten, mir zu meinen schulden verholffen zu sein, so wil Er von E. gn. ainichts beschaids, so Er von gn. haben solle, gar mit nichts nit mörckhen lassen, sondern mir wider geantwurt, Er laß bey dem ersten beschaide vnd verbot bleiben, sover Ich aber von E. gn. ain bevelch außbringe, das laß er beschechen.

Hierauf gnedig herren, so ist an E. gn. mein vnderthenig pit vnd begern, E. gn. die wellen mir ain gnedigen beuelch an obgedachten von Embß, Vogt zu Pluditz, mittailen, daß Er mit den vnderthanen verschaffe, daß Ich bezalt werden möge. Dann Ich vngezweifelt pin, daß die Ro. Khay. Mth.[184] vnnser allergenedigster herr, auch E. gn. dahin nit genaigt sein, mir noch niemand das seinig zu versperren. So ist mir auch Nie nichts fürbotten worden, so hab ich auch nie Nichts vertretten etc. Vnd wie E. gn. mir hinfüran verordnung vnd maß geben, wie Ich mich weiter mit den vnderthanen daselbs halten solle, wil Ich mich hiemit angebotten E. gn. verordnung anzunemen. Damit E. gn. will Ich mich bevolhen haben.

E. Genaden

Berlin Jud zu Wasserburg
In der Grafschafft Tetnang

Genedig herren, Ich will E. gn. vnangezaigt nit verhalten, daß der Reichßabschid, so vor Etlichen verschinen Jaren Ergannen, anderst nit vermöge, dann daß die verschreibungen On der Oberkait wissen (darinn der Christ sitzt vnd wondt) aufgericht werden möge vnd wo schon ain verschreibung anderstwo aufgericht wurde Im faal, So sollen wir vnsere schulden darumben nit verloren haben, allain die verschreibung unpindig ist, mir als Juden, auch meiner schuld On schaden, auch die Jetzig Ro. Khay. Mt. unsere altherkhomen vnd privilegien, wie wir uns halten sollen, auf ain Neus Confirmiert vnd bestat. Vnd wil mich hiemit E. gn. gantz vnderthenig bevolhen haben"[185].

Die Regierung zögerte nicht und schrieb bereits am folgenden Tag an den Bludenzer Vogt, ihr umgehend eine Antwort auf ihren bislang unbeantworteten Brief vom 28. Juli 1558 zu schicken[186]. Eine Abschrift der Supplikation von Berlin fügte sie unter einem bei. Wie diese Angelegenheit ausgegangen ist, erfahren wir nicht. Aus den folgenden Schreiben, die Wolf von Wasserburg an den Kaiser und an die Regierung in Innsbruck richtete, mag man aber entnehmen, daß Berlin kaum einen Erfolg gehabt hat. Denn die Probleme lagen im Falle von Wolf ganz ähnlich wie bei Berlin. Wahrscheinlich war die Vorgangsweise von Wolf mit Berlin abgesprochen; und so wandte sich Wolf um die Jahreswende 1558/59 direkt an den Kaiser, der sich damals auf einem Augsburger Reichstag aufgehalten hat. Vermutlich hat Wolf ihn dort aufgesucht und seine Bitte in der unmittelbaren Umgebung des Kaisers zu Papier gebracht:

„An die Rhom. Khay. Mt. etc.

Wolff Juden von Wasserburg am Podensee gelegen allervndterthenigste Supplication.

der o.o. Regierung mitzuschließen

Pith vnd beuelch an die Vögt zu Pluditz vnd Veldtkirch, daß sy Ime bej Iren vnderthanen vmb seine habende bekhandtliche schulden bezalung verschaffen wellen.

p.a. 16. febr. Anno 59.

Aller genedigster herr, Ewr Rom. Khay. Mt. bite Ich vnderthenigst dis mein anlangen aller genedigst zuvernemen. Demnach vnd man mir In Ewr Rom. Khay. Mt. Erblanden der herschafften Plaudnitz vnnd Veldkhirch nach laut meiner habende Brieff vnnd Sigel Etliche Soma gelichens gelt zu thon vnnd schuldig ist, So nun die zeit der bezalung langest verschinen, vnnd Ich sollche Schuld wie Pillch nun mehr zwey gantze Jar mit schwerem vncosten ersuecht vnnd der wegen bey beiden gemelten vögten der Herschafften Plaudnitz vnd Veldkirch als E. Mt. an dene Orten nachgesetzten Oberkaiten vmb verschaffung der Bezallung angehalten, aber Bißher vnangesehen aller meiner habenden vnd aufgelegten Rechtmessigen Brieflichen vrkhunden vnnd Schuldverschreybungen zu khainer bezallung khomen mögen, das mir dan zum höchsten beschwerlich.

Dieweyl dan gedachte Schulden bekhandlich vnnd hinder E. Mt. Erblanden wie gemelt gelegen, Ich Armer auch derselben hindersäß bin vnd ohne Ewr Mt. sunderm aller genedigste begnadung vnd mit gethailte bevelch wenig hoffnung hab zu der bezallung angeregts meines In allen trewen vnd wolmaynen ausgelichens Paren gelts zu der bezallung zu khomen, wirde Ich verursacht Ewr Ro. Khay. Mt. vmb aller genedigste hilf vnd einsechen anzuruefen.

Derohalben gelangt an E. Ro. Khay. Mt. meinen Allergenedigsten herren vnd handthaber der warhait vnd gerechtigkait mein vnderthenigst anruefen vnd bit, die wölle aus angeborner milte, guete vnnd Barmhertzigkait mich armen aller genedigst bedenckhen vnd an gedachte vögt Baider gemelter Herschafften Ernstlichen schriftlichen Beuelch aller genedigst ausgeen vnd mitthailen lassen, daß sy mir die gemelte meine Bekhandtliche schulden ohne lengere verhinderung vnd verern aufzug volgen vnd wie pillich aufs fürderlichst bezallen lassen.

Sollichs vmb E. Rom. Khay. Mt. vnnd derselben geliebsten herren Sune glückhlichste Regierung vnd Langwirige gesundtheyt Got den Almechtigen zu biten, wil Ich In meinem armen teglichen vnd schuldigen gebet zu thon nimermehr vergessen. Thue E. Ro. Khay. Mt. mich zu aller genedigsten beschaid vnd beuelch vnderthenigist beuelchen.

Ewr Rhom. Khay. Mt.

Armer underthenigster
hindersäß
Wolff Judt von
Wasserburg"[187].

Kaiser Ferdinand I. richtete daraufhin am 5. März 1559 aus Augsburg an die Regierung in Innsbruck ein Schreiben, indem er sich für das Anliegen Wolfs einsetzte: „Dieweyl wir dann nun mennigclich zu dem, so ainem

Aller Durchleuchtigister Großmechtigister
vnnd vnuberwindtlichtister Romischer Kayser

Aller genedigister Herr, Ewr Rom. Khay. Mat. bitte Ich vnderthenigst
die mein anlangen aller genedigst hinzunemen. Demnach vnd
nach Dem mir E. Kew. Rom. Khay. Mat. Lieblandten, der Herrschafften
Pludenz vnnd Veldtkirch, nach lautt meiner habendts Brieff
vnnd Sigel, Etlich Sommen geliehens gelts zu thon vnd schuldig ist,
So mir die Zeit der bezallung langst verschinen, Vnnd Ich solliche
Schuld würcklich, mir mehr Irer gantzen Zeit, mit schwerem
burgen versichst, Vnnd derwegen bey baiden gemelten Vogten
der Herrschafft Pludenz vnd Veldtkirch, als E. Mat. an denen
Orten nachgesetzten, Oberkaiten, vmb verschaffung der bezallung
angehalten, aber bißher vnangesehen aller meiner habendts vnd
aufgelegter Rechtmessigen Vrsachen, bethändten vnd schuldverschreibungen, zu khainer bezallung khomen mögen, das mir das
Hinn hästens beschwerlich. Dieweyll dan ge-
dachte Schulden bezhandtlich, vnnd hinder E. Mat. Lieblandten vor ge-
molt gelegen, Ich deren auch derselben hinderseß bin, vnnd aher
Ewr. Mat. sundern aller genedigster begnadung, vnnd mit gefüelter
bewilg., wenig hoffnung hab zu der bezallung angeregter meiner
Ir allerteurern, vnd wolmegnen, ausgeliehner Summe gelts zu der
bezallung zu khomen, Vnnd Ich verursacht Ewr. Ro. Khay. Mat. vmb
aller genedigster hilff vnnd einsehen, anzu ruefen. Derselben
gelangt an E. Ro. Khay. Mat. mein aller genedigsten Herrn, vnd
handthaber der warhait vnd gerechtigkait, mein vnderthenigst anruefen vnd bit, Die wolle aus angeborner milte, guete, vnnd

Barmhertzigkait, mich dennen alle gnedigst bedenckhen, vnd an
gedacht bögt Baden gemelten Bruderschafften threwlichen ghehorsamen
berichts allergnedigst anzaigen vnd mittheilen lassen, Dass
mir die gemelte meiner behandliche schulden, ober lengere verhindt-
rung, vnd daran aufftzig, volgen, vnd mir fellig aufso fundruckht
bezallen lassen. Sölliche vmb E. Kön. Mayt. ayt.
vnd derselben geliebsten Herrn Sönen, glückhlicher Regierung vnd
Langerwung gefründscht, Bat dnn alnmechtygen Heiland, weil ich
Zu meinem armen tüglichen vnd schuldigen gebet, Zu thun, mines
mehr vergessen, Ewer E. Kön. Mayt. etc. mich hie alle gnedigsten
beystand vnd bericht, aller vnderthenigist bevelchen ./.

Ewer. Kön. Mayt. ayt.

armer vnderthenigster
fürstsch

ernst fürst van
waysenburg

von Rechts wegen gebürt vnd zugehört, zuverhelffen, mit gnaden genaigt sein, So beuelhen wir Euch hiemit genediglich, Das Ir hierauf solche gebürende weg fürnemet vnd verordnet, Damit der Jud zu dem, so man Ime von billichait wegen zethuen ist, güetlich khume vnnd wider die gebür oder In die lennge nit aufgehalten werde"[188].

Es hat den Anschein, daß die Intervention des Kaisers in Innsbruck nur wenig Eindruck machte. Wohl konnte Wolf mit Erfolg seine Ansprüche in Feldkirch durchsetzen[189], in Bludenz aber fand er nach wie vor kein Gehör. Hatte Wolf, wie er 1559 in dem Brief an den Kaiser schrieb, seit über zwei Jahren auf seine Bezalung gewartet, so hatte er weitere 2 1/2 Jahre zuzuwarten, ehe er am 22. Juli 1562 erneut aus Wasserburg an die Regierung in Innsbruck eine Supplikation richtete:

„*An die Regierung zu Ynsprugg,*

Wolgeborn Edl Gestreng hochgelert vnnd vesten gnedigen herrn, Ewr genaden seyen mein vnderthenig dienst zu aller gehorsam berait zuvor.

Genedigen herrn, E. gn. gib Ich zu vnderthenigkhait zu erkhennen, Nachdem Ich verschiner Jarn Etlichen vnderthonen In der Rö. Kay. Mt. meines aller gnedigisten Herrn herschafften Veldtkhirch, Bludenz vnnd Sonenburg gesessen, ain antzal gelt fürgestreckht vnd gelihen vermög meiner derhalben habenden brieflichen gerechtigkhaiten vnnd mir aber damaln durch die herrn vögt bemelten herschafften Bey gedachten Irn Amptsvnderthonen kain billiche betzalung verschafft werden wellen, dardurch Ich des meinen Nu ain lange Zeit außgelegen, haben höchstgedachte Rö. Kay. Mt. verschinens Augspurgischen Reichstags mir auf mein vnderthenigist suppliciern ainen bevelch an E. gn. lautendt mir bey ermelten herrn vögten zu gepürender betzalung durch bevelch verholfen vnd fürdersam ze sein allergenedigst mitgethailt, den E. gn. Ich hiemit zu vnderthenigister gepürender Reverentz überschickhen thun, vnnd dieweyl mir aber seyderher durch den herrn Vogt zu Veltkhirch bej seinen ampßvnderthonen alle gepüerende Rechtliche Weg vnd pillich betzalung In derselben seiner verwaltigung, weil ich allain gericht vnd Recht In den gerichten Jeder herschafft, darinnen die vnderthonen, so mir schuldig, gesessen sein, zu nemen vnd Sy mit khainem frembden oder auslendischen gerichten zu beschweren nit beger, verfolgen vnd widerfarn lassen, also daß ich des orts zu meinem gepürenden Rechtlichem Eintzug bej obgemeltem herrn Vogte zu veldtkhirch In seiner verwaltigung kain mangel nit mer hab.

So understeet sich aber Nochmaln der herr Vogte zu Bludenz, der wolgeborn mein gnediger her Merckh Sittich Grafe zu der hohen Emps, mein In angetzaigten seiner Gn. Amptsverwaltigungen baider herschafften Bludenz vnd sonenburg beruerter meiner Außstendigen Glaubhafften schulden halb, So ich der Enden vngefarlich bis in ain hundert dreissig gulden ligen hab, obgehorter gestalt nichts verfolgen noch widerfaren zu lassen. Ich überandtwurte von E. Gn. Ime dan derwegen befelch, daß ers thun soll, verers Inhalts seiner Gn. amans zu Sonenburg schreiben, So er mir auf mein begern erst bey wenig tagen gethon, hiebeyliegend. Vnd wiewol E. Gn. ich angedeuteten Kay. bevelch vor lengst vnderthenigklich zu überschickhen willens, Ist aber wolgemelter herr Graf Merckh zu der hohen Emps nit bej land, sonder etlich zeiz zu Rom, auch zu Wien vnd hernach sonst mit gescheften beladen gewest, daß ichs biß her vnderlassen. Hierauf E. Gn. gantz vnderthenig pitende, die geruhen mir Innhalt des Kay. bevelchs an wolgemelten herrn Grafen als der Kay. Mt. Vogte obbenenter baider herschafften, auch ainen bevelch gnediglichen mitzethailen, damit ich von seiner Gn. Ampts vnderthonen des Ihenigen, so sy mir ze thun schuldig, entricht vnd wider die gepür verrer oder weiter nit aufgehalten, sonder von Inen befridet vnd betzalt werden möge. Das beger vmb E. Gn. Ich In aller vnderthenigen gehorsam vndertheniglich zu verdienen, Vnd pit hierüber vmb gnedige befürderung. Thun mich auch dabej E. Gn. vndertheniglich bevelchen. Datum Wasserburg am Bodensee, den 22. tag Julij Anno u. 1562.

*Ewer gnaden vndertheniger gehorsamer
Wolff Jud zuo Wasserburg
in des Grafen zu Montfort
oberkhait gesessen"*[190].

Auch in diesem Fall reagierte die Regierung in Innsbruck sehr rasch, indem sie am 4. August 1562 einen entsprechenden Befehl an den Bludenzer Vogt ausfertigte, dem Wolf zu seinem ausgeliehenen Kapital (allerdings nicht auch zu den Zinsen) zu verhelfen.

„Wolgeborner besonnder lieber Freundt vnnd Herr. Vnnser freundtlich wiilig dienst zuuor. Was die Ro. Kay. Mt. u. vnnser Allergnedigister Herr Auf Wolff Juden von Wasserburg (sic!) *am Bodensee an Ir Kay. Mt. beschehen Supliciern vnns geschriben vnnd auferlegt, Dergleichen was Er Jud Jetzt neben vbergebung angeregts Kayserlichen beuelchs an vnns Suppliciert, das alles habt Ir aus beiliegenden Abschrifften verrer zuuernemen.*

Dieweil wir Euch dann Hieuor vom xvj. Januarij verschines 61ten Jars von wegen der Juden verschreibungen, so sy von den Christen haben, beschaid zuekhumen lassen, wes Ir Euch Darynnen halten sollet, Nemblich wann dieselben verschreibungen, souil die Haubtsuma belanngt, vermüg des Reichs Constitution de Anno 51 ausganngen, vor der ordenlichen Obrigkhait, darunder der Christ gesessen, aufgericht, daß man Inen den Juden gleich so wol, doch nur vmb die Haubtsuma zuuerhelffen schuldig. So lassen wir es bej Demselben vnnserm schreiben nochmals bleiben. In Namen Irer Kay. Mt. beuelhend, daß Ir disem der Kay. Mt. beuelch, auch obgedachtem vnnserm schreiben vnnd darynnen anget-

zogner des Reichs ordnung nachkhomet, die Partheyen an das ordenlich Recht weiset vnnd den Obrigkhaiten aufleget, darynnen nach vermög des Reichs Constitution zu vrtailn. Daran beschicht an stat Kay. Mt. vnnser mainunng. Datum Ynnsprugg den iiijten tag Augustj Anno u. Lxijten.

Statthalter, Ambtsverwalter, Regennten vnnd Räte Oberösterreichischer Lannde"[191].

Damit endet diese Korrespondenz. Ob Wolf je zu seinem Recht gekommen ist, bleibt offen.

Daß aber nicht nur Berlin und Wolf von Wasserburg Schwierigkeiten hatten, im Gebiet der Herrschaften Bludenz und Sonnenberg zu ihrem ausgeliehenen Geld zu kommen, zeigen auch zwei weitere Beispiele des Moses von Langenargen. Dieser klagte vor dem Hofgericht in Rottweil gegen Stoffel Philipp und Kaspar Gasser in Nenzing; das Gericht verhing über beide Schuldner die Reichsacht und stellte dem Moses einen Gantbrief gegen Stoffel Philipp aus, um dessen Vermögen in der Höhe der Schuld von 20 Gulden zu pfänden (vgl. dazu unten)[192]. Dieselben Probleme hatte Moses von Langenargen mit Ulrich Küne (Kiene) und seiner Frau Kunigunde in Nenzing, die ihrerseits gegen Moses klagten. Denn Moses hatte sich nicht an den Grundsatz gehalten, eine Klage nur bei dem zuständigen Gericht am Wohnsitz seines christlichen Partners einzubringen, ein Vorgehen, mit dem die Regierung in Innsbruck keineswegs einverstanden war. Das zeigt uns das folgende Schreiben, das die Regierung in Innsbruck am 5. Juni 1565 an den Vogteiverwalter der Herrschaften Bludenz und Sonnenberg richtete:

„Sich haben Vlrich Küne zu Nentzingen vnd Khunigund, sein Eewirtin, mit Innligender Supplication aines durch Sy erkhaufften heusl vnd zuegehörung halber, davon Sy Mose Jud vmb ainer durch Ine fürgewendten schuld

willen zu tringen vorhabens sein, und Sy derowegen vor dem hofgericht zu Rotweil mit Recht fürgenomen haben solle, vor vnnser beschwert vnd vmb vnser hilff gehersamblichen angerueffen, wie Ir daraus merers Innhalts zu sehen habt. Vnd dieweil wir dann aus dem Original Kaufbrief, den vns berüerte Eewirtleut, neben obangeregten Irer Supplication auch zu ersehen fürgelegt, sovil befinden, daß Lienhart Schgach gewester Amman der herrschafft Sonnenberg von Ambts vnd Obrigkhait wegen obermelten Vlrich Kiene vnd seiner Eewirten berüerte behausung vnd zugehörung, so hievor Hainrichen Khünig gewest, vnd der Obrigkhait haimbgefallen, nit allain bloß verkhaufft, sonder auch in dem selben kauffbrief gegen allen Gerichten vnd allenthalben, wo gegen Wein vnd wie offt sy des Ymmer bedürffen, guete gewerschafft ze thun verschriben, vnd die sachen auch, wie in der Supplication vermelt, geschaffen were, Ist In namen der F. Dt. Ertzhertzogs Ferdinands zu Osterreich vnnsers gnedigsten herrn vnser Bevelch Euch, das Ir bei den nachgesetzten Obrigkhaiten Ewrer Verwaltung vnd sonderlichen dem yetzigen Amman zuo Sonnenberg Lienharten Lew darob vnd daran seyet, damit angeregte Eewirtleut bei Irem kauftittl vnd verschriebner gewerschafft gegen vnd wider Mosle Juden vnd menigclichen geschützt, geschirmbt vnd schadloß gehalten vnd darwider in kainerlaj weg vnbillichen beschwert werden.

Sovil dann des Mose Juden Schultforderung betrifft, khunden wir gleichwol aus gemelter Supplication gestalt vnd gelegenhait der sachen vnd wie die in allem geschaffen, khainen eigentlichen grundt befinden, wie aber dem allen, Dieweil ermelter Jud Sy die Eewirtleut mit Rotweilischem Hofgericht fürgenomen haben solle, vnd dann hievor verschinens 63ten Jars der Exemption halber des hochloblichtsten Haus Österreichen mit dem Hofrichter berüerts Kay. Hofgerichts zu Rotweil, auch Bürgermaister vnd Rat daselbst, wie es disfals in allem gehalten werden solle, lautere ausfüerliche vergleichung vnd declaration beschehen, davon wir dem vogt vnd ambtleuten zu Bludentz vnd Sonnenberg vom dato dem 30ten Augusti verschines 63ten Jars Abdruckh vnd neben bevelch vberschickht, Ist In namen hochgedachter F. Dt. vnnser verrer Bevelch, daß Ir darob vnd daran seyet, derselben beschehen vergleichung vnd darüber von vns außgegangnen Bevelch, in allem würckhlich zu geleben vnd nachzusetzen, damit vilberüerte Eewirtleut darwider mit Rotweilischem auslendischenn Proceß auch nit beschwert noch wider die Pillichait betrengt werden, wollten wir Euch nit verhalten vnd beschicht daran vnnser anstat Irer F. Dt. willen vnd Maynung. Datum, den 5. Junii anno 1565"[193].

Es blieb aber nicht dabei, den Rechtsweg im Falle solcher „wucherischen Kontrakte" einzuschränken, vielmehr wurden solche Verträge um 1570 in den Herrschaften Bludenz und Sonnenberg gänzlich verboten. Wurden mehr als 5 % Zinsen verlangt, verfielen die Hauptsumme und die Zinsen der Obrigkeit[194]. Wir treffen in dieser Zeit keine Juden mehr in den Herrschaften Bludenz und Sonnenberg an. Die montfortischen Juden Berlin, Wolf und Moses hatten hier überaus schlechte Erfahrungen machen müssen, so daß sie diese Gebiete aus ihrer Medine gestrichen haben. Das bedeutete aber keineswegs, daß die „wucherischen Kontrakte" damit ein Ende genommen hätten; jetzt traten christliche Kapitalgeber an die Stelle der Juden, die sich von der Vogteiverwaltung sagen lassen mußten, man habe sie eines „jüdischen gemüths" befunden[195]. Wie Meinrad Tiefenthaler nachgewiesen hat, beliefen sich nach einer vorliegenden Liste aus dem 17. Jahrhundert die Schulden der Bevölkerung des Vorarlberger Oberlandes bei privaten christlichen Geldgebern auf insgesamt 182.177 Gulden[196], eine riesige Summe, wenn man sie mit den Außenständen des Wolf von Wasserburg in der Höhe von 130 Gulden vergleicht.

Hofgerichtsordnung von Rottweil, Frankfurt/Main 1551

Achtbrief des Hofrichters zu Rottweil gegen Hans Stamler aus Lindau-Aeschach zugunsten des Moses von Meersburg, später von Langenargen, vom 15. September 1545 (Original im Staatsarchiv Augsburg, Reichsstadt Lindau, Urk. 1222)

3. Prozesse vor dem Hofgericht Rottweil

Schon bei der Zusammenstellung der Daten über die einzelnen Juden von Tettnang, Langenargen und Wasserburg ist aufgefallen, daß sie relativ häufig an den überregionalen kaiserlichen Gerichten als Kläger aufscheinen: am Landgericht für Schwaben, am Landgericht in Rankweil, am Hofgericht Rottweil und auch am Reichskammergericht. Das Hofgericht Rottweil und die kaiserlichen Landgerichte hatten die Möglichkeit, gegen nicht erschienene Beklagte mit der Reichsacht vorzugehen.

Die frühesten Belege sind vom 15. September 1545; sie betreffen Moses von Langenargen, der zu dieser Zeit noch in Meersburg wohnte. Der erste, „*Erlanngte Recht Vber Hannsen Stamlern*" überschrieben, hat den folgenden Wortlaut: „*Wir Wilhelm Wernnher, Graue vnnd Herre zu Zymbern, Herre zu Wildennstain, Stathalter Des hailigen Römischen Reichs Hoffgerichts zw Rotwil, Bekhennen offennlichen mit dem brieue vnnd thuen khund Allermenigclichem, Das vor vnns vff Dem kaiserlichen Hoffgericht zu Rotwil der freyen Offen Strass anhewt dato erschinen ist Mosse des Juden von Mörspurg vollmechtiger Anwaldt, Namlich der Ersam vnd Wolgelert Maister Johann Mogger, ain gemainer vnnd geschworner procurator vorbemelts Hoffgerichts Vnnd zaiget an, Wie das Er in Seinem namen mit Vrtheil vnnd rechtem gericht Hannsen Stamlern zu Eschach in die Aucht des Houes zu Rotwil erlanngt vnnd schreiben lassen hette. Ime auch Anlaidtin vff seine haab vnnd guetere ertailt, Daruff Er auch also geanlaidtet worden, Were mit namen vff sein Hus vnnd Hof zu Eschach oder anderswa gelegen mitsambt Renndten, Zinsen, Gülten, Zehenden, Agker, matten, garten, Wunn, waid, holtz, veldt, Wein, früchten im Casten oder vff dem veldt. Item vff seinen hussradt, bettwat, claider, clainater, Silbergeschirr, schulden, barschafft, Ross, Harnasch, ochsen, küegen, kelber, schaf, Gemainlich vnnd sonnderlichen vff alles das Er yetzo hat, Füro in Erbs oder annderweis vberkombt, dauon ganntz nichtzit vssgenomen noch hindangesetzt. Vnnd die Anlaidtin hette der vorgenannt Mosse Jud vff dem allem Wie Recht besessen, Des alles zaiget vnns Der vorbemelt procurator redlich versigelt gerichts vnnd anlaitbrief, Das dem also was vnnd batt vnns hierüber ain Vmbfrage in dem Rechten ze haben, Was Mosse Jud mit dem allem haundlen, thun vnnd lassen solte vnnd möchte, das solchs crafft vnnd macht hette vnnd auch Recht were. Darumben fragten Wir die vrteilsprechere bemelts hoffgerichts der vrteil vnnd Rechtenns. Die haben alsdann mit gemainer gesammeter vrteil ainhelliglichen zu Recht erkenndt vnnd gesprochen, Das der mergenannt Mosse Jud Die vorbestimbten Stuck vnnd güetere Samennt vnnd sonnderlichen Wol angreiffen solle vnnd möge, Es seye mit versetzen, vermachen, verkhauffen, hingeben, freunden oder lanndtlewten oder die Ime Selber vnnd seinen erben behaben vnnd was Er damit hanndlet, thuet oder lasst, das solle vnnd mage alles gut Crafft vnnd macht haben genntzlichen vnnd allwege. Hierumben zu Warem vrkhundt Geben mit vrteill vnnd des hofgerichts zu Rotwil anhanngennden Innsigel versigelt Zinstags Nach Exaltationis Crucis vnnd Christi vnnsers herrn geburdt im Fünfftzehennhundert vnnd viertzigisten jar*"[197].

Die zweite Urkunde vom selben Tag ist ausgewiesen als „*Schürmbrief vber Hannsen Stamlern*" und richtet sich an die Stadt Lindau und den Ammann des Gerichtes Aeschach; sie lautet: „*Wir Wilhelm Wernnher Graue vnnd herre zu Zymbern, Herre zu Wildenstain, Statthalter Des Haillgen Römischen Reichshoffgerichts zu Rotweil, Embieten den Ersamen weisen vnnd Erbarn Burgermaister vnnd Rathe der Statt Lynndow, auch Amman vnnd gericht zu Esschach, Vnnsern günstigen gruß vnnd dabey zu uernemen, Das Mosse Jud von Mörspurg mit vrteil vnnd rechtem gericht Hannsen Stamlern zu Eschach in die Aucht des Houes zu Rotwil erlanngt vnnd schreiben lassen hat, Ime auch Anlaitin vff Seine haabe vnnd güe-*

tere ertaillt, Daruff Er auch also geanlaidtet worden Ist mit namen vff sein hus vnnd Houe zu Eschach oder annderswa gelegen mitsambt Renndten, Zinsen, Gülten, Zehennden, ackern, matten, garten, Wunn, Waíd, holtz, veldt, Wein, früchten, im Casten oder vff dem veldt. Item vff Seinen hussrat, bettwat, claider, clainater, Silbergeschirr, Schulden, barschafft, Ross, Harrnasch, ochsen, küegen, kelber, Schaff, Gemainlich vnnd sonnderlichen vff alles, das Er Yetzo hat, Füro in Erbs oder annderweis verkhombt, dauon genntzlichen nichtzit vssgenomen noch hindangesetzt. Vnnd die Anlaidtin hat der vorgenanndt Mosse Jud vff dem allem wie Recht besessen vermög vnnd ynnhalt der gerichts vnnd anlaitbrieuen hierüber versigellt vssganngen. Vnnd ist Ime auch an hewdt dato vor vnns mit vrteil ertaillt, Das Er dieselben Stück vnnd güetere Samennt vnnd sonnderlichen, Wol angreiffen solle vnnd mage, Es seye mit versetzen, vermachen, verkhauffen, hingeben freunden vnnd lanndtlewten oder die Ime Selber vnnd seinen Erben hebahen. Vnnd was Er damit hanndelt, thuet oder lasst, Das solle vnnd mage alles guet Crafft vnnd macht haben genntzlichen vnnd in Allwege. Item Seind Ime auch vor vnns mit vrteil, Wie Recht, vff Sein erzordern vnnd begern zu Schirmern gegeben worden. Darumben von Römischer Key. Mt. etc. vnnsers allergnedigisten hern gewaltte. So Belieben Wir Euch mit ernnst, Das Ir den mergemelten Mosse Juden vff Die vorbestimbten Stück vnnd guetere Samenndt vnnd sonnderlichen Ynsetzendt, Schützenndt, Schürmenndt vnnd Inne auch Dabey hanndthabenndt, vestigclichen vnnd getrewlichen, Das er daran habenndt seye vnnd das auch Ir ainanndern darynnen nit zuwert habenndt Noch Ime das vffainanndern vertziehenndt. Wann theten Ir Das nit vnnd keme von euch zu clage, So würde darumben zu euch nach Recht gericht. Hierumben zu Warem vrkhundt Geben mit vrteil vnnd des Hoffgerichts zu Rotwil anhanngennden Innsigel versigellt, Zinstags Nach Exaltationis Crucis vnnd Christi vnnsers lieben Hern geburdt im Funfftzehennhundert Fünff vnnd Viertzigsten Jaren"[198].

Die Wirkungen der Acht lassen sich an einer Reihe von anderen Fällen aus Lindau aufzeigen, in die Juden aus der Grafschaft Montfort einbezogen waren. Am 19. November 1550 vermerkt das Lindauer Ratsprotokoll: *„Enndris Mayer genannt Loy ist in der Aucht von des Juden wegen, hat ain Aid geschworen, auß der Statt vnnd Gerichten zubleiben vnnd nit mer darein biß er vom Juden erledigt"*[199]. Ähnliche Eide legten am 1. Dezember 1550 Polay Flach und Jerg Hügelin ab[200]. Drei Fälle innerhalb von 14 Tagen deuten darauf hin, daß die Achtbriefe der kaiserlichen Landgerichte für die Juden ein unentbehrlicher Behelf waren, zu ihren Forderungen zu kommen. Auf die lokalen Gerichte konnten sie sich deshalb oft nicht verlassen, weil dort die Richter gewöhnlich mit den Schuldnern eng verwandt gewesen sind. Die oben angeführten Eide der betroffenen Schuldner zeigen, daß man mit einem Ächter keine Gemeinschaft halten durfte; er mußte daher die Stadt verlassen. Nach Rückzahlung der Schuld wurde die Acht gewöhnlich wieder aufgehoben, so daß eine Rückkehr in die Gemeinschaft (Stadt, Gericht) möglich war.

Auf der Grundlage dieser Acht konnte jeweils ein Exekutionsverfahren eingeleitet werden. So konnte beispielsweise Esaias von Langenargen 1553 zwei Achtbriefe vom Hofgericht Rottweil erlangen, Moses von Langenargen (außer dem eingangs erwähnten von 1545) 1553 und 1565 je einen; über einen weiteren Prozeß des Moses vor dem Hofgericht Rottweil um 1562/63 wird in einem Schreiben der Innsbrucker Regierung Klage geführt, weil er gegen die Exemption Österreichs von diesem ausländischen Gericht verstößt. Die Zahl der von den montfortischen Juden angestrengten Prozesse vor dem Hofgericht dürfte sehr viel höher liegen.

Wenn es auf der einen Seite relativ einfach gewesen ist, sich einen Achtbrief des Hofgerichts zu verschaffen, so

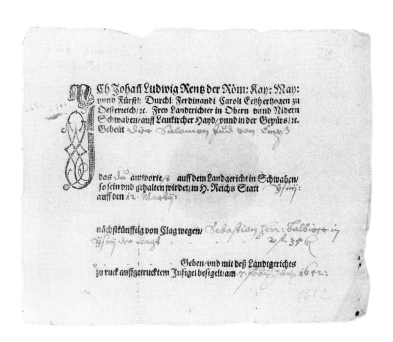

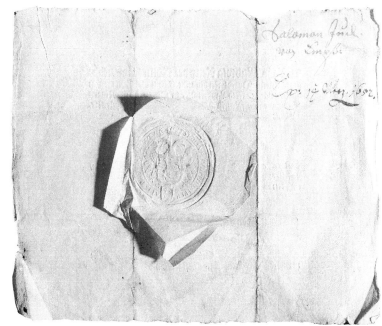

Ladung des Landrichters in Schwaben nach Isny im Prozeß des Barbierers Sebastian Herr gegen den Salomon Spiri von Hohenems vom 7. Februar 1652
(Original: Vorarlberger Landesarchiv, HoA 100.4).

war es für die Juden dennoch nicht leicht, mit diesem Titel in der Praxis gegen einen Schuldner vorzugehen. Denn die territorialen, z. B. die österreichischen Gerichte, sahen darin einen Eingriff in ihre Gerichtshoheit. Viele territoriale Gerichte suchten daher, vom Kaiser eine Exemption vom Hofgericht zu erlangen. In solchen Fällen nutzte dann der Achtbrief sehr wenig, wie die Beispiele der Juden zeigen, in den Herrschaften Bludenz und Sonnenberg zu ihrem Recht zu kommen.

Dennoch sind diese mit dem großen Hofgerichtssiegel ausgefertigten Achtbriefe schon von ihrer äußeren Aufmachung her sehr eindrucksvoll. Auch wenn sie nicht immer zum Ziel geführt haben, sind sie einer näheren Betrachtung wert; denn immerhin gehören sie zum Alltag der jüdischen Geldverleiher, die nicht nur erhebliche Kosten für diese Prozesse aufzubringen hatten, sondern auch lange Reisen nach Rottweil oder auch an die anderen Dingstätten der kaiserlichen Landgerichte unternahmen. Das Landgericht Rankweil war im 18. Jahrhundert zu einer regelrechten Schuldeneintreibungsanstalt für die Hohenemser Juden gegen ihre im Fürstentum Liechtenstein ansässigen Schuldner geworden; denn das Fürstentum Liechtenstein gehörte zu den wenigen Territorien, die von diesem Landgericht nicht eximiert waren. Hier erfüllte die Reichsacht also noch ihren Zweck.

Am 26. März 1565 konnte Moses von Langenargen vor dem Hofgericht in Rottweil erwirken, daß drei seiner Gegner in die Reichsacht kamen: Stoffel Philipp und Kaspar Gasser in Nenzing (Vorarlberg) und Paulus (oder Balthus) Hack in Gundertweiler (abgegangene Siedlung bei Markdorf im Bodenseekreis). Die Reichsacht bedeutete ursprünglich, daß der Ächter außerhalb jeder Gemeinschaft stand und vogelfrei war. Erst recht konnte man gegen einen Ächter mit der Exekution in dessen Vermögen vorgehen, wie das auch in dem vorliegendem Fall bezweckt war. Der mit dem großen Hofgerichtssiegel bedruckte „*Auchtbrieff yber drey*" lautet im vollen Wortlaut: „*Wir Wilhelm Graue zuo Sultz, Des hailigen Reichs Hofrichter zuo Rotweil, Bekennen, daß Mossle Judt zuo langen Argen mit vrtel vnd rechtem gericht Stoffel Philippen vnd Caspar Gassern beid zuo Nentzing, auch Paulus Hacken zu Gundertweiler, Inn die Aucht deß houes zu Rotweil erlangt vnd an heut dato darein schreiben lassen hat, Daß sagen wir vff vnsern Aide vngeuarlich. Darumben von Römischer Kay. Mt. Vnsers Allergnedigisten hern gewalt, So khünden wir die vorgenanten offen verschribne ächtere vsser dem friden Inn den vnfriden, verpieten sye Iren Freunden, Erlauben sye Ir haab vnd güetter dem obgemelten Cleger, auch Irenn feinden vnd Allermeniglichen Inn vrkhundt ditz brieffs. Geben mit vrtel vnd deß Kayserlichen Hoffgerichtz zuo Rottweil vffgetruckhtem Insigel versiglet. Montags nach Oculj. Anno u. Lxv*"[201].

Auf Grund des vorstehenden Achtbriefes erwirkte Moses von Argen am gleichen Tag einen Gantbrief gegen Stoffel Philipp. Der mit dem Sekretsiegel des Hofgerichts und der Bemerkung „*Procurator Johann Noppis Statt Michel Stein*" versehene Gantbrief lautet: „*Ich Michael Hertzog ain beysitzer des kayserlichen Houegerichts zu Rotwil Soll anlaiten Mossle Juden zu Argen vff Stoffel Phillip zu Nentzingen haab vnnd guetter vmb zwaintzig guldin, minder oder mehr vngeuarlich. Dann er von seiner clag wegen ain offner verschribner achter vnnd Ime sollich anlaitin mit vrthel erkennt. Das ist mit Namen vff sein hauß vnnd houe zu Nentzingen oder anderschwa gelegen mit sampt Rendten, Zinsen, gülttenn, Zechenden, acker, matten, gartten, wun, waid, holtz, veldt, wein, fruchten Im casten oder vffem veldt, Item vff seinen haußraht, bettwadt, Claider, Claineter, silbergeschir, schulden, parschafft, harnasch, Ross, Ochssen, Kelber, schwein, schaf, Gemainlich vnd sonderlich vff alles das er yetzo hatt füro In erbs oder ander wyse vberkompt, gantz nichtz vsgenomen Noch hinden gesetzt. Geben mit vor-*

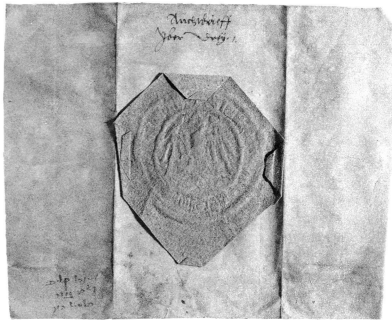

Achtbrief des Hofgerichts Rottweil für Mossle von Langenargen gegen seine Prozeßgegner Stoffel Philipp, Caspar Gasser und Paulus Hack vom 26. März 1565. (Original im Vorarlberger Landesarchiv, Urk. 3092).

Medaille des Grafen Ulrich IX. von Montfort-Rothenfels

bemelts Hoffgerichts zu Rottweil vffgedrugktem Secret versigelt. Montag nach Oculj Anno u. Lxv"[202].

Während der jüdische Kläger in der Regel mit einem ganzen Bündel von Klagen vor dem Hofgericht erschien und sich daher für ihn die weite Reise lohnte, konnte sich der einfache Bauer die lange Reise – hier etwa von Nenzing nach Rottweil – kaum leisten; erschien er aber an drei Terminen hinter einander nicht vor Gericht, so waren die Voraussetzungen für die Acht bereits gegeben. Der Schuldner befand sich daher meist in einer hoffnungslosen Position. Auch das mag dazu beigetragen haben, daß die Territorialherren so großen Wert auf die lokalen Gerichte legten.

IV. Die Ausweisung der Juden 1572

Die gräflichen Schutzbriefe liefen in Langenargen am 20. Januar 1571 aus[203]. Sie wurden nicht mehr erneuert, vielmehr wies Graf Ulrich IX. am 23. Juli 1571 die Juden aus Tettnang, Langenargen und Wasserburg aus[204]. Von Moses von Langenargen wissen wir, daß er 1572 wegen wucherischer Kontrakte mit einer hohen Geldstrafe belegt und des Landes verwiesen worden war[205]. 1564 war Graf Ulrich IX. seinem 1564 verstorbenen Vater nachgefolgt. Unter seiner Regierung wandelte sich die gräfliche Politik zuungunsten der Juden. Graf Ulrich IX. war nicht bereit, den Schutz der Juden zu verlängern, obwohl diese sich erkenntlich zeigen wollten. Hauptargument gegen die Verlängerung des Judenschutzes war die immens gewachsene Verschuldung der montfortischen Untertanen bei den Juden. Diese Verschuldung belief sich auf insgesamt über 16 000 Gulden mit einer jährlichen Verzinsung von 4 000 Gulden. Im Hinblick auf diese drohenden Zinsen war der Graf auch nicht bereit, den Juden das herkömmliche Gnadenjahr zuzugestehen. Graf Ulrich IX. entlieh den Betrag von 16 000 Gulden von seinem Mündel, dem Grafen Albrecht von Fürstenberg, um damit seine Untertanen zu entschulden. Gleichzeitig verfügte er nicht nur ein Landesverbot für die Juden[206], sondern verbot in der Montfortischen Landesordnung von 1574 sowohl seinen Untertanen wie auch den Juden jeglichen Handel miteinander. Sinngemäß heißt es unter der Rubrik *"Vom Handel mit Juden. Wer bei Juden oder Judengenossen etwas entlehnt, aufnehmt und verpfändet, dessen Hab und Gut soll zur Strafe verwirkt und verfallen sein. Der Jude soll ebenso sein geliehenes Geld verwirkt und verloren haben"*[207]. Eine andere Bestimmung verbot gleichzeitig das Wuchern bei 3 Pfund Pfennigen Strafe und Verlust der gesamten Summe[208]. Die Juden waren somit das Opfer einer wirtschaftlichen Reform und Sanierung geworden.

Fraglich ist dagegen, ob der Prozeß des Moses von Langenargen gegen die Grafen vor dem Reichskammergericht um das Abzugsgeld[209] die Entscheidung des Grafen irgendwie beeinflußt hat. Das dürfte aber wohl nicht der Fall gewesen sein. Eher ist damit zu rechnen, daß der Graf im Hinblick auf die Aufnahme des hohen Kredites von 16 000 Gulden darüber nachgedacht hat, auf welche Weise er die Juden zur Kasse bitten könnte.

Dabei mag er auf den geradezu widersinnigen Gedanken gekommen sein, die Ausweisung der Juden mit einem Abzugsgeld zu verbinden. Im Hohenemser Schutzbrief von 1617 war eine ausdrückliche Regelung enthalten, daß die Juden kein Abzugsgeld zu zahlen schuldig seien[210]. Der Schutzbrief für die Juden in Aach sah ein Abzugsgeld nur für die Abwanderung von Vermögensteilen vor, die nach außen vererbt wurden[211]. In der Grafschaft Montfort fehlte offenbar eine entsprechende Regelung, so daß ein solcher Konflikt entstehen konnte. Auch die 1572 über Moses von Langenargen verhängte Geldstrafe wegen Wuchers ging in dieselbe Richtung: der Graf versuchte, seinen Schaden auf Kosten der Juden möglichst gering zu halten.

Bei der Ausweisung der Juden haben auch noch andere Dinge eine Rolle gespielt, die auf einer uns kaum mehr nachvollziehbaren transzendentalen Ebene liegen. Man machte die Gott nicht gefällige Anwesenheit der Juden in der Herrschaft Tettnang für einen *„Misswachs der Früchte"* und sonstiges Unheil verantwortlich[212]. Das erinnert sehr an die Suche nach einem Sündenbock wie bei der Pest von 1349.

Privileg (Ausschnitt) Erzherzog Ferdinands von Tirol vom 10. Juni 1584 für Wolf von Wasserburg, sich in der Herrschaft Bregenz niederzulassen, falls er in Wasserburg nicht bleiben könne (Original im Vorarlberger Landesarchiv, HoA Sch.298, sub anno).

Fünftes Kapitel

Juden in der Grafschaft Montfort 1584 – 1632 (1652/54)

I. Die Ansiedlung der Juden seit 1584

Im Jahre 1574 starb die sogenannte neue Tettnanger Linie der Grafen von Montfort mit Ulrich IX. aus, der 1572 die Juden vertrieben hatte. Die zur Nachfolge berufenen drei Brüder Johann VI., Georg III. und Wolfgang III. aus der in der Steiermark ansässigen Bregenzer Linie, die zunächst gemeinschaftlich regierten, hatten alle drei ein Universitätsstudium in Ingolstadt und in Italien (Siena) absolviert. Graf Johann VI., der dann von 1576 – 1619 die Montforterlande regierte, stand den Juden wieder aufgeschlossener gegenüber als sein Vorgänger Ulrich IX., so daß es erneut zu einer Ansiedlung von Juden kam. Erste Hinweise darauf liegen vor 1584; denn schon am 10. Juni 1584 wird *„Wolff Jud, derzeit zue Wasserburg"* erwähnt, der sehr wahrscheinlich ein Bindeglied zwischen der alten (vor 1572) und der neuen Generation darstellt. Wie lange Wolf schon in Wasserburg hauste, wissen wir nicht; er dürfte aber kaum vor 1576 zurückgekehrt sein.

Die am 17. August 1589 zu Papier gebrachten Bedingungen für die Niederlassung waren wesentlich restriktiver als vor 1572. Das betrifft wohl weniger die Abgaben, die fünf Reichstaler (15 Gulden), die Lieferung einer wohlgemästeten Gans und zwei *„geschopte"* (gemästete) Leber auf Martini jeden Jahres betrugen, als vielmehr die Klausel, daß die Juden ohne vorherige Erlaubnis der Obrigkeit kein Geld an Untertanen der Grafen von Montfort verleihen durften[213]. Für Zuwiderhandlungen werden hohe Strafen angedroht. Die Grafen achteten auch darauf, daß in ihrer Residenzstadt Tettnang keine Juden mehr ansässig wurden; sie sollten vielmehr auf Wasserburg und Langenargen beschränkt bleiben.

Es überrascht uns daher nicht, daß bei dieser weiteren Einengung des Geldverleihs der Zustrom der Juden in dieser zweiten Ansiedlungsperiode weit hinter der Zeit von 1551 – 1572 zurückblieb oder daß ein Wolf von Wasserburg schon 1584 die Fühler ausstreckte, um sich in der Herrschaft Bregenz ansässig zu machen, was 1590 auch sein Sohn David versuchte, während Wolf von Langenargen und seine Erben David und Lazarus vor 1632 das Ansiedlungsrecht in der Grafschaft Hohenems erworben haben; oder daß jetzt auch neue Tätigkeitsfelder gesucht wurden, wie sich denn 1589 ein jüdischer Arzt niederließ. Die Zeiten hatten sich grundlegend gewandelt.

II. Die montfortischen Juden bis 1632 (1652/54)

1. Die Juden in Wasserburg ca. 1580 – 1592

Von den beiden zur Auswahl gestellten Wohnorten Langenargen und Wasserburg wurde zunächst Wasserburg bevorzugt. Das mag persönliche Gründe haben, weil mit Wolf (I.) von Wasserburg ein Jude zurückkehrte, der schon bald nach 1551 hier einmal eine Heimat gefunden hatte.

WOLF (I.) VON WASSERBURG

Hier bleibt auf die obigen Ausführungen zu verweisen. Das ihm 1584 vom Erzherzog Ferdinand von Tirol zuerkannte Privileg, in der Herrschaft Bregenz ansässig zu werden, und zwar *„mit sambt seinem weib, khinndern vnd haußgesind"*, war für den Fall gedacht, *„wann er ... über khurz oder lannge zeit zue Wasserburg nit mer zue bleiben hette oder sich sonnsten von dannen begeben wolte"*[214]. Das Schirmgeld in Bregenz sollte fünf Pfund

Privileg der Grafen Georg, Johann, Anton und Wolfgang von Montfort vom 17. August 1589 für Jakob von Thannhausen und einem weiteren Juden, sich in den Herrschaften Langenargen oder Wasserburg niederzulassen (Original im Vorarlberger Landesarchiv, HoA Sch. 298, sub anno 1589).

Aberal nichts, wenig noch vil, Pfening noch Loß,
salbay, manth bey Inay anlahnay, aufnamen,
konkayen, E. ohne den hauptshefft und derselben
auckläuth erlaubnus, bewnissen, baisen
und gagenwurttichait, vnne abruisslich bey
hoher straaff, salben, und darwider is schain
waiß noch waag handlen noch wandlen, Dass
zur Vrkhundt, haband abgemelte herran
Brefen bey Montfoalt, Zu namen Montfort,
ist Secret hinfür trackhen lasen, Daben
zu Tetnang den Sibenzehenden Augusti Anno
Christi Fünffhundert achzehißen.

Pfennig betragen. Wolf blieb jedoch in Wasserburg, wo er vor dem 12. Dezember 1589 starb.

DAVID VON WASSERBURG

Sein Sohn und Erbe David setzte die Tradition dieser Wasserburger jüdischen Familie fort. Er zahlte am 12. Dezember 1589 ein Appellationsgeld von 34 Kreuzern und 2 Hellern, das vom Gericht in Wasserburg gegen ihn und seine Miterben und für Hans Ulrich Schelling von Lindau ergangen war[215]. Wie schon der Vater Wolf versuchten David und seine Geschwister, 1590 ein Privileg zu erhalten, um in der Herrschaft Bregenz Wohnung nehmen zu können. Am 1. Oktober 1590 schrieb die Regierung in Innsbruck an die Amtleute in Bregenz, man wolle darüber einen Bericht und ein Gutachten[216]. Vermutlich wurde das Gesuch abgeschlagen.

WOLF (II.) VON WASSERBURG
(WOLF VON LANGENARGEN)

Wolf (II.) von Wasserburg wird nur 1590/91 genannt. Wolf (II.) hatte vor 1590, alter Tradition verpflichtet, versucht, Geldgeschäfte in der Herrschaft Feldkirch zu machen. Drei Untertanen, nämlich Hans Nachpaur, Michael Lins und Lukas Walser, klagten daher den Wolf von Wasserburg beim Vogteiamt Feldkirch wegen unbilligen Wuchers an. Es kam zu einem Vergleich. Die Regierung in Innsbruck sah sich durch diesen Vorfall veranlaßt, am 30. Juli 1591 einmal mehr die strikte Einhaltung ihres Wuchermandates in Erinnerung zu rufen[217]. Schon Tänzer[218] hatte als selbstverständlich angenommen, daß Wolf (II.) von Wasserburg personengleich mit dem noch weiter unter darzustellenden Wolf von Langenargen identisch ist. Obwohl man dagegen anführen könnte, daß mehr als 25 Jahre von diesem Wolf von Wasserburg keine Rede mehr ist, kommt dieser These immer noch ein sehr hoher Wahrscheinlichkeitsgrad zu.

JAKOB VON THANNHAUSEN

Die drei Brüder Johann, Georg und Wolfgang von Montfort nahmen am 17. August 1589 den damals in Biberach wohnenden *„Judendoctor"* Jakob von Thannhausen in ihren Schutz auf, wobei sie ihm die Wahl zwischen Langenargen und Wasserburg ließen, sich dort *„haushäblich"* niederzuzulassen[219]. Er sollte auch noch einen weiteren Juden benennen, der unter den gleichen Bedingungen in den Schutz aufgenommen werden sollte. Jakob war ursprünglich in Thannhausen (Landkreis Günzburg) beheimatet. Am 17. Juni 1580 schlossen der Propst von Heiligkreuz in Augsburg und *„Jakob Jud, des Doktors Sohn von Thannhausen"* einen Vergleich über ein verkauftes Gut in Hagenried[220]; möglicherweise war daher Jakob gar kein Arzt, sondern führte den Namen lediglich nach seinem Vater, der wohl Arzt gewesen ist. 1590 führte er vor dem Landgericht in Schwaben einen Rechtsstreit mit dem Domkapitel Augsburg[221]. Mehr über ihn ist nicht bekannt.

Mit der Veräußerung der Herrschaft Wasserburg 1592 hatte Wasserburg seine Rolle als Wohnsitz montfortischer Juden ausgespielt.

2. Juden in Langenargen ca. 1580 (?) – 1632 (1652/54)

Nach 1592 blieb nur mehr Langenargen als Wohnort für die montfortischen Juden übrig. Es fehlen aber weitgehend die Nachrichten über dort lebende Juden. Wir hören nichts mehr von David und seinen Geschwistern, nichts mehr von Jakob von Thannhausen, nichts mehr von jenem Juden, den Jakob von Thannhausen benennen sollte. Die Grafschaft Montfort scheint für die Juden unattraktiv geworden zu sein. Nur mehr Wolf von Langenargen hielt die Tradition aufrecht. Bis 1624 blieben er und bis 1632 seine Erben David und Lazarus sowie Davids Schwager Joseph in Langenargen wohnhaft. Damit ging diese zweite Ansiedlungsepoche der Juden in den Montforterlanden zu Ende. Im Gegensatz zu 1572 fand keine Ausweisung statt; der montfortische Schutz war einfach nicht mehr attraktiv genug, um die Juden hier zu halten, nachdem die überall herrschenden Handelsverbote auch auf die Untertanen der Grafschaft Montfort selbst ausgedehnt worden waren.

WOLF VON LANGENARGEN

Wolf von Langenargen gehört wohl zu den bedeutendsten jüdischen Persönlichkeiten der Grafschaft Montfort. Leider ist uns über seine Herkunft kaum etwas bekannt. Da jedoch nach seiner eigenen Aussage schon seine Vorfahren in Lindau Handel getrieben haben[222] (hier ist vor allem wegen der Namensgleichheit an Wolf von Wasserburg zu denken, da die Enkel gerne nach dem Großvater benannt wurden), dürfte die Herkunft aus den Montforterlanden feststehen.

Zwar sind wir in der glücklichen Lage, ein Siegel des Wolf von Langenargen zu besitzen[223]. Doch gibt uns dieses

Siegel des Wolf von Langenargen vom 30. Juni 1617. Zeichnung von Erwin Longhi (Original im Vorarlberger Landesarchiv, HoA 159,1; Originalzeichnung unter Misc. 107/22).

Siegel des Issakar bar Abraham aus dem Elsaß, das auffällige Übereinstimmung mit dem Siegel des Wolf von Langenargen zeigt. (Aus: Freddy Raphael/ Robert Weyl, Juifs en Alsace, Toulouse 1977, S 218).

Siegel mehr Rätsel auf als Anhaltspunkte für die Biographie von Wolf. Das Siegel stellt einen Ziehbrunnen dar sowie eine Winde, an deren Seilende ein Eimer befestigt ist, der auf dem Brunnenrand steht, zum Schöpfen des Wassers bereit. Eine ganz ähnliche Brunnendarstellung zeigt ein jüdisches Siegel aus dem Elsaß, das zusätzlich einen Wolf (Löwen?) zeigt, der mittels der Winde Wasser aus dem Brunnen schöpft[224].

Eine erste Buchstabengruppe von hebräischen Schriftzeichen, die von rechts nach links zu lesen sind, besteht aus den Schriftzeichen Aleph, Beth, Aleph, Schin, wobei,

Porträt des Grafen Kaspar von Hohenems. Stich von Lucas Kilian 1618.

auf dem Siegel kaum, auf der Siegelabbildung gar nicht zu sehen, dem Schin noch ein Jod folgt. Ins lateinische Alphabet übertragen wäre also zu lesen: A - B - A - Sch - J. Die ersten drei Buchstaben sind klar, sie sind zu lesen A - bar - A, also A, Sohn des A. Dabei bleibt offen, ob das A als Aaron oder Abraham oder sonst wie zu lesen ist; in jedem Fall handelt es sich um männliche Vornamen. Die beiden letzten Schriftzeichen sind zu lesen: schä-jchaj, das heißt „der leben möge". Der Sinn ist, daß der Angehörige der älteren Generation, also der Vater des A, der mit dem zweiten A bezeichnete Mann, noch am Leben ist und man ihm wünscht, daß er weiterhin noch lange leben soll. Oft ist dieser Angehörige der älteren Generation nämlich verstorben; in diesen Fällen setzt man ein „seligen Angedenkens" hinzu[225], wie das bei dem genannten elsässischen Siegel der Fall ist (vgl. Abbildung).

In der zweiten Zeile lesen wir zwei Buchstaben, nämlich He und Sajin, in lateinischer Umschrift H - S, was wohl aufzulösen ist als „ha-sä'ev", „der Wolf". Diese beiden Buchstaben würden dann genau das bezeichnen, was in dem angeführten elsässischen Siegel bildlich dargestellt ist. Damit würde auch eine Beziehung zu dem Inhaber des Siegels hergestellt.

Bei seinem ersten Auftreten 1617 leistet Wolf von Langenargen dem Grafen Kaspar von Hohenems gute Dienste, als dieser sich darum bemühte, zur wirtschaftlichen Entwicklung seiner Residenzstadt einige Juden in Hohenems anzusiedeln. Der Graf hatte sowohl mit Juden aus Rheineck als auch mit Wolf von Langenargen Gespräche geführt, in deren Verlauf Wolf das folgende Schreiben an den Grafen richtete (undatiert, wohl im Februar 1617):

„*Vnnderthenige vnd gehorsamme Supplication: An Den Hoch- vnd Wolgebornen Herren, Herren Caspar Graffen zu der Hochen Empß, Galara vnd Vaduitz, Herren zu Schellenberg vnd des Freyen Reichs Hoff Lustnaw u., Pfandtseinhabber der Herrschafft Neywenburg am Rein, Röm. Kay. Mt., Auch Hochfrl. Dten Ertzhertzogen zu Österreich u. Rath, Chammerherr vnd Vogt Beeder Herrschafften Veldtkhürch vnd Neyburg am Rein, seinen Genedigen Herren,*

Von Wolff Juden zu Argen in Gräulicher Montforttischer Herrschafft u. Hoch vnd Wolgeborner Graff, Euern Genaden sein zu iederzeit mein gantz vnnderthenigste vnd gehorsame Allerwilligiste diennstlaistung Bestes meines geringen vermögen berait zuvoran. Genediger Herr, An Euer gnaden ist dis mein vnderthenig vnd gehorsam solicitieren vnd supplicieren, Demnach vor disem Euer Gn. sich gegen den Juden von Reinegkh gnedig haben vernemmen laßen, Dieselben auf begebendten fahl in Euer Genaden Graffschafft gn. vfzunemmen, Welches mich vnd noch vier Juden auser gewisen vnd bewegendten motiuen vnd vrsachen (zwar mich selbsten fir mein person fir dis mahl nicht, Dan vnder dem Hoch- vnd Wolgebornen Herrn, Herrn Johan Grauen zu Montfortt, meinem gn. Herrn, ich genedigen schutz vnd schirm habe) caisirt vnd Beliebung geben, Oben anzogener massen zu solicitieren vnd zu supplicieren, wie Hiemit gehorsambst Beschicht, vnnd vnnser Bitten ist, Solche vier Juden (welche sich namhafft machen wierden vnd Aines guotten vermögen sein) in Euer Genaden Graffschafft vnd Statt Empß gn. aufzunemmen vmb die gebüerendten Contribution schutz vnd schirm Geltt, was Euer gnaden inen Auferlegen wie, dasselbige vleissig prestiert vnd gelaist werden solle vnd restituieren Auch noch darzu E. Gn. Ain ieder Jud zwo Guotte wol gemöste Gännß geben (wie dan Oben Hoch vnd woll gedachten Herrn Grauen, meinem Gn. Herrn ich Auch fünff Daller vnd zwo gänß gibe) vnd sonsten in All annder wegg vnd gelegenhait Euer genaden getreyw, gehorsam vnd gewertig sein, Euer gnaden nutzen vnd frommen befirdern, nachtail vnd schaden verwahrnen vnd wenden, Deren Iren gnaden Graffschafften, Bürger vnd vnderthonen

Brief des Wolf von Langenargen an den Grafen Kaspar von Hohenems von 1617, in dem er vier vermögende Juden empfiehlt, die sich in Hohenems niederlassen wollen. (Original im Vorarlberger Landesarchiv, HoA 159,1).

Euer gnaden, getrewen, gehorsam und gewerttigsten, Euer gnaden, nutzen, und frommen, befürdern, nachtheil, und schaden vermahrens, und einreden, dero Iero gnaden lobmächtigen Burgern und underthonen, nicht bey [...] sonndern schuldiner maßen also aufs fleißig und fridlichen verhalten, daß E. Euer gnaden mein Benedigen Herrn, [...] gnädigs haben, und mit E. gnaden und gnaden es sein wirdig, auch Euer gnaden wundenthonen kein mißfallen haben sollen. Willen dan gedachter [...] heiden, [...] Affertion, Ihles [...] Haußs [...] Brauschafften Stats, und Landt [...] und pfarrn, zu Lagern, und diß, [...] halten mustes, [...] hinkunst so bietig [...] gebe, und mustes, [...] [...] Resolution, [...] zu Euer gnaden, [...] und thun zu Euer gnaden, [...] sich zu [...] gnaden. Und Euer gnaden, auch [...] [...] und [...] Brauschafft, in gesundheit, [...] Leben, [...] lichen Regierment, und allem wolfert, den Allmächtigen Gott: getrewlich [...] befehlen.

Euer gnaden:

underthanigen und
gehorsamben

Wolff Hilde: zu Auger, in [...] Benschafft, Augers

nicht beschweren, sonnder sich dermassen also Aufrichtig vnd redlichen verhalten, daß Euer gnaden, vnser Genediger Herr, Ain gn. Belieben haben vnd mit gn. gegen vns gewogen sein wirdet, Auch Euer gnaden vnnderthonen kainen misfallen haben sollen. Weillen dan gedachter vier Juden sonnderbare Beliebte Affection zum Graulichem Hauss Empß in derselben Loblichen Graff- vnnd Herrschafften Statt vnd Lande schutz vnd schirm sich zu begeben vnd diß oberzelter massen iero gehorsambst supplicieren ist, hierauff so bitten dieselben gebettner massen vmb gn. Wilfahrige resolution in schrifften zur ierer beuorhabendten nachrichtung vnd thuen zu Euren Genaden wir Benante Juden vnß zu beharlichen Genaden Vnnd Euer Genaden, Auch dero Fräwlin gemahelin vnd Junge Herrschafft in gesundthait, Lannges Leben, Auch glüklichem Regimment vnd Allerwolfart Dem Allmechtigen Gott getreywlichen anbeuelchen,

Euer Genaden

*Vnndertheniger vnd gehorsamber
Wolff Judd zu Argen in
Gräulicher Montforttischer
Herrschafft Argen"*[226].

Wolf bietet hier dem Grafen an, vier Juden zu benennen, die guten Vermögens sind und bereit wären, sich in Hohenems niederzulassen. Auch er selbst komme später für eine solche Niederlassung in Hohenems in Betracht, doch habe er derzeit noch sein gutes Auskommen unter Graf Johann VI. von Montfort-Tettnang in Langenargen. Wolf macht auch erste Vorschläge für den Inhalt des Schutzbriefes, ein in der Höhe nicht näher bestimmtes Schirmgeld sowie die Lieferung von zwei gemästeten Gänsen. Wie in der Grafschaft Montfort soll der Schutzbrief auch ein Verbot für die Juden enthalten, die hohenemsischen Untertanen nicht zu beschweren.

Bemerkenswert erscheint auch die Schlußformel des Briefes, in der Wolf auch der Frau Gemahlin des Grafen und seinen Kindern sozusagen seine Grüße ausrichtet. Das deutet auf ein sehr enges Vertrauensverhältnis hin. Wolf erscheint hier fast als „*Hofjude*" zu fungieren. Jedenfalls muß Wolf schon länger im Palast zu Hohenems ein- und ausgegangen sein.

Der Vorschlag von Wolf wurde noch im Februar 1617 in die Tat umgesetzt. Der gräfliche Kanzler Dr. Christoph Schalck formulierte am 15. Februar 1617 einen ersten Entwurf[227]. Dieser wurde am 15. März zu einem zweiten Entwurf umgearbeitet[228] und am 3. April 1617 in Anwesenheit und Mitwirkung Wolfs ins Reine geschrieben und besiegelt[229]. Die besiegelte Reinschrift trägt im übrigen auch eine (wohl erst 1632 hinzugefügte) jiddische Beschriftung mit hebräischen Buchstaben, nämlich: „*altn chäriot mi-ems*" (= alte Rechte von Ems).

In der Zwischenzeit war eine Abschrift des Burgauischen Mandats vom 4. März 1617, mit dem die Ausweisung der Juden aus der dortigen Markgrafschaft wegen Wuchers (es ist von 12%, 20% und 25 % die Rede) verfügt wurde, in Hohenems eingetroffen[230]. In Erwartung eines größeren Zustroms erhöhte der Graf die Zahl der aufzunehmenden Schutzjuden auf 12 Familien. Vier Namen sollte Wolf benennen, bezüglich der anderen acht liegt den Akten von 1617 eine Namensliste bei: Jacob Jud von Pfersee; Joseph und Moyses, gebrüeder, Jacoben Söhn, zu Pferseen; Jsacc Dillkom von Immensteten und sein Sohn Aaron; Esaias vnnd sein brueder David von Binßwang vnder dem Schertle, des alten Lasarußen Sohn; David Natis von Stetten. Für einen späteren Termin wurden zwei weitere Juden zur Aufnahme in Hohenems vorgesehen, nämlich Wolf und Elias[231], die beide dem Grafen für diese Option jährlich einen Gulden bezahlten. Tänzer ist wohl mit Recht davon ausgegangen, daß dieser Wolf kein anderer als Wolf von Langenargen ist, zumal dieser ja angedeutet hatte, wenn auch nicht sofort, so doch zu einem späteren Zeitpunkt in Hohenems ansässig werden zu wollen.

Der genannte Elias hingegen dürfte kein anderer sein als jener für 1618 bis 1635 häufig bezeugte Rheinecker Schutzjude Elias[232]. Daß er und seine Familie wirklich auf der Vorarlberger Rheinseite ansässig wurden, beweist eine Gemeinderechnung von Höchst vom 13. Dezember 1638, also vier Jahre nach dem Exodus der Juden aus Rheineck, derzufolge „Elias Juden frowen" ein Betrag von 26 Gulden geschuldet wird[233]; diese Frau des Elias machte auch schon 1635 von sich reden, als sie den Landvogt im Rheintal beschimpfte[234].

Am 30. Juni 1617 schrieb Wolf aus Buchau, wo er sich „bey einer Juden thailung" aufhielt und „solchen erbfall auch beger helfen einzuezihen"[235], der Graf möge den Schutzbrief besiegeln, und zwar in dem Wortlaut, wie er ihm und anderen Juden ausgehändigt worden sei. Vermutlich hatte Wolf also bereits Verhandlungen mit verschiedenen Juden geführt und wollte zu seinem Wort stehen, d.h. die ihm bekannten Ansiedlungsbedingungen nicht mehr verändert wissen. Zusätzlich wünschte Wolf jedoch, Graf Kaspar solle den Judenschutz für die Kinder und Kindeskinder der Juden auch in Namen seiner Nachkommen gewähren, damit die Aufnahme von Anfang an auf längere Zeit gesichert war. Diese Bitte wurde jedoch in dem Antwortschreiben an Wolf abgeschlagen[236], das Privileg aber noch am 1. Juli 1617 endgültig besiegelt.

Die Grafen von Hohenems bzw. ihre Schutzbriefe erlangten als Musterordnungen eine überregionale Bedeutung, u.a. für die Judenschutzbriefe von Illereichen (1650)[237], Randegg (1657)[238], Gailingen (1657) u.a.

Vorerst blieben die Bestimmungen des Schutzbriefes von 1617 auf dem Papier, da der Markgraf von Burgau die Ausweisung der Juden widerrufen hatte. Und so standen kaum niederlassungswillige Juden zur Verfügung. Soweit wir die Quellen kennen, sind zunächst erst einige Rheinecker Juden in Hohenems eingezogen, namentlich Marx und seine Frau Hentla[239].

Allerdings ist Tänzer zuzustimmen, daß Wolf von Langenargen weiterhin eine Rolle in Hohenems gespielt hat, wo ihm ein Ansiedlungsrecht zustand[240]. In Hohenems hatte 1616 Bartholomäus Schnell eine Buchdruckerei errichtet. Wolf suchte 1624 Schnell dafür zu gewinnen, ein hebräisches Büchlein nachzudrucken. Auf den Einwand Schnells, er könne mangels hebräischer Lettern dieses Buch nicht drucken, entgegnete Wolf, er solle diese Buchstaben gießen lassen; für die Unkosten wolle er aufkommen. Schnell ließ einen Augsburger Schriftgießer nach Lindau kommen, dem er für seine Bemühungen 22 Gulden ausbezahlte. Inzwischen war Wolf ermordet worden, seine Erbfolger David und Lazarus weigerten sich, zu zahlen, so daß es zu Prozessen kam, die sich bis 1643 hinzogen[241].

Da Schnell den Schriftgießer noch 1624 bezahlte, dürfte Wolf im gleichen Jahr ermordet worden sein. Die näheren Umstände sind nicht bekannt.

Aus der Langenargener Zeit Wolfs können wir einiges aus den Lindauer Ratsprotokollen erfahren. Besonders bemerkenswert erscheint eine Bemerkung Wolfs, daß nicht nur er, sondern auch schon „seine Vorfahren Vil in die statt gehandlet"[242]. Lindau war also schon immer eine Domäne der Montforter Juden gewesen, wie auch schon die Hinweise auf Berlin und Wolf von Wasserburg gezeigt haben.

Am 19. April 1619 wiederholte der Lindauer Rat einen bereits 1553 gefaßten, dann aber wieder in Vergessenheit geratenen Beschluß, der ihn noch Jahrzehnte hindurch immer wieder beschäftigen sollte, nämlich daß Juden nicht mehr unbegleitet durch die Stadt gehen durften: „Der Juden halb Ist errathen, Wann ein Jud In die Statt will gehn, soll In der Torwart zum Ambts Bürgermeister füehren, der soll Ime dan ein Knecht zu- vnd der Jude Von Jeder stund, die er In der Statt Ist, 2 Kr.

Originalbrief des Wolf von Langenargen, datiert Buchau, den 30. Juni 1617, an Graf Kaspar von Hohenems mit der Bitte, ihm eine Kopie des Hohenemser Schutzbriefes für die dort anzusiedelnden 12 Juden zuzuschicken. (Original: im Vorarlberger Landesarchiv, HoA, Sch. 298).

Juden, solches in E. Ghn. und deren Nachstand der
Graffschafft, auf nembliche verscheidnen, suetz
und schirm, aufgenohmen halbiseg haben, ob zwar
angeborenes andere lenger desfendirt sin werd, gleich
wol hab ich vormals ewer E. Ghn. vnd schon
mit der articul brieff lauch sol zeigen, erwor
den, die ich zu besorgen, ob ist zwar das,
mir doch solcher brieff vier lang zu lang
nach Endt haben muster, damit die Juden mit ein
recht haben dz, Lan ich deren Ghn. haben aber halten
oder orden erwolcrob, in Marggraff Gross Hipflich
gliech Sterln ich her Schwebach am endrysen
Des 30 Junÿ do 1615.

E. Ghn.

Jn dir schring hud
gehorsamer

vos Eff Schul zu
landgroff hegen

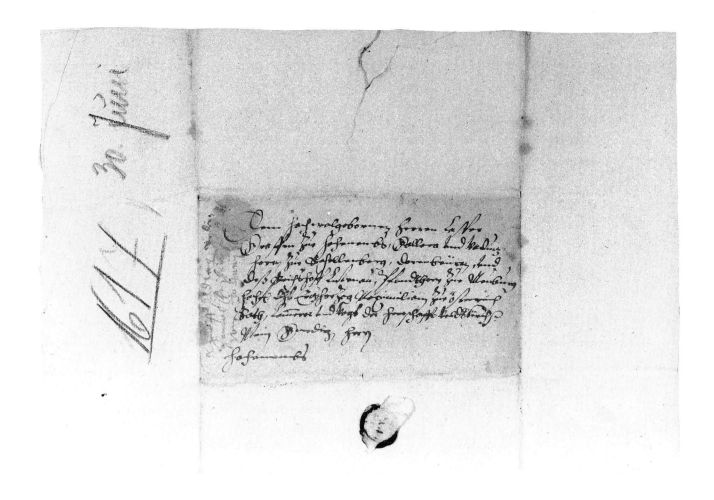

geben"²⁴³. Der von diesem Beschluß besonders betroffene Wolf wandte sich am 28. April 1619 heftig gegen diese Einschränkung. Er habe nie zu Klagen Anlaß gegeben. Er könne sich vorstellen, daß man ihn wegen des Aufwechselns von Münzen angezeigt hätte. Er habe damit aber nichts zu schaffen, außer daß er einmal Mantuanische Taler gewechselt und anderswohin geschickt habe. Wolf berief sich auch auf die kaiserlichen Privilegien für die Juden²⁴⁴. Der Rat wollte sich die Sache überlegen, wohl nicht zuletzt auch deshalb, weil Graf Hugo XVIII. sich für Wolf beim Rat eingesetzt hatte.

Am 24. Juli 1620 faßte der Rat jedoch neuerlich einen Grundsatzbeschluß in dieser Frage: *„Juden betreffendt Ist errathen, weil fürkhommen, daß die Juden hin vnd wider Inn die heuser herumb schlieffen, allerhandt münzen vffwechslen vnd Ringhaltige münzen einschleichen,* *alß soll man sie nit mehr Allein In der Statt vmbgehen lassen, sondern Inen, wann sie herein kommen, ein Knecht zugeben werden, welcher alle stund von Inen 2 Kr. haben vnd vffsehen solle, womit sie vmbgangen*"[245].

Erneut wandte sich Wolf gegen diesen Beschluß. Am 28. Juli 1620 beschwerte er sich, *„weil er mit wechslen vnd andern vffrichtig gehandlet"*. Er habe zwar Sechsbätzner und andere Münzen aufgewechselt und dagegen Reichstaler aus St. Gallen eingewechselt, aber man schmelze dort kein Geld, sondern nur altes Bruchsilber. Er bittet um eine Befreiung von der neuen Verordnung. *„Wan man aber je daß Vffwechßlen nit well haben, so welle er davon stehen vnd sich halten wie ein Bürger alhie"*[246]. Der Rat will sich die Sache überlegen. Am 18. August 1620 beschloß der Rat, den Wolf frei passieren zu lassen, falls er eine entsprechende Verpflichtungserklärung abgibt, so wie das früher auch Marx von Rheineck gemacht hätte[247]. Am 27. Oktober 1620 gab Wolf gegenüber dem Rat diese Verpflichtungserklärung ab: *„er habe sich, so lang er In die Statt gewandlet, ohnclagbar gehalten, niemand vbernomen; den Bürgern gedient, mit Irem nutz, bittet In der Knechte zu überheben, Obwol man ihme ein verschreibung aufferlegte, wie vor Jahren Marx Juden, so hab eben derselbig sich darnach gehalten, welle sich wol verpflichten, wan er waß werd hören, das wider gemeine statt sei, daß ers In vertrawen welle antzeigen, welle die münzen, so er herpringe, gern sehen lassen, wan er falsche münzen bringe, welle er die straff darüber außstehen"*[248]. Der Rat nahm das zur Kenntnis und erlaubte Wolf auf Wohlverhalten hin *„den Wandel hierein ohne beisein aines Knechts"*.

Schon im Jahr darauf kam es zu erheblichen Problemen des Wolf mit einigen Lindauer Bürgern, mit denen er den Handel mit Bruchsilber und Silberwaren betrieb. Am 24. Januar 1621 hatte Wolf, der bei Ulrich Krenkel übernachtet hatte, diesem 75 Silberlöffelstile vertauscht, die sich bei der Probe durch den Goldschmied als minderwertig erwiesen[249]. Peter Riedtman, von dem Wolf die Löffel erstanden hatte wurde mit 15 Pfund bestraft, weil er diese Löffel bei Peter Brendlin in Bregenz hatte anfertigen lassen und diese nach Lindau gebracht hatte[250]. Auch Wolf wurde in dieser Angelegenheit einem langen Verhör unterzogen[251], in dem er bekannte, daß er in beträchtlichem Umfang Bruchsilber über Rheineck in die Münze nach Chur geliefert habe. Ein Geschäftspartner drohte Wolf und seinem Schwager an, *„er sei für Rath gefordert worden, Er soll wissen, wann Ime etwas widerfahre, so miesse er oder der Jud Sterben"*[252].

Am 17. August 1621 standen Heinrich Hünlin und Geronimus Som vor dem Rat, weil sie als Reichstaler verrufene neue Taler mit der Inschrift *„120"* aufgewechselt und ausgegeben hätten. Beide gaben an, der *„Jud zu Argen"* habe diese Taler gegen Sechsbätzner abgegeben[253]. Der Rat beschloß, *„Wann der Jud herein kombt, soll man ihne vffheben, mit allen waß er bei sich hatt, vnd besichtigen, waß es sei"*.

Am 13. November 1621 unterzog der Rat dann den Wolf einem ausführlichen Verhör, das hier im Wortlaut wiedergegeben sei:

„Wolff Jud von Argen Angeredt vnd befragt, mit waß Burgern er hie gewechslet vnd mit münzen handtiert, man hab wol schon inquirirt, wer die seyen, man wolß aber von ihme noch vernemmen.

Ille: eß sei ihme schwär andere anzugeben, seder die münz zu Argen vffgestanden, hab er gar nichts für gewechßlet, Auch ichts angenommen, auch vorlangt, inmassen er vor disem angezeigt, er hab an sambstäg hie nichts gewechßlet, auch seider nit eß alhie verbotten worden. Der Berlocher wechsle alhie vil tausend guldin. Er prauche bißweilen daler, deswegen er den Herrn Burgermeister angesprochen, daß ers dörfe wechßlen. Wann er sonst gelt wechßle, soll man In drumb abstraffen. Er wisse niemandts angen, wird Ime ein feindtschafft machen.

Eß Ist ihme verner zugesprochen, daß er anzeige, wär. Ille, er künde die leut nit angeben. Isackh Som sei fast zu ihme hinaußkomen, hab waß mit seinem Schweger Joseph gehandlet, mit Ime aber einmal nit. Er vnd sein Vetter Rami Som haben seinem Schweger geben alles bei der Markh, aber mesten theils habens mit Herrn Berlocher gehandlet. Ime haben sie ein wer geben, die schlecht gewesen. Einmal hab er Ime falsche Becher geben, Zur Tauben der würt vnd die andern 2, sey einer wie der ander.

Isackh Som hab Ime vff ein Zeit 6 becher geben, das 1 lot per 24 batzen, er vermein nit, daß es gut Peßring Silber gewesen. Er hab Joseph Krenkel bei 100 Markh Silber geben.

Die andern Becher hab er denen Som wieder geben. Die Som haben sein Schweger auch betrogen mit 3 bezigen, darunder vil falsch gewesen biß In 28 Markh, so er dem Wegerich gehn Chur geben, der Ime aber die 28 markh falsche wieder geschickt, darvon er großen Verlust gehabt.

Der Som hab die Becher hernach einem Beckhen von Langenargen geben, Toman Deßler. Der habß wellen In die münz geben.

Man soll sein Schweger Joseph Judt fragen, der werd künden sagen, waß er für war von Ime empfangen.

Der würt zur Taube hab ime auch einmal geschmeltz silber geben per 6 Marckh für 10 lötig, da ers probieren lassen, seyß 4 lötig gewesen, hab sich erbotten, er well Ime den Abgang gueth machen. Hab ihme 16 batzen überß lot geben.

Eß sei zu der Tauben seltzam zugangen mit dem schmeltzen, doch werdts sein schweger wissen, eß sei nit sein herberg.

Von Isackh Som hab er kein geschmeltz silber empfangen. Mit Joseph Krenckhel hab er ichts verhandlet, dan wie er deß münzmeisters factor, Josep Krenkel hab 1 percento davon gehabt, der münzmeister hab In bestelt, daß ers Ime hinauff füehren soll vnd hab 1 percento davon genomen, der münzmeister.

Die 2 Som habens bei dem Beckhen vffgewechßlet, vnd Ime hinaußpracht, aber hievon hab er ichts von Inen gewechßlet.

Von (Jo.) Dalppen hab er wol Bruchsilber kofft, habß Ime gehn Langenargen pracht, hab Ime Just silber geben.

Deß Höslins sei er mießig gangen, dan er Ine einmal betrogen, er hab grosse schwäre gurtlen gemacht, vff den Happl die Prob geschlagen, seyn dann schlechter gewesen dann sie sollen.

Man hat Ime gesagt, man well sich zu Ime versehen, er werd sich meiner herren Münz Edict gemeß verhalten, wo nit gebürender Abstraffung gewärtig sein.

Silentium imponiet.

Seinen Schweger will er biß künfftigen Donstag vmb 9 Vhren herein bescheiden"[254].

Wolf war verheiratet und hatte mehrere Töchter. Eine Schwester Wolfs war (jedenfalls vor 1621) mit David Obernauer verheiratet, späteren „Hofjuden" in Hohenems, der 1624 auch zum Vormund über die Kinder Wolfs bestellt wurde. 1632 ist er in einem Hohenemser Steuerverzeichnis mit einem Vermögen von 1300 Gulden ausgewiesen, seine Stiefkinder, d.h. die Töchter Wolfs, mit weiteren 1200 Gulden, woraus man Rückschlüsse auf das erhebliche Vermögen Wolfs ziehen kann.

Wolf war nicht nur ein vermögender Mann; er war auch eine geistig rege Persönlichkeit und machte gelegentlich den Eindruck eines Rabbiners oder wenigstens rabbinisch gebildeten Mannes, so beispielsweise, wenn er zu einer Erbteilungen nach Buchau reist, wenn er ein hebräisches Buch drucken läßt, wenn er die hohenemsische Kanzlei in der Formulierung des Schutzbriefes berät usw. Er muß auch weit gereist sein und kannte viele Juden in Schwaben und auch in der Schweiz, sonst hätte er kaum die Liste der siedlungswilligen Juden erstellen können, wobei zu berücksichtigen ist, daß der Graf nur an vermögenden Zuwanderern interessiert war. Wolf konnte auch hebräisch und deutsch schreiben, er führte auch ein Siegel. Sein Erscheinungsbild ist ganz das eines Mannes der Schrift und des Buches.

JOSEPH VON LANGENARGEN

Unter den Hohenemser Juden findet man seit 1632 einen Joseph, der ein Haus zum Bauern und ein beachtliches Vermögen von 600 Gulden besitzt[255]. Da er schon zwischen dem 28. April und dem 15. September 1633 gestorben ist[256], wissen wir nicht sehr viel über ihn. Ein zusätzliches Problem besteht darin, daß gleichzeitig auch Josle Levi seit 1632 in Hohenems wohnte, in den Quellen aber nicht genau unterschieden wird. Joseph handelte u.a. mit Pferden[257]; sein Witwe führte sein Geschäft fort; sie wird zuletzt 1634 erwähnt[258].

Auf unseren Joseph (und nicht auf den erst um 1610 geborenen Josle Levi) bezieht sich ein Streit, den der Schulmeister Judas Jud ausgelöst hatte[259]. Dort sagt Judas von sich selber, *"Er seye Joß Juden seiner Kinder etliche Zeyt Schulmeister gewesen"*; Joß habe ihn dann (gemeinsam mit David) neulich gedingt, wobei jeder 16 Gulden Lohn versprochen habe. Joß sei dann im Krieg gewesen, bei seiner Rückkehr habe Judas von ihm das Geld gefordert. Daraufhin *"habe Ihne Joß Jud nit allein geschlagen vnd gestossen, sondern gar auß dem Hauß getrieben, eß seyen ihme auch seine trög aufgebrochen worden, waß dauon genommen seye oder ob Er Ime alles widerumb zugestelt worden seye, das wisse Er nicht"*. Angeblich soll Josephs Frau den Schulmeister in dessen Abwesenheit neu angestellt haben. Ein christlicher Zeuge bestätigt, daß *"Sie einandern zum drittenmal die hännd Potten"*, der Vertrag also zustandegekommen sei. Judas bekam recht und klagte anschließend gegen Joß' Frau, *"ob Er sich bey Iro, weil Er die kinder gelehrt, nit gehalten wie ein ehrlichen Mann"*. Die Frau weigerte sich, *"Sie gebe ohne Ihren Mann nicht antwurt"*, was vom Gericht akzeptiert wurde.

Derselbe Joseph begegnet uns 1621 in den Lindauer Ratsprotokollen als Schwager des Wolf von Langenargen, wo er offenbar damals auch gewohnt hat. Ein Lindauer Geschäftspartner hatte ihm und Wolf einen Mord angedroht[260]. Nach Aussage der Ratsprotokolle hat Joseph auch mit Silber gehandelt; in diesem Zusammenhang wurde er auch auf das Lindauer Rathaus geladen[261].

DAVID VON LANGENARGEN

David Obernauer[262], der mit einer Schwester Wolfs verheiratet war und später auch als Vormund von Wolfs Kindern wirkte, wird erstmals 1621 als Schwager Wolfs genannt; 1625 kommt er in Lindauer Ratsprotokollen vor, wo er verschiedene Prozesse als Vormund der Kinder Wolfs führte, dabei unterstützt von dem Grafen von Montfort und den Beamten in Tettnang. Dank einer Interzession des Grafen wurde ihm, wie früher dem Marx von Rheineck und dem Wolf von Langenargen, am 17. September 1625 der freie Paß in Lindau zugebilligt, d.h. er konnte sich dort ohne Begleitung durch einen Stadtknecht frei bewegen[263]. 1631/32 sehen wir David in einen Prozeß mit dem Lindauer Hans Ulrich Kick verwickelt; Kick hatte eine Zahlung verweigert, weil ein Landgericht über David die Acht verhängt hatte. Der Achtbrief wurde dem Lindauer Rat vorgelegt. Es stellte sich jedoch heraus, daß David zu Unrecht von einem gewissen Philipp Burgau in die Acht gebracht und wieder daraus befreit worden war[264]. Noch 1630/32 wird er als *"David Jud von Langen Argen"*[265] bezeichnet, hat sich dann aber spätestens 1632 in Hohenems niedergelassen. Er wohnt im Steinach und gibt bei seinem Eid sein Vermögen mit 1300 Gulden an, das seiner Stiefkinder mit 1200 Gulden[266]. Zuletzt erscheint er im Schutzgeldregi-

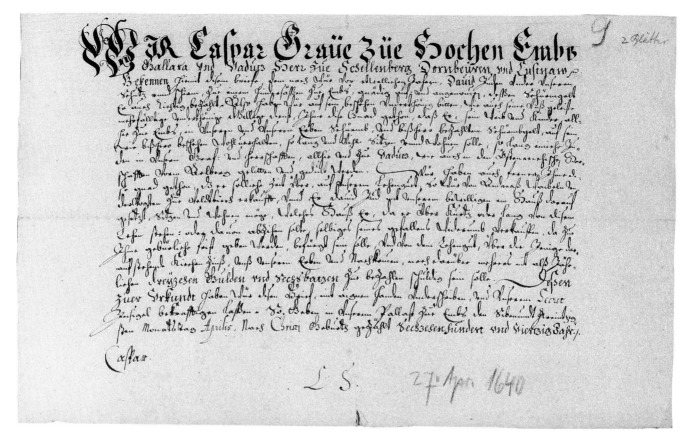

Privileg des Grafen Kaspar von Hohenems für David Obernauer vom 27. April 1640. (Original Vorarlberger Landesarchiv HoA Sch. 298).

ster von 1652, doch mit einem reduzierten Beitrag. Er hat also um diese Zeit Hohenems wieder verlassen.

David ist den Jahren nach 1633 der wohl am häufigsten genannte Hohenemser Jude. Er handelte u.a. mit Pferden[267], Kupfergeschirr[268], Messinggeschirr[269], Pfannen[270], Eisen[271], Textilien[272], Seide[273] und vielem anderen mehr. Er schlachtete auch selbst und verkaufte Fleisch[274]. Von seinen langen Erbschaftsstreitigkeiten mit Lazarus, der mit einer Tochter Wolfs verheiratet war, soll im Abschnitt über Lazarus erzählt werden. 1640 erhielt David vom Grafen wegen seiner treuen Dienste ein Spezialprivileg[275]. Dieses erlaubte ihm, solange in Hohenems zu bleiben, wie die Juden in Hohenems, in Vaduz und in Vorarlberg geduldet würden. Auch durfte er auf einem gräflichen Lehengut ein Haus bauen, wahrscheinlich im Schwefel, wo er spätestens seit dem 25. Februar 1641 wohnte[276]. 1644 sollte David wegen verbotenen Weinschenkens bestraft werden[277]. David

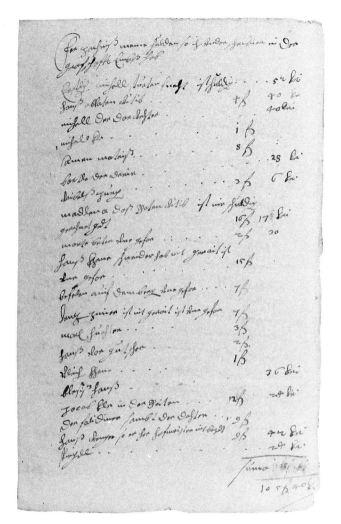

Eigenhändiges Schuldenverzeichnis des David Obernauer, ca. 1649 (Original: Vorarlberger Landesarchiv, HoA Sch. 198).

scheint dann sein Betätigungsfeld auf die andere Rheinseite verlegt zu haben; er handelte im Rheintal und im Thurgau, ja 1648 hat er sogar seinen Wohnsitz nach Diepoldsau verlegt[278], wo er aber hohenemsischer Schutzjude blieb. Das mußte er in einem Urfehdebrief beschwören, nachdem er den Grafen im Hinblick auf dessen Gerichtsrechte mit den Worten verhöhnt hatte: *„Ich frage dem nichts nach, er sitzt über dem Rein und ich herüben"*. Eine eigenhändig geschriebene Liste seiner Schuldner aus dem Jahre 1649 erfaßt Aktivforderungen im Höhe von 387 Gulden[279].

1651 werden zwei Söhne des David Obernauer genannt, nämlich Hirschle Obernauer, 20 Jahre alt, ledig, treibt Handel im Reich, wo er ohne festen Wohnsitz umherzieht[280], daneben sein namentlich nicht genannter Bruder.

Am 18. Februar 1653 befaßte sich der Lindauer Rat mit David, der in Rickartshofen falsche Dublonen ausgegeben hatte, die nur vergoldete Realien waren[281]. Am 21. Februar 1653 strafte ihn der Rat dafür mit 10 Talern, doch wurde auf eine Interzession des Grafen Hugo XVIII. von Montfort diese Strafe nachgesehen[282]. In beiden genannten Eintragungen des Ratsprotokolls ist der Name *„David von Embß"* nachträglich verbessert in *„David von Langen Argen"*. David hat also wohl um 1652 seinen Wohnsitz wieder nach Langenargen verlegt.

Am 9. Januar 1654 wird David Obernauer zum letzten Mal erwähnt, und zwar in einem Zusammenhang mit einer Schuldsache gegen den Bregenzer Landschreiber Johann Wilhelm Marius[283]. Das weitere Lebensschicksal des David ist unbekannt.

Als Kuriosum sei hier noch festgehalten, daß David Obernauer möglicherweise zu den Vorfahren des großen Physikers Albert Einstein (1879 – 1955) zählt[284].

LAZARUS BURGAUER

Der Lebenslauf des Lazarus Burgauer[285], der wahrscheinlich nicht mehr oder allenfalls nur kurz in Langenargen gewohnt hat, ist typisch für einen Landjuden dieser Zeit, weshalb er hier etwas ausführlicher dargestellt werden soll. Seine Herkunft ist vorerst unbekannt, doch dürfte Lazarus in der Markgrafschaft Burgau beheimatet gewesen sein, wie sein Name ausweist. Tänzer hielt Lazarus noch für den Sohn des Wolf von Langenargen[286]. In Wirklichkeit war Lazarus Wolfs Schwiegersohn. Da David nach dem Tode Wolfs zum Vormund über die Kinder Wolfs bestellt wurde, erscheint Lazarus zugleich auch Davids „Tochtermann"[287]. Lazarus wohnte im Schwefel, wo sein Haus während des Schwedeneinfalls 1647 geplündert wurde[288]; unter anderem war ihm ein Kessel entwendet worden[289]. Auch sonst hatte er einiges zu leiden; denn 1641 überfielen ihn zwei Söhne des Buchdruckers Bartholomäus Schnell, mit dem Lazarus als Erbe Wolfs einen langwierigen Prozeß führte[290], und verlangten von ihm Würfel[291], warfen seine Kappe auf den Boden, schlugen ihn, schleiften ihn umher und preßten ihm einen Sechsbätzner ab. Einer der Täter beschimpfte ihn vor den Amtleuten als Schelm, Dieb und „Mauskopf"[292]. Auch sonst war Lazarus in verschiedene Injurienklagen, Schlag- und Balghändel verwickelt[293].

Anfangs scheint Lazarus mit David ein gemeinsames Geschäft geführt zu haben, doch kam es zwischen ihnen zum Streit, als Lazarus 1640 in Abwesenheit des David ein Pferd verkauft hatte; David brachte ihn vor das Amt, das Lazarus mit einer Strafe von fünf Pfund belegte[294]. 1641 versprachen David und Lazarus, ihre jahrelangen Streitigkeiten über die Erbschaft Wolfs von Langenargen beizulegen[295]; es ging um sein „hauß-, ferners vatterlichen guet", wobei jedoch eher an den Vater der Frau des Lazarus zu denken ist. Schon im Jahr darauf stehen beide wieder vor Gericht; Lazarus hatte aus einem hebräischen Buch Davids etwas herausgerissen. Beide wurden mit je 10 Gulden gebüßt[296].

Das von Lazarus aus dem hebräischen Buch, wohl einer Familienchronik, herausgerissene Blatt („hebreeische gschrifft"), von David eigenhändig geschrieben, hatte den folgenden Inhalt:

„Auf heut dato den 25. Augustj 1641 hat mir Lazarus mit Christen gezwungen vnd mit der herrschafft alhie, daß ich hab müeßen In die gräfliche Cantzley vnd mich mit der herrschafft mit gewalt gezwungen, das Ich es hab müeßen von handt geben vnd Ime müeßen 440 fl. geben,

Eigenhändiges Schuldenverzeichnis des Lazarus Burgauer, ca. 1649. (Original Vorarlberger: Landesarchiv, HoA Sch. 298).

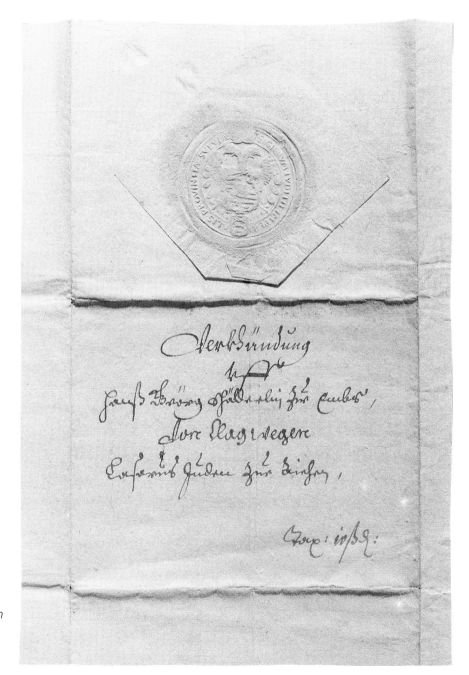

*Klage des Lazarus Burgauer zu Illereichen gegen Hans Georg Schelderlin von Hohenems vor dem Landgericht in Schwaben in Wangen am 11. März 1652.
(Original: Vorarlberger Landesarchiv, HoA 100,4).*

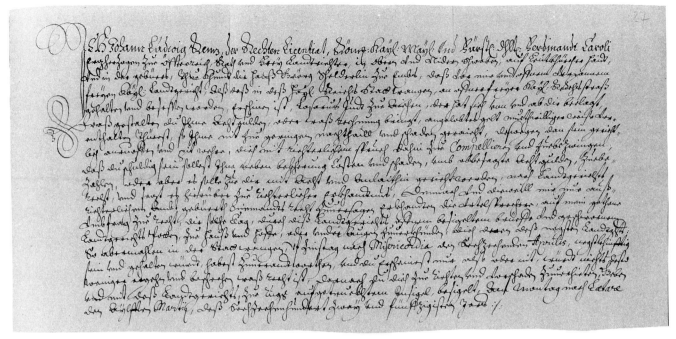

Bildunterschrift siehe Seite 87.

das Ich Im nichts schuldig zu tuen gewest, Also liebe Kinder, Ich verzeich Ime nichts vnd an diesen raub vnd Rauberey wohl In acht zu nemen vnd kein gemainschafft mit Ime zu haben:

*Ich Davidt Jud bekhen
wie obsteet"*[297].

Lazarus betrieb u.a. einen Kredithandel, er handelte mit Pferden[298], Kühen[299] und Rindern[300], auch mit Korn[301], er schlachtete selbst[302] und verkaufte Fleisch[303]. Lazarus war – schon durch die Heirat mit einer Tochter des Wolf von Langenargen – nicht unvermögend. So konnte er sich um 1650 für seine Kinder einen eigenen Schulmeister namens Jekosiel halten[304]. Die Liste seiner Schuldner in der Grafschaft Hohenems um 1649 weist Aktivschulden in Höhe von 206 Gulden aus[305]. 1651 ist Lazarus in der Hohenemser Schutzgeldliste nur mehr mit dem halben Betrag ausgewiesen[306], wahrscheinlich, weil er von Hohenems weggezogen ist. Im gleichen Jahr 1651 wird ein Bruder des Lazarus genannt, ein Salomon von Illereichen[307]. Und kurz darauf begegnet uns ein „Lazarus Jud zu Aichen"[308], der in Wangen vor dem Landgericht auf der Leutkircher Heide gegen einen Hohenemser Schuldner klagte. Dann verschwindet Lazarus aus den Hohenemser Quellen.

Lazarus war nach Illereichen verzogen, wo Graf Kaspar Bernhard von Rechberg 1650 einige Juden angesiedelt hatte[309]. Dessen Sohn Graf Johann von Rechberg bestätigte 1652 den Schutzbrief für fünf Juden[310], doch kam es in den folgenden Jahren zu schweren Spannun-

Bauer und Jüdischer Geldverleiher, Augsburg 1531.

gen zwischen dem Grafen einerseits, den Brüdern Lazarus und Salomon sowie einem weiteren Juden namens Amschel andererseits. Lazarus und Amschel flohen nach Illertissen und Erolzheim, von wo aus sie 1660 eine heftige Anklage gegen Graf Johann von Rechberg an den österreichischen Erzherzog und Regenten der Markgrafschaft Burgau schickten; Salomon war bereits 1655 nach Kriegshaber geflohen. In der Folge kam es zu einer Fehde zwischen Graf Johann von Rechberg und dem Grafen Hans Christoph von Vöhlin, dem neuen Schutzherrn des Lazarus. Graf Rechberg forderte die Auslieferung seines ehemaligen Schutzjuden, den er aufhängen lassen wollte. 1662 wurde Lazarus gefangen gesetzt, und es wurde ein Vergleich ausgehandelt, nachdem sich zwei Juden, Seligman von Thannhausen und Isak von Hürben, ein welscher Jude, bereit gefunden hatten, 1000 Gulden Sühnegeld aufzubringen. Die Überwachung des Lazarus wurde daraufhin gemindert, so daß dieser nach Krumbach entkommen konnte. Nachträglich mußte Lazarus unter Ablegung eines Judeneides Urfehde schwören. Seine weiteren Lebensschicksale sind vorerst nicht bekannt.

III. Das Ende der montfortischen Juden

Anders als 1571 kam es diesmal nicht zu einer Ausweisung der Juden aus dem montfortischen Territorium. Vielmehr hat es den Anschein, daß um 1624 sowohl Wolf von Langenargen wie auch seine Erben und Kinder in Hohenems eine neue Heimat gefunden haben. Manches spricht dafür, daß sie in der Endphase einen doppelten Wohnsitz in Langenargen und in Hohenems gehabt haben. Denn noch 1625 verwendet sich Graf Hugo XVIII. von Montfort beim Lindauer Rat für seinen Juden David[311]; 1632 hat David Hausbesitz in Hohenems und 1640 wird er, unter Bezugnahme auf sein bisheriges Schutzverhältnis und seine dem Grafen von Hohenems „geleistete mehrfällige underthänige billige dienste" mit besonderen Privilegien begabt[312]. Wenn in einem Protokoll eines Hexenprozesses 1625 die Hexentänze mit dem Tanzen der Juden verglichen werden[313], so muß jüdisches Tanzen 1625 der Bevölkerung noch geläufig gewesen sein. Irgendwann zwischen 1625 und 1630/40 muß sich die Judengemeinde in Langenargen zerstreut haben.

Der früheste Beleg dafür, daß Hohenemser Juden die Medine der Montforter Juden beerbte haben, stammt aus dem Jahr 1642. Die landvogteiliche Kanzlei in Weingarten protokollierte einen Streit zwischen einem Hans Amman in Amtzell und dem Hohenemser Juden Josle Levi um eine Kuh[314].

Dennoch haben sich die Juden nicht ganz aus Langenargen zurückgezogen. Denn um 1652/53 ist David von Langenargen aus Hohenems wieder zurückgekehrt. Er blieb aber wohl nur kurz in Langenargen; zuletzt wird er 1654 erwähnt.

Sechstes Kapitel
Der Weg über die Gleichberechtigung zur Vernichtung

I. Juden im Bodenseegebiet vom 15. bis 19. Jahrhundert

Die Niederlassung von Juden in Tettnang, Langenargen und Wasserburg war eine typische Entwicklung für das regionale Landjudentum. Im ganzen Bodenseegebiet hatten sich im Zuge des Übergangs vom Stadtjudentum zum Landjudentum ähnliche Entwicklungen vollzogen. Es handelte sich um einen längere Zeit währenden Prozeß, der in vielen Details noch unerforscht ist. Erst langsam nähert sich die Forschung einer vertieften Kenntnis dieser Entwicklungen, bei denen wir zwei unterschiedliche Phasen beobachten können. In einer ersten Phase entstehen eine Vielzahl von kleinen Gemeinden oder Ansiedlungen, meist nur aus wenigen Familien bestehend, zwei oder drei, höchstens aber zehn bis zwölf Familien. Fast immer entstehen diese Niederlassungen in kleinen oder kleinsten Territorien von Reichsgrafen oder Reichsrittern in Kleinstädten oder in Dörfern. Der jeweilige Herr erteilt einen Schutzbrief, der meist zeitlich begrenzt ist, er fordert ein Schutzgeld und andere Abgaben. Nach Ablauf der Zeit wird der Schutzbrief verlängert oder auch nicht verlängert. Ein großer Unsicherheitsfaktor beherrscht die Ansiedlung der Juden. Die Mehrzahl der Gemeinden verschwindet im späten 17. Jahrhundert. In einer zweiten Phase kommt es in den Gemeinden, die überleben, zu einer Siedlungskonzentration. Diese Gemeinden nehmen oft die aus den kleineren Gemeinden vertriebenen Juden auf und werden größer. Im 18. Jahrhundert kommt es kaum mehr zu Vertreibungen, die schon wegen der Größe der Gemeinden und auch ihrer wachsenden Infrastruktur gar nicht mehr so leicht möglich sind. Auch wächst unter dem Einfluß der Aufklärung der Toleranzgedanke. Man sieht in dem Juden zunehmend nicht mehr den Glaubensfeind, sondern den Mitmenschen. Die Religion schwächt sich ab zur Konfession: die Synagoge ist nichts anderes als eine Kirche. Bezeichnend für dieses Umdenken ist das württembergische Israeliten-Gesetz von 1828, das schon im Titel von israelitischen *„Glaubensgenossen"* spricht und in seinem dritten Teil das *„Kirchen"*wesen der Israeliten regelt; das Gesetz schafft eine Israelitische Ober*„kirchen"*behörde[315].

Sehr früh haben sich Konstanzer Juden in Meersburg niedergelassen. Erste Nachrichten reichen in das Jahr 1423 zurück; aber auch im 16. und im 17. Jahrhundert sind Juden in Meersburg bezeugt[316]. Auf eine Meldung des Bregenzer Vogtes von 20. September 1538 hin, in Meersburg hätten sich etliche Juden haushäblich niedergelassen und es sei damit zu rechnen, daß diese *„wucherische Kontrakte"* mit Untertanen der Herrschaft Bregenz eingehen würden, ließ König Ferdinand I. wissen, daß allen Untertanen der Herrschaft Bregenz *„einzubinden"* sei, *„von bemellten Juden zu Meerspurg oder von keinem andern Juden weder auf ligendt oder farende güeter gar nichts zu entleihen"*[317]. Während des Schmalkaldischen Krieges begab sich der Bischof von Konstanz mit seinen Meersburger Juden in den Thurgau. Mit Unterstützung des Landvogts fanden die Juden vorübergehend Aufnahme in Güttingen (1546), kehrten aber bald wieder nach Meersburg zurück[318].

Deutlicher als anderswo treten die ersten jüdischen Landgemeinden in den schweizerischen Kantonen St. Gallen und Thurgau hervor, wiewohl gerade auch hier die Forschung noch nicht weit gediehen ist. Während Diessenhofen eine noch ins 14. Jahrhundert zurückreichende stadtjüdische Bevölkerung aufweist, deren

Struktur aber offenbar gegen Ende des 15. Jahrhunderts zum Landjudentum hinneigt (insbesondere infolge von Maßnahmen zur Beschränkung des Geldhandels)[319], können wir in Rheineck oder in Arbon schon zu Beginn des 15. Jahrhunderts Landjuden feststellen. In Rheineck bilden sie seit der Mitte des 16. Jahrhunderts eine Gemeinde, die mit eidgenössischen Schutzbriefen ausgestattet ist. Als diese Gemeinde dann 1632 durch den Zuzug vertriebener Juden aus Stühlingen stark anwächst, kommt es zur Ausweisung zuerst der „neuen" und dann aber auch der „alten" Juden (1634). Ebenso wird in Arbon 1646 die Ausweisung der Juden diskutiert (die sie fordernde Gemeinde steht gegen den Obervogt)[320]; doch noch 1649 ist ein Jude Moises, wohnhaft zu „Heusel"[321], 1651 ein Jude Isaac von Arbon[322] und 1652 ebendort ein Jude Judlin[323] bezeugt. Andere Landgemeinden bestanden in Steckborn (hier schon 1483)[324], Mammern[325], Emmishofen[326], Mannenbach[327], Triboltingen[328] und Horn[329]. Alle diese Gemeinden sind spätestens in der zweiten Hälfte des 17. Jahrhunderts untergegangen; denn 1662 wurden die Juden in der Schweiz zunächst auf die Grafschaft Baden und dann nur mehr auf die Gemeinden Endingen und Lengnau[330] beschränkt.

Relativ früh war es auch im benachbarten Hegau zu jüdischen Landgemeinden gekommen. 1494 bilden die Juden zu Rheinau, Diessenhofen, Andelfingen, Aach und Engen eine größere Gemeinde[331]. Aus Engen ist für 1495 eine Ritualmordbeschuldigung überliefert[332], eine andere führte 1504 dazu, daß die Juden vorübergehend aus Stockach und Aach flohen[333]. Gegen Ende des 16. Jahrhunderts wurden die Juden aus diesen österreichischen Territorien vertrieben[334]. Während des Dreißigjährigen Krieges entstanden im Hegau zahlreiche kleine Judengemeinden, u.a. in Randegg (1655)[335], Gailingen (1657), Wangen (1663), Worblingen (1666), Singen (1666)[336] und Bodman (1666)[337]. Möglicherweise geht

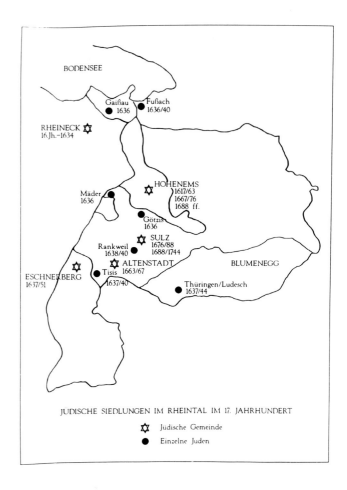

JÜDISCHE SIEDLUNGEN IM RHEINTAL IM 17. JAHRHUNDERT
✡ Jüdische Gemeinde
● Einzelne Juden

die Niederlassung in Wangen in das ausgehende 16. Jahrhundert zurück[338]. Während die Niederlassungen in Singen und Bodman bald wieder aufgelassen wurden, konnten sich die anderen behaupten. Den Juden in Gailingen und Randegg wurde der Handel und Wandel im Thurgau erlaubt, ja sogar die vorübergehende Niederlassung bei Kriegsgefahr[339]. 1827 umfaßte der Rabbinatsbezirk Gailingen neben Gailingen auch Randegg, Tiengen, Donaueschingen, Wangen, Worblingen und seit 1866 auch Konstanz[340].

In den österreichischen Territorien am Bodensee war 1572 die Wohnsitznahme eines Juden in Hörbranz bei Bregenz nur von ganz kurzer Dauer gewesen[341]. In Vorarlberg und in Liechtenstein hatte sich dann erst während des Dreißigjährigen Krieges eine größere Zahl jüdischer Gemeinden gebildet, die auch vertriebene Juden aus der Schweiz aufnahmen. Das schon früher erwähnte Hohenems, dessen Anfänge 1617 liegen, entwickelte sich seit 1632 zu einer größeren Gemeinde. Durch den Zustrom von kriegsflüchtigen Juden aus Bayerisch Schwaben entstanden drei neue Ansiedlungen: 1635 – 1640 in der Herrschaft Feldkirch mit Wohnsitzen in Tisis (1637 – 1640)[342], Rankweil (1638 – 1640), Götzis (1636), Mäder (1636), Gaißau (1636) und Fußach (1636 – 1640)[343]. Eine weitere Gemeinde bestand 1637 – 1651 am Eschnerberg im heutigen Fürstentum Liechtenstein[344], eine andere 1637 – 1644 in der Reichsgrafschaft Blumenegg[345].

Zweimal wurden die Juden aus Hohenems ausgewiesen. 1663 ließen sie sich in Altenstadt bei Feldkirch nieder, von wo sie 1667 nach Hohenems zurückkehrten[346]. 1676 gingen sie nach Sulz bei Rankweil/Bezirk Feldkirch. Der größere Teil der Juden kehrte 1688 nach Hohenems zurück, nur die drei reichsten Juden durften in Sulz bleiben, so daß eine zweite jüdische Gemeinde in Vorarlberg bestehen blieb. 1744 wurden die Juden aus Sulz gewaltsam vertrieben[347]. Die aus Sulz vertriebenen Juden fanden zunächst für zwei Jahre Asyl im Fürstentum Liechtenstein[348], konnten dann aber ebenfalls in Hohenems unterkommen, wo sie die dortige Gemeinde stark vergrößerten.

Zwischen dem Hegau und Vorarlberg etablierten sich auf der schwäbischen Seite des Sees neben den 1551 – 1632 (1654) bezeugten Niederlassungen in Tettnang, Langenargen und Wasserburg Landgemeinden in Buchau und Aulendorf. Während Buchau, erstmals schon 1382 genannt, seit etwa 1575 neu entstanden ist

Die häufig auch von den Landjuden des Bodenseeraums besuchte Messe in Zurzach im Aargau.
(Aus der Chronik des Johannes Stumpf, Zürich 1536).

und sich zu einer blühenden Gemeinde entwickelte[349], konnte sich Aulendorf nur etwa zwischen 1653 und 1693 behaupten[350].

Die Landjuden waren überall immer wieder von der Ausweisung bedroht und betroffen, so daß sich letztlich nur wenige Gemeinden in das 18. Jahrhundert hinüberretten konnten: In der Schweiz waren das Endingen und Lengnau, im Hegau Gailingen, Randegg, Wangen und Worblingen, in Vorarlberg Hohenems und – bis 1744 – Sulz sowie in der unmittelbaren Nachbarschaft der Grafschaft Tettnang Buchau. Buchau, Gailingen und Hohenems wurden große und bedeutende Landgemeinden; so war Gailingen im 19. Jahrhundert die größte Landgemeinde Badens[351], Hohenems war in dieser Zeit der Sitz des Rabbinates für ganz Tirol mit einer Reichweite bis nach Innsbruck, Bozen, Meran, Trient, Rovereto, Arco und Riva, also vom Bodensee bis zum Gardasee. Welche Bedeutung die Landjudengemeinden im 19. Jahrhundert

Bildnis des Grafen Ernst von Montfort, um 1770, Neues Schloß in Tettnang, Bacchussaal.

Bildnis der Gräfin Maria Antonia von Waldburg-Scheer-Trauchburg, der Gemahlin des Grafen Ernst von Montfort, um 1770, Neues Schloß in Tettnang, Bacchussaal.

*Jüdische Kaufleute bei der Abfertigung ihrer Waren.
Kupferstich aus Johann Jodok Beck,
(Tractatus de juribus Judaeorum, Nürnberg 1731).*

erlangt hatten, spiegelt sich darin wieder, daß die örtlichen Schlösser in Worblingen, Randegg oder Gailingen in jüdischen Besitz kamen[352]. Die Gleichstellungsgesetze der 1860er Jahre für Württemberg, Baden, Österreich und die Schweiz führten zu einer Rückkehr der Landjuden in die Städte, wodurch die Landgemeinden viel von ihrer Bedeutung einbüßten und sich stark verkleinerten. Gleichzeitig aber wuchsen die neuen Gemeinden in Konstanz[353] oder in St. Gallen[354].

Der Übergang vom Stadtjudentum zum Landjudentum hatte, wie wir gesehen haben, eine völlige Umstellung der Geschäftstätigkeit der Juden gebracht. An die Stelle des entbehrlich gewordenen jüdischen Geldhandels war der Handel (auch das Hausieren) mit Pferden, Vieh, landwirtschaftlichen Produkten, Textilien, Metallen u. dgl. getreten. Die städtischen Kapitalisten und die Zünfte brauchten die Juden nicht mehr, wohl aber brauchte der Bauer den Juden[355].

II. Eine Judentaufe in Tettnang 1749

Im Zusammenleben von Christen und Juden war die Konversion eine sehr heikle Frage. Von beiden Seiten her versuchte man, solche Konversionen zu vermeiden. Während man von christlicher Seite eine Bekehrung zum Judentum als Ketzerei betrachtete und daher überhaupt nicht zuließ, blieben gegen getaufte Juden oft Einwände bestehen, ob sie nicht insgeheim doch am Judentum festhalten würden. So waren beispielsweise während der Judenverfolgung in Konstanz 1349 auch alle getauften Juden ermordet worden[356]. Insgesamt waren Konversionen äußerst selten, zeitweise auch ganz verboten. Wenn sie aber gelegentlich vorkamen, wurden sie meist zu einem spektakulären Ereignis.

Einige Beispiele aus Vorarlberg und Württemberg mögen das kurz illustrieren. In der Pfarrkirche von Hohenems wurde am 8. September 1703 ein jüdisches Mädchen von 12 Jahren getauft. Die Zeremonie erhielt ihren besonderen Glanz dadurch, daß der Abt von Kempten Rupert von Bodman, damals kaiserlicher Administrator von Hohenems, der Freiherr Ignaz von Falckenstein, die Gräfin Maria Franziska von Hohenems und die Baronin Maria Ursula von Falckenstein, geborene Bodman, bei der Taufe anwesend waren. Das Mädchen wurde zudem nach der Gräfin von Hohenems auf den Namen „Maria Johanna Franziska" getauft. Am 5. Mai 1709, also Jahre später, schrieb der Pfarrer von Hohenems Franciscus Sibel, der auch die Taufe vorgenommen hatte, diesen Akt nachträglich auf einer fast kalligraphisch gestalteten Doppelseite in das Hohenemser Taufbuch ein[357].

In Heilbronn wurde die Taufe eines jungen Juden aus Krakau besonders bekannt. Dieser lag krank im Spital und wurde durch den Pfarrer Storr zum Christentum bekehrt. Er wurde von drei Bürgermeistern aus der Taufe gehoben und erhielt den Namen Christlieb Heilbronner. Nach seiner Taufe bekam er lateinischen Unterricht und lernte schreiben und rechnen[358].

Einen weiteren vergleichbaren Fall hat das Taufbuch der katholischen Pfarrgemeinde in Laupheim festgehalten. Hier wurde 1748, ebenfalls an einem 8. September, einem Marienfeiertag, ein 24jähriges jüdisches Mädchen auf den Namen „Maria Johanna" getauft. Eine große Zahl von Menschen war aus der ganzen Nachbarschaft herbeigeströmt. Auch hier entstammten die Taufpaten dem Adel: Carl Damian Freiherr von Welden und Johanna Freiin von Freyberg[359].

Beide Taufen, sowohl die in Hohenems als auch die in Laupheim, sind die einzigen Judentaufen, die aus diesen Gemeinden mit einer besonders reichen jüdischen Geschichte überliefert sind. Während für Hohenems überliefert ist, daß es sich um eine in einem christlichen Haushalt aufgewachsene jüdische Waise, die nicht aus Hohenems stammte, gehandelt hat, scheint auch für Laupheim fraglich zu sein, ob dieses Mädchen der Laupheimer Judengemeinde angehört hat. Bezeichnend ist die Wahl des Namens „Johanna", die in Anspielung auf Johannes den Täufer erfolgte und auch sonst vielfach vorgekommen ist.

Aus Buchau sind aus der Zeit von 1682 bis 1740 drei Judentaufen überliefert, von denen die Taufe des Isaak

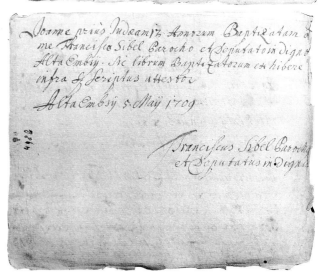

Vermerk im Taufbuch über die Taufe eines jüdischen Mädchens in Hohenems am 5. Mai 1709. (Original im Pfarrarchiv Hohenems).

Neuburger am 13. Dezember 1736 nicht nur wegen ihrer eigenartigen Zeremonien unsere besondere Aufmerksamkeit erregen muß, sondern auch deswegen, weil sie – wie übrigens auch die Taufe des Lazarus Moyses am

20. Juli 1740 – in die Regierungszeit der Äbtissin Maria Theresia von Montfort fällt. Die Fürstäbtissin war selbst Taufpatin, ließ sich aber wegen ihres hohen Alters durch eine gleichnamige Stiftsdame vertreten. Der Täufling wurde zehn Monate lang unterrichtet und dreimal geprüft. *„Am Tauftage Morgens 9 Uhr ging der Täufling unter Vorantritt des 'Schutzengels' in weißem Gewande zwischen den beiden geistlichen Eltern, eine Kerze in der Hand tragend, wobei 5 'Teufel' ihm nachfolgten, zum Portal der Stiftskirche. Von da wurde er von 6 'Engeln' empfangen, mit Kreuz und Fahne vom Pfarrer in den Chor vorgeführt und der hl. Akt wurde nach römischem Ritual vorgenommen. Als die letzte Frage vor der hl. Taufe, die Entsagung und Verwerfung des Judenthums, gestellt war und er sie mit 'Ja' beantwortete, gingen die 6 Teufel cum strepitu, unter Geräusch und Knirfen, zurück und zum Tempel hinaus"*[360].

Am 9. März 1749 verzeichnet das Taufbuch der katholischen Pfarre in Tettnang einen vergleichbaren Fall. Ein 20jähriger Jude wurde auf den Namen „*Joseph Anton*" getauft. Taufpaten waren auch in diesem Fall die regierenden Exzellenzen: Graf Ernst von Montfort-Tettnang und dessen Gemahlin, die Gräfin Antonia von Waldburg. Das Grafenpaar brachte seine besondere Zuneigung zu ihrem Täufling noch dadurch zum Ausdruck, daß diesem nach *„dess Hochgräfl. Montfortischen Wappens"* noch der *„Zuenammen Fahnroth"* gegeben wurde[361]. Joseph Anton Fahnroth wurde damit sozusagen zu einem – wenn auch nicht legitimen – Kind des Hauses Montfort.

Das Grafenhaus sorgte denn auch für die berufliche Karriere seines Schützlings. Es war Juden in dieser Zeit kaum möglich, ein Handwerk zu erlernen. Joseph Anton Fahnroth erlernte das Sattler-Handwerk. Der Hof nahm ihn in seinen besonderen Schutz; Fahnroth erhielt die Stelle eines Hofsattlers. In dieser Position konnte er tätig werden, ohne Bürger von Tettnang zu werden; es war ihm als einem Hintersassen jedoch zufolge der Zunftvorschriften verboten, in der Stadt Tettnang eine Arbeit zu übernehmen.

Joseph Anton Fahnroth war viermal verheiratet und hinterließ nicht weniger als sieben Kinder. In erster Ehe heiratete er um 1750 eine Therese Lanz, deren Herkunft wir nicht kennen. Diese starb am 22. Februar 1759 in Tettnang. Aus dieser Ehe gingen insgesamt sechs Kinder hervor:

1) Maria Anna Walburga, geboren am 19. August 1751, gestorben am 17. März 1814, verheiratet seit 5. April 1786 mit Johann Nepomuk Büchelmayer (geboren am 15. Februar 1768, gestorben am 23. April 1838). Büchelmayer war Bürger von Tettnang. Da seine Braut nicht Bürgerin war und nach dem Aussterben der Montforter 1786 der Hofschutz nicht mehr existierte, mußte sie zur Heirat zunächst Bürgerin werden. Der Stadtrat entsprach ihrem Antrag mit Rücksicht darauf, daß ihr Vater Joseph Anton Fahnroth mehr als 30 Jahre in montfortischen Diensten gestanden war. Die Ehe blieb kinderlos.

2) Maria Antonia, geboren am 10. April 1753, bei der Geburt gestorben.

3) Johann Baptist Anton, geboren am 17. Juni 1754.

4) Maria Antonia, geboren am 3. Juni 1755.

5) Eduard Ernst Johann Nepomuk, geboren am 13. Oktober 1756.

6) Maria Theresia, geboren am 8. Oktober 1758.

In zweiter Ehe führte Fahnroth am 29. April 1759 Maria Franziska Korros heim, Tochter des Mathäus Korros und der Anna Maria Bentele aus Tettnang. Angesichts der großen Zahl unversorgter Kleinkinder und Säuglinge ist es nicht ungewöhnlich, daß Fahnroth bereits wenige Wochen nach dem Tod seiner ersten Frau sich wiederverheiratete. Maria Franziska Korros brachte ihm am 1. März 1760 ein weiteres Kind zur Welt, das jedoch schon am 3. März 1763 verstarb.

In dritter Ehe nahm Fahnroth am 3. September 1781 eine Witwe zur Frau, nämlich Ursula Rey, die in erster Ehe mit

Joseph Sprenger (gestorben am 2. Februar 1777 im Alter von 55 Jahren) verheiratet gewesen war. Ursula Rey starb am 12. Dezember 1791.

Am 7. Februar 1793 heiratete der inzwischen 64jährige Fahnroth ein viertes Mal, und zwar Maria Wagner aus Unterlangnau (Pfarre Hiltensweiler). Diese Ehe blieb wie die vorige kinderlos.

Joseph Anton Fahnroth blieb bis an sein Lebensende als Beisässe in Tettnang wohnhaft; im Gegensatz zu seiner Tochter Maria Anna Walburga Fahnroth hat er nie das Bürgerrecht erworben, sah dazu wohl auch nach dem Wegfall des Hofschutzes im Hinblick auf sein Alter keinen Anlaß mehr. Er starb am 12. April 1798 im Alter von etwa 70 Jahren an Gallenfieber. Sein Sohn Eduard Ernst Johann Nepomuk wanderte nach Schlesien aus und setzte dort das Geschlecht der Fahnroth fort. Heute noch leben Nachkommen von ihm in Hamburg.

Ungeklärt ist die Herkunft des Joseph Anton Fahnroth. Man kann mit ziemlicher Sicherheit ausschließen, daß er in Tettnang zu Hause war; denn aus der fraglichen Zeit sind keine Juden in Tettnang bezeugt. Auch die oben aufgeführten Beipiele aus Hohenems oder Heilbronn lassen eine fremde Herkunft vermuten.

III. Jüdischer Handel und Wandel im 18. Jahrhundert

Im 18. und im frühen 19. Jahrhundert gab es in Tettnang und Langenargen so gut wie keine Juden mehr. Nur kurzfristig hielt sich ein Jude in Langenargen als Pächter der Münze auf, in Tettnang lebte, wie wir schon gesehen haben, ein getaufter Jude, der weitgehend integriert wurde. Gelegentlich streiften Hausierer oder Bettler Tettnang und Langenargen. Und manchmal suchten Tettnanger und Langenargener Bürger auch Juden in den benachbarten Landgemeinden (Hohenems, Buchau) auf, um Geld zu borgen. Es ist sehr schwer, für diese Zeit einen Gesamtüberblick über Handel und Wandel der Juden zu bekommen, da wir auf Zufallsfunde in den Quellen angewiesen sind. Vielleicht bringt künftig eine Aufarbeitung der lokalen Geschichte noch überraschende Funde.

Tettnang

Hatte sich die Stadt Tettnang schon im späten 16. Jahrhundert von der Aufnahme von Juden distanziert, so wurde offenbar auch in der Folgezeit diese Politik weiterverfolgt. Das für Tettnang vorliegende Material ist sehr viel weniger umfangreich als das für Langenargen.

Es gibt einen Hinweis darauf, daß im späten 18. Jahrhundert ein kleinerer Kredit bei dem Hohenemser Schutzjuden Maier Jonathan Uffenheimer (1719 – 1789) aufgenommen wurde. Diesem blieb der Tettnanger Krämer Ignatius Ramb am 14. Dezember 1783 den Betrag von 7 Gulden und 44 Kreuzern *„von wahren"* schuldig; am 26. Oktober 1784 glich dieser die Schuld durch Zahlung desselben Betrages wieder aus. Die Zinsen sind sehr wahrscheinlich in den 44 Kreuzern enthalten, was etwa 10 % entsprechen würde. Die eigentliche Schuld dürfte daher nur 7 Gulden betragen haben[362].

In die Jahre 1804 – 1807 und noch 1819 ff. fällt ein Streit, den der Fiskus in Neuburg an der Donau mit Graf Clemens Wenzeslaus von Schenck, mit dem Hoffaktor Wolf Levi (1746 – 1823) von Hohenems bzw. dessen Erben führte betreffend eine Kapitalschuld an die ehemalige Landschaftskasse Tettnang[363].

Einen weiteren Hinweis auf Tettnang enthält der Reisepaß des Hausierers Samuel Joseph[364]. Samuel Joseph gehörte zu den Betteljuden, die keiner wollte, weshalb er öfter zwischen Hohenems und Schwaben hin- und hergeschoben wurde, da nicht geklärt war, ob er nach Hohenems oder nach Buchau zuständig war[365]. Sein am 27. April 1815 in Dornbirn auf sechs Monate ausgestellter Reisepaß beschreibt ihn als 50jährigen Mann, israelitischer Religion, langer Statur, länglichen Gesichts,

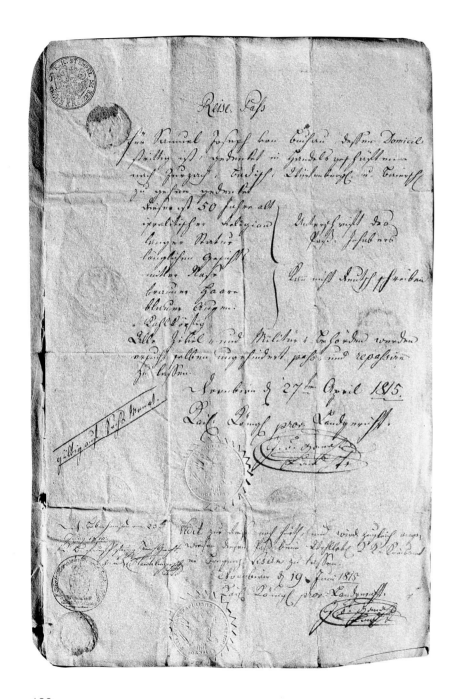

Reisepaß des Samuel Joseph von Buchau vom 27. April 1815.
(Original: Vorarlberger Landesarchiv, LG Dornbirn, Sch. 350, Juden 1815).

*Vidierung im Reisepaß des Samuel Joseph: Tettnang, den 27. Juli 1815
(Original: Vorarlberger Landesarchiv, LG Dornbirn, Sch. 330, Judensache 1815).*

mittlerer Nase, brauner Haare, blauer Augen und kahlköpfig. Anstelle der Unterschrift des Paßinhabers steht die Bemerkung *„Kann nicht deutsch schreiben"*. Der Geltungsbereich des Passes war vorgesehen für Zurzach (Aargau), Baden, Württemberg und Bayern, wohin sich Samuel Joseph *„in Handelsgeschäften"* begeben wollte. Samuel Joseph fuhr offenbar mit dem Schiff; denn erstmals ließ er den Paß am 5. Mai 1815 in Hemishofen (Schaffhausen) vidieren, dann in Schaffhausen, Zurzach, dann abermals in Schaffhausen, von wo er über Hechingen, Biberach, Illereichen und Grönenbach nach Bregenz und wohl zurück nach Hohenems reiste. Eine zweite Reise führte ihn im Juni und Juli 1815 über Wangen, Illereichen, Babenhausen, Burgau, Nördlingen und Wallerstein nach Fürth sowie zurück über Wallerstein, Michelbach an der Lücke, Mosbach, Möttlingen, Hechingen nach Riedlingen, wo sein Paß am 26. Juli 1815 vidiert und mit der Bemerkung versehen wurde *„nach Tettnang, über Buchau, Schussenrieth und Ravensburg"*. Noch am gleichen Tag kam Samuel Joseph in Buchau an und am 27. Juli 1815 in Tettnang, wo der Aktuar Gugger seinen Paß *„nach Bregenz"* vidierte. Am 28. Juli 1815 paßierte er die österreichische Grenze bei Unterhochsteg. Eine dritte Reise führte Samuel Joseph

Graf Franz Xaver von Montfort, Ölgemälde von Angelika Kauffmann, Schloßmuseum Tettnang.

im August und September 1815 neuerlich nach Zurzach, von da über Donaueschingen, Pforzheim, Hechingen, Mosbach wiederum nach Fürth und zurück über Ichenhausen und Illereichen nach Bregenz und Hohenems. So verbrachte der Hausierer viele Wochen auf der Straße, wobei er ganz offenkundig bestrebt war, in Orten mit einer jüdischen Bevölkerung zu übernachten.

Langenargen

Im Jahre 1758, dem Todesjahr des Grafen Ernst von Montfort und dem Regierungsantritt seines Sohnes, des Grafen Franz Xaver von Montfort, war die Langenargener Münze an einen Juden verpachtet[366]. Die Münzstätte selbst stand schon länger im Verruf, da mit den 1740 einsetzenden Reformbestrebungen von Maria Theresia die Einsicht wuchs, *„daß das Münzen kleiner und kleinster Staatswesen, wie es bei der nur noch zwei Quadratkilometer Erdboden umfassenden Montfortschen Herrschaft zutraf, nur zum Zweck spekulativer Ausfuhr, nicht für den Bedarf der eigenen Untertanen geschehe, also eine widerrechtliche Ausbeutung der Auslandsstaaten bedeute"*[367]. Eine zwischen Österreich und Bayern geschlossene Münzkonvention, der sich auch die meisten schwäbischen Reichsstände anschlossen, zwang den Grafen Franz Xaver dazu, 1763 seine Münzstätte zu schließen, nachdem seine Münzprägungen beanstandet und verboten worden waren.

Noch unter Graf Ernst, dann unter Graf Franz Xaver fortgeführt, waren 1758 Sechteltaler geprägt worden *„in der Absicht, die durch den Siebenjährigen Krieg verursachten Münzwirren spekulativ auszunützen"*[368]. Der Buchstabe *„L"* auf diesen Sechteltalern ist als Hinweis auf die Münzstätte *„Langenargen"* zu deuten[369].

Zu Repräsentationszwecken wurden 1758 zum Regierungsantritt des Grafen Franz Xaver Dukaten geprägt. 1758/59 folgte eine Serie von Talern, Sechskeuzern und Kreuzern. Und schließlich beendete eine Serie von Talern, Zwanzigkreuzer- und Zehnkreuzerstücken sowie Kreuzern 1761/63 die Münzprägungen der Montforter; trotz ihres Verbotes waren die Münzen der letzten Serie, wie die Gebrauchsspuren der überlieferten Stücke zeigen, im Umlauf[370]. Der überwiegende Teil der verbotenen Münzen wurde eingeschmolzen[371].

Ähnlich wie für Tettnang wird auch für Langenargen die Anwesenheit von jüdischen Bettlern bezeugt, die sich auf Bettelzügen durch das Bodenseegebiet befanden. Am 29. Februar 1764 wurde der Hohenemser Bettler und Gelegenheitsbote Feist Levi auf dem Weg nach Langenargen überfallen. Feist, der Name leitet sich von Phoebus her, einer Übersetzung des hebräischen *„uri"* (Feuer)[372], wurde vor dem Oberamt in Hohenems über den Tathergang einvernommen. Das darüber niedergeschriebene Protokoll sei hier in etwas gekürztem Wortlaut abgedruckt, da es uns einige interessante Einblicke in die damaligen Wandergewohnheiten und in das Bild der Straße im 18. Jahrhundert gewährt[373].

1. Frage: *„Wie Deponent (Zeuge) heisse, wie alt und wessen stands Er seye?"*

Antwort: *„Heisse Feist Levj, 51. Jahr alt, verheuratheten stands Vnd Schutzverwandter Häbräer von hier".*

2. Frage: *„Was er für eine Handthierung treibe?"*

Antwort: *„Erhalte sich mit bettlen vnd gehe zu zeithen Both-weiß".*

3. Frage: *„Ob er in disem Jahr auch in einigen geschäften verschicket worden, wann, wohin vnd was er für einen Weeg genommen?"*

Antwort: *„In disem Jahr seye Er nur einmahl Von dem Albrecht Mooß an die Claus Vnd einmahl in die Schweitz geschicket worden, sonsten aber größten theils für sich selbsten Schaffhausen, Baaden vnd der Orth zu bettlen gegangen".*

4. Frage: *„Was er für ein Weeg auf disem seinem Betlen genommen?"*

Sechsteltaler – 1758   Sechsteltaler – 1758

Dukaten – 1758   Kreuzer – 1758

Kreuzer – 1758   6 Kreuzer – 1759

Prägungen des Grafen Ernst von Montfort von 1734 bis 1759 und des Fürsten Friedrich Wilhelm von Hohenzollern-Hechingen von 1734 und 1735.

Taler – 1759

10 Kreuzer – 1761

10 Kreuzer – 1763

20 Kreuzer – 1761

Kreuzer – 1763

20 Kreuzer – 1762

20 Kreuzer – 1763

Antwort: *„Auf der Schwaben seithen über Langenargen hinunter".*

5. Frage: *„Ob Deponent auf diser seiner Reis niemanden angetroffen vnd wann solches geschehen?"*

Antwort: *„In verwichener Fastnacht nemlich am Mitwoch vor den schmutzigen Donnerstag seye er zu Nonnenbach gewesen vnd hätte allda Brodt gekaufft, von dannen seye er zwischen 11 vnd 12 Vhr Vormittag mit einem weib, das ein armkorb Brodt für den Münz- Meister zu Langenargen getragen, weggegangen, Vor dem Dorff daraußen hätte er zwey Kerl, einen in einem Leinenwanten Kitel gekhleidet, mit einem Leeren Malter Sackh auf den achslen tragendt, Vnd den andern in einem liechtbraunen Camisol bemerckhet, welche bald vor, bald hinter Deponenten vnd dem waib, bald aber an der seithen, ohne doch mit ihm was zu reden, gegangen; nachdeme aber Deponent der - salva venia - schuh getruckht vnd er also nicht nachkommen können, sondern zurückh bleiben müssen, seye das weib, zu dem sich die Kerl gesellet, selben vorausgegangen, deme der in leinen Kitl den Korb abgenommen vnd getragen. Wie nun Deponent in den Waldt gleich vor dem Argensteg gekommen, seye der im leinen Kitl gantz alleinig da gestanden, hätte aber den Armkorb nicht mehr, sondern einen starckhen dicken schwartz geknoffeten stockh gehabt, welchen er Deponenten zwerch über die strass gehalten vnd ihne angeredet, ob er keine silbernen Schnallen oder Ketten kauffen wolte, als aber Deponent gemeldet, er seye ein armer Judt, habe kein Geldt, sondern gehe nur den allmosen nach, vnd mithin weithers seines Weegs über den ihme zwerch vorgehaltenen Stockh gehen wollen, hätte der Kerl Deponenten mit sothanem Stockh hinterrückh in das Genickh einen solchen streich versetzt, daß nicht allein das Bluth heftig hervorgeschossen, sondern auch Deponent gleich zu Boden gesunckhen; wie Deponent auf dem Boden gelegen, hätte der Kerl ihme seinen beygehabten Sackh, worinnen er etwas caffeé vnd einige Dürn schnitz gehabt, wegnehmen wollen, es hätte sich aber Deponent inmittelst wieder erholt vnd den Sackh nicht fahen lassen, hingegen der Kerl ihme mehrmahlen einen Streich versetzen wollen, hätte Deponent vnter starckhem Schreyen den Kerl gebeten, ihne als ein armen mit 5 kleinen Kindern beladenen mann ferners zu verschonen, worauf der Kerl einen Pfiff gethan vnd darvon gesprungen."*

6. Frage: *„Ob also Deponenten von disem Kerl keine Waar aufgebürdet worden?"*

Antwort: *„Gahr nichts, vnd Deponent seye beglaubt, es seye nur ein genommene Vorwandt gewesen, ihme etwas zum Khauffen anzutragen."*

7. Frage: *„Was Deponent weithers begegnet seye?"*

Antwort: *„Es seye ihme weithers nichts begegnet, hätte auch keinen mehr von disen Kerl gesehen."*

8. Frage: *„Ob er keinen von disen Kerl zu Embß oder anderstwo gesehen?"*

Antwort: *„Sein Lebtag nichts alß nur disesmahl."*

9. Frage: *„Ob dise zwey Kerl gleich grossen vnd starkh gewesen?"*

Antwort: *„Sie seyen fast beyde gleicher Mitleren Größe, nur daß der in dem braunen Camisol etwas untersetzter als Jener, welcher Deponenten angegriffen, gewesen, vnd bey disem letzten hätte Deponent Vorhero den schwartzen Stockh bemerckhet, mit welchem der im leinenen Kitel geschlagen".*

10. Frage: *„Ob keine Leuth in der Gegendt, allwo Deponent geschlagen worden, gewesen, die Holtz geschrütet?"*

Antwort: *„Er habe niemanden gesehen vnd auch gar niemanden gehöret".*

11. Frage: *„Ob also der Kerl auf Deponenten pures Schreuen darvon geloffen vnd ihme dannoch nichts entwendet?"*

Ansicht von Langenargen im Jahre 1723, gezeichnet von Hans Purrmann

Antwort: *„Er seye lediglich auf seinen Schreyen darvon gesprungen, hätte ihme auch nichts weggenommen".*

12. Frage: *„Ob Deponent damahlens als ihme dises begegnet, auf einem ordentlichen vnd offentlichen Weeg vnd Straß gewesen?"*

Antwort: *„Er seye beständig auf der ordentlichen Landtstraß geblieben".*

13. Frage: *„Ob Deponent dise zwey Kerl annoch kennete, wann er sie sehen würde?"*

Antwort: *„Er könnte es mit Gewißheit nicht sagen, indeme er solche nur eine kurtze Zeith vor seiner hergehen gesehen".*

14. Frage: *„Ob er sich getrauen würde daß, was er angegeben, disen leuthen in das Gesicht zu sagen?"*

Antwort: *„Das würde er sich wohl getrauen, ihnen in das Gesicht zu sagen, er beförchtete aber nur alsdann, wann die Kerl aufkhommen täten, vor denselben des Lebens nicht sicher zu seyn".*

15. Frage: *„Ob er disen Vorgang angezeuet oder sonsten erzehlet habe vnd allenfahls wo, wem und wann?"*

Antwort: *„Er hätte solchen Vorgang dem Zoller zu Langenargen sowohl als dem zu Fischbach, welch letzterer Deponenten abendt mit Brandten wein, seine Frau aber das blutig gewesen Halstuch gewaschen, erzehlet, auch bey seiner Ankunft zu Langenargen deme dasigen Herrn Obervogt angezeigt, welcher aber, weillen Deponent von den zwey Kerl, als Er aus dem Wald gekommen, nichts mehr gesehen, ihme auch nicht helfen können".*

16. Frage: *„Ob Deponent annoch weithers was anzuzeigen habe?"*

Antwort: "*Er wisse weithers nichts anzuzeigen, vnd Endet hiemit seine Aussag*".

Am 12. November 1764 sandte das Oberamt Hohenems die beeidete Aussage an Bürgermeister und Rat in Lindau, der deswegen zuständig war, weil sich inzwischen ein Jakob Lingenhöle aus Schachen als der Täter herausgestellt hatte. Das Oberamt fügte noch die Bemerkung an, daß man erfahren habe, der Täter sei nicht ohne Vermögen; der Lindauer Rat solle daher bestrebt sein, "*dem so müßhandleten armen Tropfen einigen Ersatz seiner erlittenen Schmertzen nach Billigkeith auszuwerfen*".

Der vorstehende Bericht über diesen Vorfall bedarf eigentlich keiner weiteren Ergänzungen mehr, es sei denn, daß man ein Wort anerkennenden Gedenkens über den Zoller von Fischbach und seine Frau verliert, die sich geradezu "*evangelisch*" verhalten haben. Denn wer wird bei der Schilderung des Feist Levi nicht an das Gleichnis von barmherzigen Samariter erinnert (Lukas 10,30 ff.): "*Ein Mann ging von Jerusalem hinab nach Jericho und fiel unter die Räuber; die plünderten ihn aus, schlugen ihn, machten sich davon und ließen ihn halbtot liegen. Zufällig ging ein Priester denselben Weg hinab. Er sah ihn und ging vorüber. Ebenso kam ein Levit an der Stelle vorbei, sah ihn und ging vorüber. Ein Samariter aber, der des Weges zog, kam in seine Nähe, sah ihn und wurde von Mitleid bewegt. Er trat hinzu, verband seine Wunden und goß Öl und Wein darauf...*"[374]. Unser Jude ging hinab von Hohenems nach Schaffhausen und fiel unter die Räuber, die ihn blutig schlugen. In Langenargen erzählte er dem Zoller, was ihm geschehen war. Dieser schickte ihn fort zum Obervogt, der ihm nicht helfen wollte. Erst der Zoller von Fischbach erbarmte sich seiner und wusch ihm die Wunden mit Branntwein und seine Frau reinigte ihm das blutbefleckte Halstuch. In der Fülle der historischen Quellen antijüdischen Inhalts hebt sich eine solche Erzählung wohltuend heraus.

Jüdische Bevölkerung in der Grafschaft Montfort
15. – 20. Jahrhundert

	Tettnang	Langenargen	Wasserburg
1400			
	1423 – 1433		
1500			
	1551 – 1571	1551 – 1571	1551 – 1571
			1576 – 1592
1600		1589 – 1625	
1700			
		1758 – 1763	
1800			
	1869 – 1894		
1900			
1938		1914 – 1938	

IV. Von der Emanzipation zum Holocaust

Das Oberamt Tettnang war nach dem Übergang an das Königreich Württemberg ein Verwaltungsgebiet ohne Juden. Die einzelnen Jahrgänge des Staatshandbuches[375] nennen bis zur Jahrhundertmitte keine Juden.

Die Statistik nennt dann für die Jahre 1854 bis 1862 einige wenige Juden für Ettenkirch (heute zu Friedrichshafen gehörig), und zwar für 1854[376] und für 1858[377] vier Juden, für 1862 zwei Juden (ohne präzise Angabe des Ortes)[378]. Für 1866 stellt sich das gesamte Oberamt Tettnang in der Statistik wieder ohne Juden dar[379].

Eine entscheidende Wende im Niederlassungsrecht hatte das „Gesetz betreffend die bürgerlichen Verhältnisse der israelitischen Glaubensgenossen" vom 21. Juli 1864 gebracht[380], dessen Artikel 1 lautete: „Die im Königreiche einheimischen Israeliten sind in allen bürgerlichen Verhältnissen den gleichen Gesetzen unterworfen, welche für die übrigen Staatsangehörigen maßgebend sind; sie genießen die gleichen Rechte und haben die gleichen Pflichten und Leistungen zu erfüllen". Es war den Juden seit diesem Zeitpunkt möglich, sich überall im Königreich Württemberg niederzulassen. Deutlich zeigen sich in den statistischen Quellen die Folgen dieser Gleichstellung, da jetzt an den verschiedensten Orten des Oberamtes Tettnang Juden ihren Wohnsitz nehmen, wenn auch nur in geringer Zahl und häufig nur für kürzere Zeit.

Von 1869 bis 1936 ist in den statistischen Quellen kontinuierlich eine jüdische Bevölkerung im Oberamt bzw. im Kreis Tettnang zu finden, die jedoch größenordnungsmäßig nicht ins Gewicht fällt; sie pendelt zwischen zwei und elf Personen. Dazu kommt, daß auch noch die Orte wechseln: neben dem Schwerpunkt in Friedrichshafen zeigt sich eine gewisse Kontinuität nur noch in Tettnang und seit 1896 in Liebenau (Heilanstalt). Einzelne Juden wohnen kurzfristig in Schomburg (1869), Nonnenbach (1877), Hemigkofen (1881), Langenargen (1930/38), Meckenbeuren (1936) und Fischbach (1936).

Die jüdische Bevölkerung von Friedrichshafen, deren Neuanfänge wohl schon in das Jahr 1862 fallen[381], hält sich 1871 bis 1889 konstant bei zwei Personen, 1890 bis 1894 bei vier Personen, sinkt dann 1896 auf eine Person und steigt 1901 wieder auf vier Personen. Von 1905 bis 1913 liegt sie bei zehn Personen und verringert sich 1928 auf vier Personen. Später fällt die jüdische

Gesetzblatt 1864

Bevölkerung Friedrichshafens ganz aus der Statistik. Während der Verfolgungszeit von 1933/45 kam wenigstens eine Person aus Friedrichshafen ums Leben[382].

So klein auch die Zahl der Juden in Friedrichshafen war, so gab es dennoch das plötzliche Verschwinden von Juden, die sich noch rechtzeitig (1935) in Sicherheit bringen konnten[383]; die – wahrscheinliche – Verschleppung eines jüdischen Viehhändlerehepaars aus Fischbach in ein Konzentrationslager[384]; die Verhaftung eines ledigen Juden wegen Rassenschande (1936)[385]; das Verbot des Besuchs der Wochen- und Jahrmärkte durch

Juden 1937[386]; den berüchtigten Aushängekasten für den *„Stürmer"* in der Friedrichstraße vor dem Gebäude der Landeszentralbank[387]; die Hetze im *„Stürmer"* gegen einen jüdischen Kaufmann, der mit einem Taxifahrer, den er den ganzen Tag in Anspruch genommen hatte, einen Sonderpreis ausgemacht hatte und deswegen der Ausbeute von wirtschaftlich Schwachen bezichtigt[388] wurde; die Verzeichnung jüdischer Vermögenswerte 1938[389] in der wohl durchschaubaren Absicht, ihrer habhaft werden zu können; die Aktion gegen die polnischen Juden am 27./28. Oktober 1938, die allerdings in Friedrichshafen und Tettnang über eine Fehlanzeige nicht hinauskam[390]; schließlich haben die Nationalsozialisten am 9. November 1938, in der sogenannten *„Reichskristallnacht"*, nach der Erinnerung eines Zeitzeugen *„krampfhaft nach einem Juden gesucht"*, aber keinen gefunden, weil es keinen gab; das *„Seeblatt"* kommentierte diesen Vorfall, Friedrichshafen könne froh sein, daß hier der *„Ausbruch des spontanen Volkswillens"* nicht nötig gewesen sei, da Friedrichshafen *„judenfrei"* sei[391]. Vom Juni 1943 bis zum September 1944 war ein Außenkommando des Konzentrationslagers Dachau in Friedrichshafen untergebracht, wo auch jüdische Häftlinge für verschiedene Firmen der Rüstungsindustrie Zwangsarbeit leisten mußten[392]. Noch einmal wurde Friedrichshafen am 6. Februar 1945 durch einen uns geradezu unwahrscheinlich anmutenden Bahntransport von Juden am Rande berührt. Es handelte sich um Juden aus dem Lager Theresienstadt (Terezín), die in einem Sonderzug über Eger (Cheb), Nürnberg, Augsburg, Ulm, Friedrichshafen und Konstanz nach Kreuzlingen in die Schweiz in die Freiheit fuhren, wo sie am Morgen des 7. Februar 1945 ankamen[393]. Dieser Transport sollte nach dem Willen seiner Urheber kurz vor dem abzusehenden Kriegsende eine propagandistische Wirkung auf die Weltöffentlichkeit haben, konnte aber wohl kaum dazu beitragen, die nationalsozialistischen Verbrechen zu beschönigen.

In der Heilanstalt Liebenau treffen wir an jüdischen Insassen 1896, 1901 und 1907 je eine Person, 1912/13 und 1928 zwei und 1936 drei Personen an. Bei Euthanasieaktionen kamen 1940 zwei jüdische Patienten ums Leben[394].

In Tettnang lebte laut Statistik 1869 ein Jude, der aber bereits 1871 nicht mehr aufscheint. 1877 werden in Tettnang fünf Juden gezählt, 1881 bis 1889 sind es zwei oder drei, 1892 bis 1894 nur mehr eine Person. Von da an fehlen wieder die Juden in der Statistik für die Stadt Tettnang.

Zu Langenargen weist die Statistik lange Zeit keinen Befund auf. Erst zum Jahre 1936 werden zwei Juden genannt. 1938 wohnt noch ein Jude in Langenargen.

Soviel zu dem statistischen Befund, der anzeigt, daß der Anteil der jüdischen Bevölkerung in dem genannten Zeitraum kaum nennenswert war. Daraus erklärt sich auch, daß eine lokale Auseinandersetzung mit der Geschichte der Juden kaum je erfolgt ist. Es gibt – schon mit Rücksicht auf diesen statistischen Befund – in Tettnang oder in Langenargen keine aufsehenerregenden Diskriminierungen von Juden, keine massive Boykotthetze, keine umfassenden Arisierungen, keine *„Reichskristallnacht"*, keine Deportationen im großen Stil. Gleichwohl haben bereits die kurzen Hinweise gezeigt, daß die Greueltaten der nationalsozialistischen Judenpolitik keineswegs spurlos am Kreis Tettnang vorbeigegangen sind. Auch Tettnang und Langenargen waren keine Inseln der Seligen, wie die folgenden Einzeldarstellungen beider Gemeinden zeigen.

Tettnang

Über die Tettnanger Juden des 19. Jahrhunderts sind in der lokalgeschichtlichen Literatur so gut wie keine Einzelheiten bekannt, wie resignierend festgestellt werden muß[395]. Zur Zeit der Machtergreifung der Nationalsozialisten lebten in Tettnang keine Juden mehr[396].

Gleichwohl gibt es auch für den hier darzustellenden Zeitraum einige bemerkenswerte Berührungspunkte zwischen Tettnang und den Juden. So haben unter anderem immer wieder Juden aus Buchau die Jahrmärkte in Tettnang beschickt: am 11. Mai 1846 Jakob Landauer und Abraham Vierfelder, am 18. November 1846 Isaak Landauer, am 10. Mai 1847 David Wallersteiner, Jakob Landauer und Abraham Vierfelder, am 17. Dezember 1847 Isaak und Jakob Landauer, am 8. Mai und am 20. September 1848 Samuel Wallersteiner[397].

Es hat den Anschein, daß ungeachtet der Fortschritte, die seit der Französischen Revolution im Hinblick auf die Gleichberechtigung der Juden erreicht wurden, in Tettnang gegenüber den Juden eine restriktive Politik betrieben wurde. So wurde beispielsweise durch zwei Verordnungen vom 7. September 1818 und vom 1. Februar 1819 *„der Ankauf von Gütern durch Juden zum Wiederverkauf oder zum Zerschlagen in kleinere Theile strenge verboten"*[398]. Am 23. Oktober 1822 erging ein Schreiben des Oberamtes an die Stadt Tettnang, sich zu verantworten, falls solche Verkäufe dennoch geschehen seien; denn man davon Kenntnis erhalten, daß *„namentlich der Jud Eßlinger von Buchau mehrere Güter zum Wiederverkauf im Oberamtsbezirk an sich gebracht"*[399] habe. Die Stadt erstattete jedoch eine Fehlanzeige. Am 15. Juli 1823 erging eine ähnliche Anfrage an die Stadt: *„Es ist zur amtlichen Kenntniß gekommen, daß Juden gegen das bestehende Verbot, Güter in dem allhiesigen Amts Bezirk an sich gekauft haben und noch besizen..."*[400]. Doch erneut erstattete Tettnang eine Fehlanzeige. So blieb das für die Emanzipation der Juden in Württemberg wichtige *„Gesetz betreffend die bürgerlichen Verhältnisse der israelitischen Glaubensgenossen"* vom 8. Mai 1828 für Tettnang (ebenso wie auch für Langenargen) ohne jede Bedeutung. Erst mit dem Gleichstellungsgesetz von 1864 begegnen wir in Tettnang einer größeren Zahl von Juden, die sich im Grundstückshandel und im Hopfenhandel betätigt haben.

Regierungsblatt für das Königreich Württemberg vom 8. Mai 1828 mit der Kundmachung des "Gesetzes in Betreff der öffentlichen Verhältnisse der israelitischen Glaubensgenossen".

Der Hopfenanbau hatte sich in Tettnang erst seit der Mitte des 19. Jahrhunderts ausgebreitet[401]. Und so wie in anderen Hopfenanbaugebieten spielten auch in Tettnang die Juden sehr früh eine bedeutende Rolle. Der Begriff des *„Hopfenjuden"* zur Bezeichnung des jüdischen Hopfenhändlers ist sowohl in Württemberg[402] als auch in Franken[403] geläufig. Für Tettnang sind wir sogar in der glücklichen Lage, daß sich das Montfortmuseum im Besitz einer Schützenscheibe von 1865 befindet, auf der

Schützenscheibe mit Darstellung eines „Hopfenjuden", im Hintergrund das Tettnanger Waaghaus und verschiedene Hopfenanlagen (Original im Stadtarchiv Tettnang).

ein „Hopfenjude" bildlich dargestellt ist. In der Mitte der Scheibe steht ein heimischer Hopfenbauer in Tettnanger Bürgertracht, der den Hopfenhändler und den Schmuser, d.h. den Ankäufer oder Gehilfen des Händlers, miteinander bekannt macht. Rechts im Hintergrund steht das Waaghaus, an dessen Mauer einige Hopfensäcke mit dem Monogramm „I.M.H." angelehnt sind, teils auf dem Boden liegen. Das Monogramm bezieht sich wohl auf den Kaufmann Josef Müller, der die Schützenscheibe gestiftet hat. Überdies sind im Bild drei Formen von Hopfenanlagen dargestellt: der Hopfen an Stangen, die damals aufgekommene Drahtanlage und der Pyramidenhopfen. Der in einem karierten Anzug modisch gekleidete „Hopfenjude" mit seinem hohen Hut und Monokel ist eine beherrschende Figur dieses Bildes: er muß den Tettnanger in dieser oder ähnlicher Gestalt geläufig gewesen sein.

Daß der „Hopfenjude" seit 1864/65 tatsächlich zum Tettnanger Alltag gehört hat, wird durch das Waaghausbuch von 1864/69 bestätigt[404]. Es soll einer späteren Arbeit vorbehalten bleiben, einen Gesamtüberblick über die Bedeutung der „Hopfenjuden" in Tettnang zu geben, so daß hier einige Andeutungen vorerst genügen mögen. Als Ankäufer Tettnanger Hopfens, zum Teil in großen Mengen, werden folgende Namen genannt, die auf den ersten Blick wohl als Juden zu identifizieren sind: Einstein (wohl A. Einstein aus Buchau), Meyr Kuhn, Rosenbusch, Jonas Mayr, Guggenheimer, Steiner aus Laupheim, Rosenberg, Nattan aus Laupheim (wohl identisch mit dem häufig genannten Nathan Heiman), Salmann (?), Güdela Bausohn, Wolf Löwenthal oder Goldstücker. Leider sind die Angaben zu den einzelnen Ankäufern wenig detailliert. Hervorzuheben bleibt, daß jeweils auch deren Monogramme auf den Hopfensäcken angegeben sind: so tragen die Hopfensäcke des Simon Steiner das Monogramm „S.S.", die des Nathan Heiman das Monogramm „N.H.".

Der genannte A. R. Einstein aus Buchau spielte in der Frühgeschichte des Tettnanger Hopfenbaues eine Rolle. Im Herbst 1864 hatte der Gemeinderat von Tettnang beschlossen, selbst einen Hopfengarten anzulegen, von dem man sich große Gewinne erwartete[405]. Zu diesem Zwecke verhandelte die Gemeinde mit A. R. Einstein aus Buchau und kam laut Gemeinderatsprotokoll vom 10. November 1864 zu folgendem Beschluß: *„A. R. Einstein von Buchau hat der Stadtgemeinde zwei Grundstücke zum Ankauf für eine Hopfenanlage angeboten und zwar den Morgen per 450 fl. und den bereits zu Hopfenfeld angelegten Theil per Morgen zu 800 fl. Beide Grundstücke halten den Meßgehalt per 14 Morgen. Die unterm 4ten d. Mon. gewählte Commission hat die zum Kauf angebotenen Felder schon unterm 4ten d. Mon. besichtigt und dasselbe als zum Hopfenbau geeignet empfohlen. Nach längerer Besprechung und reiflicher Erwägung aller Umstände wurde von beiden Collegien beschlossen, das von A. R. Einstein gemachte Offert zurückzuweisen, dagegen demselben für die angebotenen Felder per Morgen 400 fl. zu bieten und für den bereits als Hopfengarten angelegten Theil per Morgen 800 fl. zu bezahlen, jedoch unter der Bedingung, daß für das obere Feld ein Fahrrecht zu demselben bestellt wird. Mehr als 400 fl. sollten jedoch für die angebotenen Grundstücke nicht bezahlt werden..."*[406].

Am 11. November 1864 wurden dann folgender Beschluß gefaßt: *„ A.R. Einstein aus Buchau hat der Stadtgemeinde Tettnang in Folge weiterer mit ihm gepflogener Unterhandlungen gestern die Erklärung schriftlich abgegeben, daß er ca. 16 Morgen Acker auf der Markung Meckenbeuren gelegen der Gemeinde per Morgen zu 425 fl. käuflich überlassen wolle. Da die Collegien schon früher beschlossen haben, bei günstiger Gelegenheit ein Feld zu einer Hopfenanlage zu erwerben, da ferner durch die Anlage eines Hopfengartens vorerst das einzige Mittel geboten ist, der Stadtgemeinde Revenuen zu ver-*

Auszug aus dem Tettnanger Hopfen-Waaghausbuch 1864 ff. (Original im Stadtarchiv Tettnang).

schaffen, endlich mit Rücksicht darauf, daß die zum Kauf angebotenen Felder von guter Bodenbeschaffenheit und sowohl in dieser Hinsicht als auch bezüglich ihrer Lage zum Hopfenbau geeignet sind, wurde von den bürgerlichen Collegien beschlossen: die von A. R. Einstein angebotenen Grundstücke per Meßgehalt von ca. 16 Morgen per Morgen zu 425 fl. zu einer Hopfenanlage käuflich zu erwerben, dem A. R. Einstein solle jedoch zur Bedingung gemacht werden, daß derselbe ein Fahrrecht zu sammtlichen Grundstücken einzuräumen hat.[407]"

Eine Kommission wurde eingesetzt, die den Kaufvertrag mit Einstein abschließen sollte. Der Kaufschilling belief sich auf 6800 Gulden, die Kosten der Anlage auf 3200 Gulden. Das notwendige Geld in Höhe von 10 000 Gulden sollte durch Kapitalanlehen aufgebracht werden.

Die Verhandlungen der Stadt mit Einstein zeigen, daß A. R. Einstein bereits vor 1864 einen Hopfengarten in Obermeckenbeuren in Betrieb genommen hatte. Die von Einstein erworbenen Felder wurden von der Stadt Tettnang seit 1865 zunächst erfolgreich betrieben, dann aber wegen eines Preisverfalls wieder veräußert: schon 1873 wurde der städtische Hopfengarten versteigert; er kam in den Besitz von Eduard Vogel[408].

A. R. Einstein, der auch am 10. November 1864 in Tettnang als Hopfenankäufer bezeugt ist[409], war nicht der einzige Jude, der in Tettnang bzw. der nächsten Umgebung der Stadt Hopfengärten besaß.

Von weit größerer Bedeutung sollte die um 1845 gegründete Hopfenhandlung Simon Heinrich Steiner (1825 – 1910) in Laupheim werden[410]. Die Firma Simon H. Steiner, die einen Zweigbetrieb in New York errichtete, konnte sich zu einer Weltfirma entwickeln, die heute noch einen Namen hat[411]. Simon Heinrich Steiner läßt sich seit 1865 in Tettnang als einer der großen Hopfenankäufer[412] belegen. Und zu den von der Firma Steiner bewirtschafteten Hopfenanbaugebieten gehörten und gehören noch heute auch solche in Siggenweiler bei Tettnang[413].

Der Ankauf des größten Hopfenanbaubetriebes im Anbaugebiet Tettnang in Siggenweiler durch die Firma Steiner erfolgte im Jahre 1917[414]. Damit war Steiner die erste Hopfenhandelsfirma in Deutschland geworden[415]. Der 1936/37 arisierte Betrieb wurde nach dem Krieg dem früheren Eigentümer wieder zurückgegeben[416]; noch heute gehört dieses Hopfenanbaugebiet in Siggenweiler der Firma Steiner Hopfen-Extraktion GmbH in Laupheim. Im letzten Drittel des 19. Jahrhundert hatten sich die Juden in Tettnang aber nicht nur im Hopfenhandel engagiert. 1882/83 und 1884/85 erscheint im Steuervermögensregister der Inwärtigen ein Leopold Mayer Baß aus Frankfurt mit einem Steuer-Kapital von 26500 Mark[417]; über seine Tätigkeit konnte bisher nichts in Erfahrung gebracht werden. Um die gleiche Zeit betätigte sich der Handelsmann Mayer Elias Moos aus Gailingen im Immobilienhandel in Tettnang, wobei er meist durch seine Bevollmächtigten Wilhelm Moos von Gailingen und Samuel Elias Levi von Worblingen vertreten wurde. So verkaufte Mayer Elias Moos am 22. August 1881 einen Teil eines Wohnhauses an der Dobelstraße an den Zimmermann Gebhard Schömezler[418], am 12. September 1882 ein Wohnhaus an der Bachstraße an den Briefträger Franz Xaver Ebenhoch und den Maler Julius Meschenmoser[419], wenig später ein Haus an der Carlstraße sowie einen Baumgarten hinter der sogenannten Reitschule an den Schreinermeister Stephan Sauter[420], am 21. Januar 1884 ein Haus an der Carlstraße an den Schreinermeister Josef Bertele[421]. Auch 1886 und 1887 kaufte und verkaufte Mayer Elias Moos zahlreiche Liegenschaften: Wohnhäuser, Äcker, Wiesen, Wälder in Tettnang, Buch, Meckenbeuren oder im Argenhardter Kapf[422].

Als ein Kuriosum sei noch erwähnt, daß 1880 laut einer Zeitungsannonce ein *"Johann Sabath und Bruder Jakob"* im Gasthaus Bären logierten und dort diverse Gegenstände aus Jerusalem zum Kauf angeboten ha-

ben[423]. Besonders bemerkenswert erscheint auch eine Theateraufführung im Saal zum Bären in Tettnang am 26. März 1877. Auf dem Programm stand ein Volksschauspiel in vier Akten mit dem Titel „Deborah oder Die Vertreibung der Juden im Jahre 1765, verfaßt von dem damals weltbekannten Dramatiker Salomon Hermann Mosenthal (1821 – 1877), der aus einer jüdischen Kaufmannsfamilie aus Kassel stammte und vorwiegend in Wien tätig war. Sein Volksstück „Deborah" (Pest 1849, 6. Auflage 1890) trat nach seiner Uraufführung in Hamburg einen beispiellosen Siegeszug um die ganze Welt an (1862: 400 Aufführungen en suite in New York; 1863/64 über 500 Aufführungen in London)[424].

Schon vor dem Ende des 19. Jahrhunderts zogen sich die Juden wieder von Tettnang zurück. Dennoch sind sie als Gäste immer wieder nachzuweisen. So enthält das Fremdenbuch des Hotels Krone von 1919/27 zahlreiche jüdische Gäste. So nächtigte dort im Januar 1921 der in

Stuttgart wohnhafte Kaufmann Julius Rothschild (geboren in Konstanz am 22. Januar 1897) oder der Stuttgarter Kaufmann Albert Kahn[425].

Diese durchreisenden jüdischen Kaufleute wurden auch seit 1933 die ersten Opfer des Naziterrors. Im November 1933 mußte die Stadt Tettnang die in der Gemeinde sich aufhaltenden Juden melden. Der Meldebogen enthielt nur einen einzigen Namen: Max Obernauer, geboren am 25. November 1885 in Laupheim, Vieh- und Pferdehändler daselbst, württembergischer Staatsangehöriger, wohnhaft bei Gustav Grünenbach zur Bahnhofsrestauration in Tettnang[426].

Am 18. Oktober 1935 verlangte die Außenhauptstelle Friedrichshafen des Württ. Politischen Landespolizeiamts Auskunft über den Kaufmann Leopold Nördlinger, geboren am 23. Januar 1911 in Haigerloch, wohnhaft daselbst. Wörtlich heißt es in diesem Brief: *„Der wegen rassenschänderischen Verhaltens in früherer Zeit und Züchtigung arischer Kinder bei der Staatspolizeistelle Sigmaringen in Schutzhaft gewesene Jude Nördlinger hat für den Regierungsbezirk Sigmaringen Aufenthaltsverbot. Am 23. 9. 35 hat sich Nördlinger unter Benutzung seines Kraftwagens, mit dem polizeilichen Kennzeichen I L 135 - auf eine Geschäftsreise durch das württ. Oberland begeben, worauf ihm vom Württ. Polit. Landespolizeiamt die Auflage erteilt wurde, sich in allen württembergischen Ortschaften, in denen er Geschäfte zu tätigen beabsichtigt, auf der Polizeiwache zu melden. Da Nördlinger beabsichtigt, auch den dortigen Ort aufzusuchen, bitte ich die vollzogene Meldung hieher mitzuteilen und ihm gleichzeitig zu eröffnen, dass er hieher mitzuteilen habe, wenn er Württemberg verlässt um nach Baden weiter zu reisen"*[427]. Der Wortlaut des Briefes macht deutlich, wie hier in gehässiger Weise willkürlich die Macht gegen einen ungeliebten Teil der Bevölkerung ausgespielt wird.

Der Bürgermeister von Tettnang erstattete am 21. Oktober 1935 die folgende lakonische Meldung: *„Leopold Nördlinger hat sich vor einigen Tagen hier gemeldet und ist wieder abgereist. Die Anmeldung haben wir an das Landespolizeiamt in Stuttgart weitergegeben. Wohin Nördlinger gereist ist, wissen wir nicht"*[428].

Im Jahr darauf wurde die Hopfenbauhandlung Steiner enteignet, was eine weitere Stufe in der sich steigernden Verfolgung der Juden durch die Nationalsozialisten bedeutete. Die Euthanasieopfer von Liebenau bildeten 1940 den Höhepunkt dieser grauenvollen Entwicklung.

Langenargen

Während das Staatshandbuch für Württemberg erstmals 1936 für Langenargen zwei Glaubensjuden angibt[429], im übrigen aber die statistischen Quellen ohne Befund sind, lassen sich in Langenargen bereits für 1914 und 1931 Juden belegen.

Seit 8. September 1931 wohnte in Langenargen der Student Gerhard Reise, geboren am 8. Juli 1916 in Würzburg, im Württembergischen Landerziehungsheim in der Lindauerstraße. Noch im Dezember 1933 ist er als dort wohnhaft gemeldet[430]. Dieses Landerziehungsheim war eine kleine – im Gasthof Hirschen und anderswo untergebrachte – Privat-Reformschule, geleitet von Prof. Dr. Alfred Radspieler. Die Schule bot die Möglichkeit, mit der Reifeprüfung abzuschließen. Nach hartem Ringen um ihren Bestand 1936/38 wurde die Schule geschlossen[431]. Das der Schule vorgesetzte Katholische Bezirksschulamt Ravensburg und der Katholische Oberschulrat in Stuttgart hatten bereits im Mai 1933 die Schließung der Schule angedroht und u.a. gefordert, *„daß der arbeitslose Jude Josephsohn sofort aus dem Schulhaus entfernt und anderweitig untergebracht wird"*. Der Oberschulrat hatte zudem verlangt, daß bis spätestens 1. Juli 1933 zu melden sei, daß Julius Josephsohn die Anstalt des Professors Radspieler verlassen habe. Radspieler

Prospekt des Landerziehungsheims Langenargen. Original im Gemeindearchiv Langenargen

Direktor Alfred Radspieler beim Verlassen seines württ. Landerziehungsheims in Langenargen im "Hirschen", ca. 1930.

kam mit einem Schreiben vom 28. Mai 1933 an den Gemeinderat einer weiteren Entwicklung dieser Angelegenheit zuvor: *"Um wirksam Verleumdungen soweit möglich an Boden zu entziehen, beantrage ich Herrn Josephson aus dem Hirschen zu entfernen und ihm sonst irgendwo eine Unterkunft zu verschaffen"*[432].

Es hat den Anschein, daß nicht zuletzt die Aufnahme von Juden durch Radspieler in seine Schule zu deren Schließung geführt hat. Wie eine Zeitzeugin, die sechs Jahre lang diese Schule besucht hat, berichtet[433], waren außer dem genannten Gerd Reis(e) auch andere jüdische Mitschüler an dieser Schule. Die unterschiedliche Religion wurde von den Schülern kaum zur Kenntnis genommen. Zu diesen jüdischen Schülern gehörte ein Werner Midas, dessen Herkunft bisher ungeklärt ist. Von ihm wird erzählt, daß er 1933 Hitlers „Mein Kampf" gelesen und seinen Mitschülern prophezeit hatte, jetzt würden alle Juden ermordet; die Reaktion der Mitschüler war, daß sie Midas ausgelacht haben. Ein anderer jüdische Mitschüler war Werner (?) Gutman, genannt "Gulle"; dieser kam nach dem Krieg auch einmal nach Langenargen zurück. Es gab auch noch mehr jüdische Schüler, u.a. einen namens Seifert und einen namens Hamelele; nähere Angaben über sie sind vorerst nicht zu machen, da das Archiv der Schule verloren gegangen ist. Die weitere Klärung dieser offenen Fragen bleibt der künftigen Forschung überlassen. Erfreulicherweise haben sich von einigen dieser jüdischen Schüler in Langenargen Fotos erhalten, so daß sie im Bild dokumentiert werden können. Auf einem Bild finden wir Gerhard (Gerd) Reis(e) abgebildet, auf einem anderen Werner Midas.

Der oben genannte Julius Josephsohn ist der einzige Jude, der älteren Langenargener Bürgern bis heute ein Begriff geblieben ist, eine Persönlichkeit, die sich offenbar in der Gemeinde großer Beliebtheit erfreute. So pflegte er bei der Geburt eines Kindes in Langenargen die Familie zu besuchen und mit der Übergabe eines kleinen Pflänzchens zu gratulieren[434].

Julius Josephsohn wurde am 7. März 1873 in Königsberg in Ostpreußen (oder in Magdeburg?)[435] geboren und war noch 1933, wahrscheinlich bis zu seinem Lebensende, preußischer Staatsbürger. Über seine Jugendzeit und seinen Ausbildungsgang wissen wir vorerst nichts. Mit kurzen Unterbrechungen war er seit dem 1. November 1914 in Langenargen wohnhaft, wo er wiederholt sein Quartier gewechselt hat[436]. Zeitweise wohnte Josephsohn in Stuttgart, jedenfalls gab er das an, als er am 3. Januar 1921 im Gasthaus Krone in Tettnang übernachtete[437]. Von Beruf war Josephsohn 1921 Buchhändler, später wird er Drogist und gelegentlich

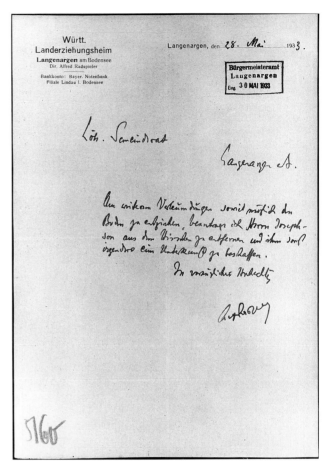

Brief von Prof. Dr. Alfred Radspieler betr. die Delogierung von Julius Josephsohn

auch Kaufmann genannt. Josephsohn arbeitete in der Essigfabrik Bass & Keller, die zeitweise auch chemisch-pharmazeutische Produkte herstellte.

Die Firma brachte ein von Josephsohn entwickeltes Medikament gegen eine weit verbreitete Schafskrankheit auf den Markt, das sich jedoch nicht bewährte. Die

*Schülergruppe des Landerziehungsheims in Langenargen.
Von links nach rechts: Ulrich Ropp, Helma Hofmann, Kurt Bianchi, Gerd Reis(e).*

Produktion dieses Medikaments wurde daraufhin eingestellt[438].

Spätestens im Mai 1933 war Josephsohn arbeitslos, was die Vermutung nahelegt, daß er in der Folge des politischen Umsturzes entlassen wurde. Für eine rassische Verfolgung spricht auch die aus Stuttgart angeordnete Delogierung Josephsohns aus seiner Unterkunft im Gasthaus Hirschen. Er wohnte danach in der Unteren Seestraße bei einer Familie Schäfler[439]. Zuletzt hatte Josephsohn über Vermittlung seines früheren Arbeitgebers Hauth eine Unterkunft im Spital[440].

Seit seiner Entlassung lebte Josephsohn vom Sammeln von Kräutern, Ackersalat, Erdbeeren oder Pilzen (u.a. Pfifferlinge, Champignons, Steinpilze, Morcheln). Was er gefunden hatte, verkaufte er[441].

Julius Josephsohn war unverheiratet und ohne Nachkommen. Er besaß auch keinerlei Vermögen, wie der Bürgermeister von Langenargen unter dem 13. Juli 1938 dem Landrat berichtete[442]. Die lokale Geschichtsschreibung ist heute bestrebt, Josephsohn als den *„einzigen jüdischen Mitbürger"*[443] zu heroisieren; dieses Anliegen ist durchaus legitim, zumal Josephsohn sich einer gewis-

„Landheimler" mit Lehrer Göller, ganz rechts Werner Midas.

sen Beliebheit im Ort erfreuen durfte. Problematisch erscheint aber die Behauptung, Josephsohn sei nie einer Verfolgung ausgesetzt gewesen[444]. Denn die Entlassung aus seiner Firma, seine Delogierung, seine amtliche Erfassung, die ungeklärten Umstände seines Todes besagen doch eher das Gegenteil. Nicht zu übersehen bleibt auch die Aussage einer Zeitzeugin, man habe um 1936 gesagt, *„wenn der Josephsohn kommt, würde man ihm alles abnehmen, wenn man es auch nicht brauchen könnte"*[445]. Immerhin berichtet ein anderer Zeitzeuge von den Nöten des damaligen Bürgermeisters, er werde angezeigt werden, wenn er den Nazis keine Meldung über jüdische Mitbürger machen werde[446].

Ein Zeitzeuge gibt uns von Josephsohn die folgende Beschreibung seiner äußeren Erscheinung: *„Er hatte eine Hakennase, war hochgewachsen, silberhaarig und*

Der jüdische Bürger Julius Josephsohn (mit Bart und Hund) im Kreise der Lehrersfamilie Hofmann in Langenargen etwa 1931/32. Archiv des Museums Langenargen.

Der Jüdische Friedhof in Bad Buchau 1994.

Grabstein des Julius Josephsohn (1876-1938) auf dem jüdischen Friedhof in Buchau.

trug einen silbernen Vollbart. Er sprach nach der Schrift mit einem jiddischen Akzent"[447]. Inzwischen konnte auch ein Bild von Josephsohn aufgefunden werden, das diese Beschreibung bestätigt. Das Foto zeigt uns Josephsohn, einen Hund an der Leine führend, um 1931/32 im Kreise der Lehrersfamilie Hofmann in Langenargen.

Am 6. Juli 1938 wurde Julius Josephsohn im Wald zwischen Oberdorf und Langenargen tot aufgefunden[448]. Was die Todesursache angeht, gibt es drei unterschiedliche Versionen. Einmal wird behauptet, er habe beim Kräutersuchen im Wald einen Herzschlag erlitten[449]; so lautete auch die offizielle Todesursache. Nach einer anderen Meinung soll Josephsohn den Freitod gewählt haben, was im Hinblick auf die Verfolgung der Juden in dieser Zeit nicht ganz unwahrscheinlich ist. Schließlich wurde aber auch die Ansicht vertreten, er sei ermordet worden.

Bemerkenswert sind die Umstände seiner Beerdigung. Josephsohn wurde auf dem jüdischen Friedhof in Buchau beigesetzt. Nur drei oder vier Personen sollen an der Beisetzung teilgenommen haben, unter ihnen auch Hauth, der einen Kranz am Grab Josephsohns niederlegte. Der Friedhofverwalter habe sich sehr darüber gewundert, *„daß ein Jude Blumen bei seinem Begräbnis bekam"*[450]. Wie gefährlich damals die Teilnahme an einer jüdischen Beerdigung sein konnte, beweist die Begräbnisfeierlichkeit für den am 26. Februar 1937 verstorbenen Göppinger Rabbiner Dr. Aron Tänzer: der teilnehmende einzige Christ, der Hotelier Pfeifle, wurde durch die nationalsozialistische Presse öffentlich gebrandmarkt[451].

Das Grab Josephsohns auf dem Jüdischen Friedhof in Buchau ist heute noch erhalten. Es liegt rechts vom Eingang in der dritten Reihe, dort das 15. Grab. Der einfache Grabstein aus rotem Sandstein (ca. 56,5 cm hoch, 40,5 cm breit und 19 cm tief) trägt die Inschrift: Zunächst die hebräische Abkürzung „P. N." (po nitman = hier liegt), dann in lateinischer Schrift *„Julius Josephsohn 1873 – 1938"*. Bei einem Besuch des Friedhofs am 14. November 1993 lag auf dem Grabstein ein Stein; nach jüdischer Sitte werden zur Ehrung der Toten Steine auf den Grabstein gelegt[452]. Es hat daher den Anschein, daß es noch Freunde oder Verwandte von Josephsohn gibt, die den Verstorbenen auf diese Weise ehren wollten.

Vielleicht kann eine weitere Erforschung seiner Lebensumstände mehr Licht in das immer noch vorherrschende Dunkel dieser bemerkenswerten Langenargener Persönlichkeit bringen, der nicht nur als Mensch unsere Wertschätzung genießt. Julius Josephsohn ist auch durch 25 Jahre der Repräsentant des Judentums im Ort und stellt allein schon in dieser Eigenschaft – auch für künftige Historiker – ein interessantes Stück Langenargener Geschichte dar.

Langenargen war gewiß keine Gemeinde, die dem Nationalsozialismus in fanatischer Weise anhing. Insbesondere scheint auch der Antisemitismus keine besondere Gegenliebe in der Gemeinde gefunden zu haben. Langenargen war ein beliebter Kurort, in dem man vom Fremdenverkehr lebte und wo eine Stimmungsmache gegen jüdische Gäste nicht gefragt war. Der noch weiter unten zu schildernde Fall der Familie Vetter spricht für ein unbefangenes Verhältnis der einheimischen Geschäftsleute gegenüber jüdischen Kurgästen, wie denn Frau Vetter im Hinblick auf eine gemeinsame Autofahrt ihres Mannes mit einer Jüdin (1936) aussagte: *„Wir haben nicht daran gedacht, daß jemand daran Anstoß nehmen würde..."*[453].

Aber auch die Gemeindebehörden nahmen eine ähnliche Haltung ein. Der Bürgermeister antwortete im Mai 1937 auf eine Anfrage des Landrats in Tettnang, wie die Nichtarier in den Bädern behandelt würden, daß es keinerlei örtliche Regelung über die Behandlung von Nichtariern in Langenargen gebe. Es sei lediglich am Eingang des Strandbades ein Plakat mit der Aufschrift *„Juden nicht erwünscht"* aufgestellt. Bis zur Bekanntgabe einer reichsrechtlichen Regelung über die Behandlung von Nichtariern in Bädern und Kurorten beabsichtige die Gemeinde Langenargen auch nicht, irgendwelche Sonderregelungen zu treffen. Auch werde man das erwähnte Plakat *„Juden nicht erwünscht"* künftig nicht mehr zum Aushang bringen[454]. Das war eine mutige Entscheidung im Sinne des Fremdenverkehrs gegen den damals allgegenwärtigen Antisemitismus.

Viele Langenargener Bürger nahmen auch Anstoß an dem Aushängekasten der antisemitischen Hetzzeitschrift *„Der Stürmer"*, der an der Außenwand der Pension *„Helvetia"* angebracht war. Doch scheiterten alle Bemühungen einflußreicher Bürger, diesen Kasten zu entfernen[455]. So blieb ein nicht gering zu achtendes Element offener antisemitischer Hetze im Ort erhalten. Darüber hinaus gingen reichsweite Aktionen gegen die Juden auch an Langenargen nicht vorüber. Wenn die *„Reichskristallnacht"* in Langenargen nicht stattgefunden hat, so deswegen, weil es hier im November 1938 keine Juden mehr gegeben hat.

Schon im November 1933 forderte das Württembergische Innenministerium über die Oberämter ein Verzeichnis aller sich in den Gemeinden aufhaltenden Juden an. Das Bürgermeisteramt Langenargen meldete am 2. Dezember 1933 zwei Personen, nämlich die schon erwähnten Julius Josephsohn und Gerhard Reise. Die in der Meldung jeweils angefügte Bemerkung *„Vermutlich nicht getauft"* erklärt sich aus dem Anfragekatalog des Ministeriums[456]. Offenbar sollten – im Vorfeld der damals noch nicht existierenden Nürnberger Gesetze – alle Juden auf einer rassischen Grundlage erfaßt werden, nicht nur die sogenannten Glaubensjuden.

Im Oktober 1936 wurde der Damenfriseur Friedrich Vetter in Langenargen Opfer einer antisemitischen Hetzkampagne. Vom 7. Juli 1936 bis 9. Oktober 1936 hatte Frau Erna Cerf, geborene Frank, aus Hausen (Aargau) in der Schweiz, wohnhaft in Davos, Wiesenrain, deutsche Staatsbürgerin, einen dreimonatigen Kuraufenthalt im Gasthof Löwen verbracht. Zeitweise waren auch ihre drei Kinder und ihr Ehemann Kurt Adolf Cerf, geboren am 31. Januar 1896 in Halle an der Saale, ehemaliger deutscher Offizier des 1. Weltkriegs und Kriegsinvalide, in Langenargen anwesend. Während ihres Kuraufenthaltes hatte Frau Cerf im Damenfrisiersalon die Bekanntschaft von Friedrich Vetter gemacht. Kurz vor ihrer Abfahrt teilte Frau Cerf Herrn Vetter mit, sie fahre jetzt nach Berlin, wolle aber die Autofahrt nicht gerne allein unternehmen. Falls er sie begleiten wolle, koste ihn das keinen Pfennig; auch werde sie ihm die Rückfahrt soweit entschädigen, daß sie ihn nicht teurer als ein K.D.F. - Zug komme. Herr Vetter sagte zu, weil er so billig nie nach Berlin komme. Am Vormittag des 9. Oktober 1936 um 5 Uhr früh fuhren Frau Cerf und Herr Vetter mit dem Auto nach Berlin.

In der Nacht zum 16. Oktober 1936 wurden in den Straßen von Langenargen eine Anzahl von Flugzetteln gefunden, in denen die Reise Vetters mit einer Jüdin öffentlich angeprangert wurde. Seine Ehefrau Maria Vetter, geborene Denninger, reagierte sehr empört und drohte mit einer Anzeige wegen Beleidigung und Geschäftsschädigung. Ihr Mann veröffentlichte nach seiner Rückkehr aus Berlin eine *„Warnung"* im *„Seeblatt"* vom 22. Oktober 1936. Diese hatte den folgenden Wortlaut: *„WARNUNG. Die Verleumdungen während meiner Reise weise ich auf das schärfste zurück. Sollte mir noch das geringste zu Ohren kommen, so werde ich den Betreffenden zur Anzeige bringen. Fritz Vetter, Damenfriseur, Langenargen"*. Der Fall wurde der politischen Polizei bei der Polizeidirektion Friedrichshafen überwiesen[457].

Der furchtbaren Geschehnisse während des Holocausts wird man sich in ihrer ganzen Unsäglichkeit vor allem dann bewußt, wenn man sich mit Einzelschicksalen aus-

Montforter Wappen und Davidsterne in der Kapelle von Genhofen (Stiefenhofen).

Bildunterschrift siehe Seite 127.

Gabriele Schwarz

Gabriele Schwarz mit ihrer Mutter Charlotte Schwarz

Gabriele Schwarz mit ihren Pflegeeltern Josef und Theresia Aichele

einandersetzt. Wenn wir hier auf das Schichsal der Gabriele Schwarz aus Stiefenhofen hinweisen, so ist eine Berührung mit unserem Thema dadurch gegeben, daß dieser Ort einst zu den Besitzungen der Grafen von Montfort gehört hat. 1567 wurde Stiefenhofen an die Freiherrn von Königsegg verkauft; doch gibt es noch heute sowohl in der Pfarrkirche als auch in der Kapelle von Genhofen zahlreiche Erinnerungen an die einstige Präsenz der Grafen von Montfort.

Glasfenster in der Pestkapelle auf dem Lautenberg in Stiefenhofen mit Darstellung des in Auschwitz ermordeten jüdischen Mädchens Gabriele Schwarz und des Paters Maximilian Kolbe.

An das Schicksal der kleinen Gabriele Schwarz erinnert ein von Sr. Ludgera geschaffenes Glasfenster in der Pestkapelle auf dem Lautenberg, in dem das Kind gemeinsam mit dem polnischen Pater Maximilian Kolbe (1941 in Auschwitz ermordet) dargestellt wird; im Hintergrund erkennt man die Baracken und das rauchende Krematorium des Konzentrationslagers Auschwitz, in dem auch das fünfjährige Kind 1943 ums Leben kam.

Gabriele Schwarz wurde am 24. Mai 1937 in Markoberdorf geboren und katholisch getauft. Ihre Mutter Charlotte (Margarete) Schwarz, 1904 von jüdischen Eltern geboren, war mit dem 1934 verstorbenen Nichtjuden Wilhelm Eckart verheiratet. Der Vater der Gabriele Schwarz ist unbekannt. Charlotte Schwarz, Lehrerin für Atemtherapie und Atemgymnastik, kam am 8. Mai 1942 im Konzentrationslager Ravensbrück ums Leben.

Gabriele Schwarz wurde drei Wochen nach ihrer Geburt der Familie Josef und Theresia Aichele in Pflege gegeben, wo es mit den schon vorhandenen vier Kindern des Ehepaars aufwuchs. Eine Schwester der Theresia Aichele war Köchin bei den Eltern der Charlotte Schwarz in Augsburg gewesen. Vielleicht erhoffte sich Charlotte Schwarz, ihr Kind werde auf dem Dorf eher geschützt sein. Doch am 13. Februar 1943 wurde das Kind abgeholt und einen Monat später nach Auschwitz deportiert und dort ermordet. Die Versuche des Josef Aichele und des Oberlehrers Johann Pletzer in München eine Freigabe des Kindes zu erreichen, scheiterten (vgl. Mader, Stiefenhofen, S.251; Römer, S.222-225).

Die Verfolgungen der Juden durch die Nationalsozialisten überlebte in der Gemeinde Stiefenhofen der berühmte Jurist Prof. DDr. Leo Rosenberg, geboren am 7. Januar in Fraustadt bei Posen, Rechtslehrer an den Universitäten Giessen und Leipzig, ein führender Zivilprozeßrechtler, der mehrere wichtige Lehrbücher verfaßt hat. Er wurde 1934 aus rassischen Gründen seiner Professur enthoben und ließ sich mit seiner nichtjüdischen Frau in Stiefenhofen nieder. 1945 konnte er seine Lehrtätigkeit an der Universität München wieder aufnehmen. Am 18. Dezmber 1963 ist er in München verstorben. Ein Grabstein an der Nordseite der Pfarrkirche in Stiefenhofen erinnert an die 1944 jung verstorbene Tochter des Gelehrten Gisela Rosenberg (vgl. Mader, Zuflucht in schwerer Zeit, S.10 f.).

Moses mit den Zehngebotetafeln, Chorgestühl der Schloßkirche in Hofen (Friedrichshafen), 18. Jahrhundert

Siebtes Kapitel
Die Lebenswelt der Juden im Montforterland

Die vorausgegangene historische Darstellung der Juden in Tettnang, Langenargen und Wasserburg gründet sich hauptsächlich auf administrative und justizielle Quellen, aus denen wir kaum etwas zusammenhängend darüber erfahren, wie sich das Leben der Juden im Alltag gestaltet hat. Es bleibt daher in diesem Schlußkapitel noch einmal die Frage zu stellen, wie gesellschaftliche Verhältnisse, Religion, Kultur und Alltagsleben konkret gestaltet waren. Dabei soll auch die Quellenbasis nach verschiedenen Richtungen hin erweitert werden, einmal durch den Blick in die nächste Nachbarschaft, zum andern durch die Einbeziehung von Zeugnissen der christlichen Kunst, die sich in irgendeiner Form mit der Lebenswelt der Juden auseinandersetzen. Die Berücksichtigung von Quellen aus der Nachbarschaft bietet sich schon deshalb an, weil ein Teil der montfortischen Juden aus Aach kam, andere sich später in Hohenems niederließen; so sagen die zeitgenössischen Schutzbriefe von Aach (1551, 1583) oder Hohenems (1617) einiges über die Lebensverhältnisse auch der Juden in der Grafschaft Montfort aus. Dennoch kann das Ziel hier niemals eine umfassende Darstellung der jüdischen Lebenswelt in der engeren Region sein, sondern allenfalls – wie im Titel des Buches auch zum Ausdruck gebracht – ein Hinweisen auf Spuren, auf das, was die regionalen Quellen zu diesen Fragen bieten.

Das Verhältnis zu den Grafen

Zu allen Zeiten war das Verhältnis der Juden zu den Grafen für ihre Existenz von entscheidender Bedeutung. Denn ihre Aufenthaltserlaubnis hing von der Gnade der Grafen ab. Die Grafen von Montfort traten schon sehr früh, erstmals 1286, in Kontakt mit den Juden, bei denen sie Geld entliehen. Wie wir gesehen haben, war das sehr häufig der Fall. Und erstmals machten die Grafen von Montfort-Feldkirch 1310 davon Gebrauch, eigene Juden in ihrem Territorium anzusiedeln. Die Tettnanger Linie folgte ihren Feldkircher Vettern erst sehr viel später, um 1423; doch blieben die Juden nicht lange in Tettnang, weil sie in Konstanz oder in Ulm für sich größere Möglichkeiten gesehen haben. Wenn die Tettnanger Grafen 1551/52 erneut Juden in ihrem Territorium angesiedelt haben, so deswegen, weil sie sich davon eine wirtschaftliche Belebung versprachen. Aber auch als Geldgeber der Grafen erwiesen sich die Juden als nützlich. Ein bemerkenswertes Beispiel und Ausdruck eines besonderen Vertrauensverhältnisses sind die Verhandlungen, die der Langenargener Jude Esaias (oder sein Schwiegersohn Moses) mit David Paumgartner in Augsburg über einen Verkauf der Grafschaft Rothenfels führte[458]. Die Juden waren auch eine Hilfe beim Absatz der in keinem guten Ruf stehenden Montforter Münzen. Und noch 1758 nahm ein Jude die heruntergekommene Münze in Langenargen in Pacht.

Es bestand also für Juden und Grafen ein gegenseitiges Interesse aneinander, das die Grundlage für ein gutes Verhältnis war. Auf der Seite der Grafen kommt dieses gute Verhältnis beispielhaft in den zahlreichen Interzessionen beim Lindauer Rat zum Ausdruck; oder etwa auch darin, daß Graf Hugo XVIII., als er davon hörte, daß Wolf nur mehr in Begleitung eines Stadtknechtes durch Lindau gehen durfte, gleich nach ihm schickte, ihm diese Auflage vorhielt und ihn fragte, was er denn da „gestiftet" habe.

Für die Juden war die Loyalität gegenüber den Grafen ein wichtiges Gebot. In seinem ersten Brief an den Grafen von Hohenems vom Februar 1617, in dem Wolf von Langenargen eine Gruppe von vier Juden für die dortige

Gebet für Kaiser und Reich 1595, in Frankfurt allsamstäglich in den Synagogen gesprochen.

Niederlassung empfiehlt, heißt es, diese würden über ihre Schutzgeldleistungen hinaus „*sonsten in All annder wegg vnd gelegenhaitt Euer genaden getrew, gehorsam vnd gewertig sein, Euer gnaden nutzen vnd frommen befirdern, nachtail vnd schaden verwahrnen vnd wenden*". Der Hohenemser Schutzbrief von 1617 nahm diesen Gedanken ebenfalls auf, wenn er in Artikel 6 den Grundsatz normierte: „*...sollen sie ihrem selbst erbiethen gemess iro gfl. nuz fürdern, schaden wenden, auch sich inn allewog dero gehorsamb, pottbar, gerichtbar und sonnsten verhallten, wie andern underthanen zusteht*"[459]. Hier wird sogar auf das Angebot des Wolf von Langenargen direkt Bezug genommen („*ihrem selbst erbiethen gemess*").

Leider fehlen für die Grafen von Montfort die aus anderen deutschen Territorien überlieferten Belege, daß die Juden ihre Landesherren auch in ihre Gebete einschlossen. So hat sich etwa das Gebet der Frankfurter Juden von 1595 für Kaiser und Reich erhalten, das an jedem Sabbat in den Synagogen gesprochen wurde[460]. Regelmäßig sind solche Gebete für das Landesoberhaupt im liturgischen Teil der Memorbücher enthalten, die der Vorbeter vom Almemor aus vorgelesen hat[461]. Zumindest eine Spur davon bemerken wir in dem genannten Schreiben des Wolf von Langenargen, wenn er – auch im Namen der vier anderen Juden – dem Grafen von Hohenems und seiner Familie Gesundheit, ein langes Leben, ein glückliches Regiment und Wohlfahrt anwünscht und die Juden ihn zugleich „*Dem Allmechtigen Gott getreywlichen anbeuelchen*". Hier wird der Gott der Juden und der Gott der Christen zu einem einzigen einheitlichen Wesen, der über den Religionen steht. Hier wird – vielleicht noch unmerklich für die Beteiligten – ein wesentlicher Schritt in Richtung auf eine religiöse Toleranz gemacht, wenn der katholische Landesherr die ihm zugedachten Gebete seiner jüdischen Untertanen zu dem Gott der Juden annimmt und zu würdigen weiß.

Außer im Grafen selbst fanden die Juden regelmäßig auch in den oberen Beamten zuverlässige Schutzherren. Es gehörte zum Stil der Zeit, daß sie sich dafür gelegentlich erkenntlich zeigten und Schmiergelder (man sprach – weniger deutlich – von „*praestanda*") bezahlten, die nicht nur akzeptiert, sondern auch erwartet wurden. Solche Zahlungen wurden nicht zuletzt als ein Ausdruck der Loyalität angesehen.

Die gesellschaftlichen Verhältnisse

Grundsätzlich bleibt eine Unterscheidung zu treffen, die wir auch bereits den Schirmbriefen entnehmen können, nämlich die zwischen den eigentlichen Schutzjuden einerseits und ihren Familienmitgliedern andererseits:

Frauen, Kindern, Mitverwandten, Knechten, Mägden, Gesinde, Lehrmeistern usw. Diese letztere Gruppe, zu denen auch die Rabbiner zählen, entrichten kein Schutzgeld; sie werden gegenüber der Obrigkeit durch ihre Haushaltsvorstände oder Arbeitgeber vertreten; von ihnen ist daher in den Quellen sehr viel weniger die Rede. In den seltensten Fällen erfahren wir ihre Namen, auch ihre Zahl ist meist ungewiß. Die gesamte zweite Gruppe steht im Schatten der männlichen Schutzjuden, die ein eigenes Geschäft betreiben.

Wenn wir diese Schutzjuden des 15., 16. oder 17. Jahrhunderts näher betrachten, so ist kaum einer von ihnen in der Grafschaft Montfort geboren oder auch dort gestorben; jedenfalls bleibt das die Ausnahme. Die Schutzjuden, aus den mittelalterlichen Städten vertrieben und auf dem Lande Schutz und neue Existenz suchend, ziehen als Fremde zu und wandern nach einigen Jahren, wenn es hoch kommt nach ein oder zwei Jahrzehnten, wieder ab. Sie sind Fremde geblieben. Daran ändert auch die Tatsache nichts, daß sie sich nach ihren Wohnorten benennen oder benannt werden: Seligman von Tettnang, Salman von Tettnang, Esaias von Langenargen, Wolf von Langenargen, Berlin von Wasserburg, Wolf von Wasserburg usw.

Im frühen 15. Jahrhundert war es den Juden noch möglich, das Bürgerrecht zu erlangen. Seligman und Salman sind Bürger von Tettnang. Dieses Bürgerrecht war zwar dadurch gemindert, daß den Juden das Connubium (Heirat mit christlichen Bürgerstöchtern) und der Zugang zu den Zünften und zu den zahlreichen öffentlichen Ämtern in der Stadt versagt war; aber zumindest dem Namen nach waren sie Bürger und waren damit im Besitz der vielen anderen Vorrechte, die den Bürgern zukamen. Die Juden von Aach besitzen nach dem Schutzbrief von 1551 ebenfalls noch das Bürgerrecht: *„...so sollen die Juden zu Ach des Burgrechtens daselbst wie ander Burger zu Ach theilhaftig sein"*[462]. In der Grafschaft Montfort dagegen scheinen die Juden des 16. und des 17. Jahrhunderts nur mehr Beisässen minderen Rechts zu sein. So betont etwa Wolf von Wasserburg 1559 in seiner Supplik an Kaiser Ferdinand I., daß er „hindersäß" sei;[463]. Im 18. Jahrhundert wird nicht einmal der getaufte Jude Joseph Anton Fahnroth als Bürger angenommen; er bleibt außerhalb der Zunft und damit Beisässe minderen Rechts.

Die Beisässen des 16. und 17. Jahrhunderts sind jedoch durchwegs *„haussessig"* oder *„haushäblich"*. Sie sind im Besitz eigener Häuser, die sie kaufen oder bauen durften. Es scheinen große und repräsentative Häuser gewesen zu sein, die einer großen Familie Platz bieten konnten. Im 15. Jahrhundert lagen diese Häuser noch zentral, meist in Marktnähe, jedenfalls im Zentrum der Stadt, wie es sich für *„Bürger"* ziemte. Im 16. und 17. Jahrhundert stehen diese Häuser eher in einer Randlage, so etwa in Tettnang in der Vorstadt, wenn nicht gar überhaupt auf dem Lande, etwa im Dorf in Wasserburg. Nach 1572 suchten die Grafen, ihre Stadt Tettnang überhaupt von Juden frei zu halten; sie verwiesen sie auf Langenargen und Wasserburg.

Das jüdische Haus war das Refugium, in das der unter der Woche seine Medine bereisende Jude am Freitagabend zurückkehrte, um dort mit seiner Familie den Sabbat zu feiern. Das Haus war für ihn und besonders auch für seine Familie ein Hort der Sicherheit, besonders auch in der Zeit, in der wieder einmal eine Vertreibung angeordnet war. Denn meist lief dann nach altem Gewohnheitsrecht das sogenannten *„Gnadenjahr"* an, eine Frist von einem Jahr, manchmal auch nur einem halben Jahr oder noch weniger, in der die betroffenen Juden ihre noch bestehenden Aktiv- und Passivschulden regeln, ihre Häuser verkaufen und sich nach einem anderen Schutzherrn umsehen konnten. Bei gewaltsamen Vertreibungen gab es freilich diesen Schutz nicht; im Gegenteil suchte man dann meist die Häuser der Juden niederzubrennen oder sie zu „*wüsten*", das heißt, vollständig abzutragen. Eine solche Praxis läßt sich aber für die Montforterlande nicht nachweisen.

Gerade weil sich der Jude stets auf Wanderschaft befand, wußte er dieses Haus besonders zu schätzen. Der von Wolf von Langenargen weitgehend mitformulierte Hohenemser Schutzbrief von 1617 zeigt deutlich, welche Wertschätzung man dem eigenen Haus entgegengebracht hat[464]. Der Langenargener Schutzbrief von 1552 weist denselben Befund auf, ebenso der montfortische Schutzbrief von 1589 hinsichtlich der „*haushäblichen*" Niederlassung. Solche rechtlichen Regelungen waren notwendig, weil der Grunderwerb durch Juden häufig verboten war. Überdies wurde er in der Praxis durch das sogenannte „*Zugrecht*" erschwert: Jeder Einheimische konnte auch noch nach Jahren gegen Erlegung des ursprünglichen Kaufpreises jedes Grundstück von einem Fremden an sich ziehen. Die Juden galten als Fremde und waren daher stets dieser Gefahr ausgesetzt. Ein Beispiel aus Rheineck mag das veranschaulichen. Als die Stadt Rheineck 1624 ein in ihrem Besitz befindliches Haus einem Juden um 100 Gulden verkaufte, ließ sie die folgende Bemerkung in das Stadtbuch einschreiben: „*...vnd söllend Mine herrn Ime brieff vnd sigel geben, daß er das hus von Inen vmb 330 Gulden erkhoufft, darum wann ain oder der ander bürger dasselbig versprechen welte, das hus mit 330 Gulden bezalen sölle*"[465]. Der Kaufpreis wurde im Wege einer regelrechten Urkundenfälschung von Amts wegen mit mehr als dem dreifachen Betrag ausgewiesen, damit eine allfällige Ausübung des Zugrechtes zu teuer und damit unattraktiv wurde. Das Zugrecht dürfte auch der Grund dafür gewesen sein, daß die Juden in den Schutzbriefen von Langenargen 1552 und von Hohenems 1617 so großen Wert auf den Bau eigener Häuser gelegt haben. Denn der Grundstückswert erhöhte sich beträchtlich, wenn ein Haus darauf gebaut wurde. Die Ausübung des Zugrechtes war dann nicht mehr so leicht möglich.

Der Jude befand sich im übrigen, dem legendären Ahasverus nicht unähnlich, dem in vielen Volkserzählungen dargestellten „*Ewigen Juden*", ständig auf Wanderschaft, und zwar in einer dreifachen Beziehung. Einmal wanderte er während der Woche durch seine Medine, um seinen Geschäften nachzugehen und um seine Kunden zu besuchen. Diese Geschäftbezirke waren bei den montfortischen Juden schon deswegen sehr groß, weil sie nach einer Vertreibung ihren ehemaligen Bezirk vorübergehend weiterbetreut haben. Wenn sie beispielsweise von Aach oder von Meersburg nach Tettnang oder Langenargen zogen, konnten sie ihre dortige Medine nicht ohne weiteres aufgeben, ohne Verluste hinnehmen zu müssen. Sie behielten sie daher bei. Zugleich bauten sie aber in ihrer neuen Heimat eine neue Medine auf. Die Handelverbote der Nachbarschaften von 1559 zwangen sie dazu, zusätzliche Geschäftsbezirke zu suchen, wie jene in den Herrschaften Feldkirch und Bludenz. Es sind mehrere hundert Kilometer, die sie während der Woche zu Fuß oder zu Pferd zurückgelegt haben.

Eine zweite Form der Wanderung war durch Prozeßführungen bedingt. Mit der Gesetzgebung des Reichstages gegen die „*wucherischen Kontrakte*" sank die Zahlungsmoral der christlichen Geschäftspartner. Die Folge waren langwierige Prozesse an den kaiserlichen Landgerichten in Schwaben oder in Rankweil, am kaiserlichen Hofgericht in Rottweil oder am Reichskammergericht in Speyer, d.h. Wanderungen, die weit über die Medine hinausgingen und auch eine längere Abwesenheit über die Woche hinaus erforderten. Weit über die Medine hinaus gingen auch die Fernhandelsgeschäfte, die Seligman von Tettnang nach Heilbronn oder nach Mestre führten.

Eine dritte Form der „Wanderschaft" war durch die sich ständig wiederholenden Vertreibungen bedingt. Alle montfortischen Schutzjuden waren davon in irgendeiner Form betroffen, sowohl vor ihrer Niederlassung 1551/52, als auch nachher, als sie 1572 diese wieder verlassen mußten. Regelmäßig versprachen die Schirmbriefe den Schutz nur auf eine bestimmte Zeit; dann war die nächste Ausweisung damit sozusagen schon vorprogrammiert. Bemerkenswert erscheint der Versuch des Wolf von Langenargen, den Grafen von Hohenems noch Ende Juni 1617 in letzter Minute dafür zu gewinnen, nicht nur sich selbst, sondern auch seine Amtsnachfolger auf einen dauerhaften Schutz zu verpflichten, indem der Schutz nicht nur den niederlassungswilligen Juden gewährt werden sollte, sondern auch deren Kindern und Kindeskindern[466]. Wolf konnte sich damit aber nicht durchsetzen. Die Folge war, daß die Juden aus Hohenems 1663/67 und 1676/88 vertrieben und ihre erneute Ansiedlung teuer erkaufen mußten, ganz abgesehen davon, daß ihnen auch 1670, 1697, 1699, 1705, 1728, 1737 oder 1767 die Ausweisung angedroht wurde. So blieb den Juden eine ständige Unruhe.

Wie schon der Hinweis auf die stattlichen Häuser erkennen ließ, waren die montfortischen Juden recht vermögend. Wolf von Langenargen empfahl auch 1617 dem Grafen von Hohenems nur solche Juden, die *„aines guotten vermögen sein"*. Im einzelnen können wir nachweisen, daß Salman von Tettnang 1423 – 1433 Aktivschulden von etwa 1227 Gulden besaß, also ein nicht unwesentliches Kapital, wenn man den Kaufpreis des Hauses mit 150 Gulden in Anschlag bringt. Auch Seligman von Tettnang verfügte über vergleichbare Mittel. Die montfortischen Juden des 16. Jahrhunderts verfügten ebenfalls über größere Beträge, wie sich aus vielen kleinen Einzelsummen belegen läßt. 1574 waren die montfortischen Untertanen bei den Juden mit 16 000 Gulden verschuldet.

Die Geschäftstätigkeit

Die montfortischen Schutzjuden waren in erster Linie als Geldverleiher tätig, im 15. ebenso wie im 16./17. Jahrhundert, obwohl sich die Konditionen infolge der Gesetz-

Übergabe eines Pfandes an einen jüdischen Geldverleiher. Der christliche Kreditnehmer hat das Geld (Beutel in der linken Hand) bereits entgegengenommen. (Zeitgenössischer Holzschnitt).

gebung gegen die *„wucherischen Kontrakte"* sowie die Handelsbeschränkungen der kleineren Territorien zusehends verschlechterten. Im 15. Jahrhundert war ein Zinssatz von 43 1/3 % durchaus die Regel, ja es gab höhere Zinssätze. Im 13. Jahrhundert hatten die Grafen von Montfort teilweise sehr viel höhere Zinssätze gezahlt. Wie Hektor Ammann gezeigt hat, konnte man bis ins 15. Jahrhundert vom Geldhandel gut leben[467]. Im 16. und 17. Jahrhundert war das nicht mehr so einfach. Bis 1572 konnten die Juden in der Grafschaft Montfort ihr Geld noch um 25 % Zins pro Jahr ausleihen[468]. Nach Aussage eines Privilegs Kaiser Karls V. für die Juden von 1544 tolerierte man die höheren Zinssätze deshalb, weil die Juden in höherem Maße zu den Reichssteuern herangezogen wurden, keinen Grundbesitz hatten, kein Handwerk ausüben konnten und keine staatlichen Ämter bekleiden durften[469]. Die Tendenz ging aber in Richtung auf eine Herabsetzung solcher hohen Zinssätze. Die Juden aus der Markgrafschaft Burgau sollten 1617 ausgewiesen werden, weil sie bis zu 12 % Zinsen nahmen, manche gelegentlich noch mehr. Solche Zinssätze sind gegenüber der mittelalterlichen Praxis fast harmlos. Der Hohenemser Schutzbrief von 1617 ging sogar noch einen Schritt weiter: er begrenzte den Zinssatz auf magere 5 %[470].

Da die Grundpfänder für die Juden problematisch blieben oder auch ganz verboten waren, hielten sie an dem herkömmlichen „*Hehlerprivileg*" fest, wie es die Grafen von Montfort schon im frühen 14. Jahrhundert im Feldkircher Stadtrecht festgeschrieben hatten[471]. Die Formulierung des Hehlerprivilegs bereitete 1617 einige Schwierigkeiten. Die erste Fassung lautete: „*Item so sie unwissentlich gestolen guet kaufen, sollen sie zur restitution anderst nicht verbunden sein, man hab inen dan das precium zuvor erlegt*"[472]. Diese Bestimmung wurde dann in der zweiten Fassung eher unklarer, wenn es hieß: „*Der Restitution oder widergebung wüssentlich gestolner güeter halber sollen sie vermög der kaiserlich geschribnen rechten gehalten werden*"[473]; denn hier mochten die Juristen durchaus unterschiedliche Ansichten vertreten haben. Der endgültige Text nannte dann die Dinge konkret beim Namen, wenn er formulierte: die Juden dürfen alles kaufen, außer „*schwaissigen khlaydern, nassen heutten und nassen tüechern, ungetröschtem khorn, kürchengüetern, kelch und was zue der mess gehört und allen andern was wissentlich gestohlen gueth ist*"[474].

Wegen des Rückgangs des Geldverleihgeschäftes war es für Wolf von Langenargen um so wichtiger, bei den Verhandlungen über den Inhalt des Schutzbriefes von 1617 einen Artikel aufzunehmen, daß den Juden „*alle handtierungen, so den Christen erlaubt, vergundt und zuegelassen sein, ess seie gleich mit tuech, sylbergeschirr, klaidern, khorn, wein*"[475]. Wie wichtig dieser Artikel war, zeigt schon die Tatsache, daß er ganz am Anfang des Schutzbriefes steht. Hier sind gewisse Präferenzen erkennbar für den Handel mit Textilien, Metallen, Wein und anderen landwirtschaftlichen Produkten, wie wir sie auch schon für die Tettnanger Juden des 15. Jahrhunderts feststellen konnten. Wie an anderer Stelle für die Juden am Eschnerberg (Fürstentum Liechtenstein) gezeigt wurde, konnte man kurz vor der Mitte des 17. Jahrhunderts mit dem Geldhandel allein kaum mehr das Schutzgeld aufbringen[476]. Viele Juden verlegten sich daher seither auf den Vieh- und Pferdehandel sowie den Handel mit Leder, Fellen und Lederwaren. Wenn der Schutzbrief von Aach 1583 den Handel mit Salz, Schuhen oder Leder verbietet[477], so ist das ein untrügliches Zeichen dafür, daß mit diesen Dingen gehandelt wurde. Der Schutzbrief von 1551 bestätigt hingegen den Pferdehandel der Juden in Aach, wenn bestimmt wird, jeder Jude dürfe nur mehr ein Roß auf die Gemeindeweide schlagen[478]. Eine typische Klage gegen die Juden ist auch der Vorwurf des Aufkaufs von Viktualien: die Juden würden Eier, Fische und andere Waren, die in die Stadt gebracht werden, schon beim Tor aufkaufen[479].

Die führende Position der Juden im Geldhandel, der nicht selten auch das (ihnen im Mittelalter verbotene) Wechseln einschloß, hatte zur Folge, daß die Juden den Grafen

Der jüdische Arzt Ephraim am Krankenbett des hl. Basilius. Aus Hanns Schobser, Plenarium, Augsburg 1487.

von Montfort behilflich sein mußten, die minderwertigen montfortischen Münzen außer Landes zu schaffen. Auch die Habsburger hatten keinerlei Hemmungen, ihre Juden zu „privilegieren", im Lande umlaufende schlechte Münzen einzutauschen und ins Ausland zu bringen[480]. Und so war es kein Zufall, daß 1758 die verrufene Münzstätte der Montforter in Langenargen noch kurz vor ihrer endgültigen Schließung sozusagen als letzter Ausweg an einen Juden verpachtet wurde.

Außer im Geldverleih und im Handel sehen wir die Juden auch im ärztlichen Beruf tätig, so beispielsweise Jakob von Thannhausen, der sich 1589 in Langenargen oder in Wasserburg niederlassen sollte[481]. Für das 14. und 15. Jahrhundert liegen zahlreiche Belege für eine ärztliche Tätigkeit von Juden aus der Schweiz vor[482]. Besonders eindrucksvoll ist ein Vertrag, den die Stadt Freiburg im Uechtland 1420 mit dem jüdischen Arzt Ackin von Vesoul schloß, der sowohl als Arzt wie auch als Chirurg geschätzt wurde. In beiden Künsten hatte er „unsere Bürger, reiche, arme und gewöhnliche, liebevoll, barmherzig und freundlich ... behandelt". Er mußte auch bei Kriegszügen mitziehen, um die Verwundeten zu betreuen[483]. Die jüdische Medizin, die der hochentwickelten arabischen Medizin nahestand, war der christlichen Heilkunst weit überlegen. Das Vertrauen in die jüdischen Ärzte war sehr groß, so daß ihnen die Zulassung nicht verwehrt werden konnte[484].

Ausgeschlossen blieben die Juden hingegen von den meisten Handwerksberufen. Die Tätigkeit in einem Handwerk setzte die Ausbildung unter der Aufsicht einer Zunft voraus, dazu auch die Mitgliedschaft in einer Zunft. Beides war den Juden verwehrt, da die Zünfte zugleich auch religiöse Bruderschaften waren, in denen man Angehörige einer fremden Religion nicht dulden konnte. Die Ausbildung bei einem christlichen Meister war wegen der jüdischen Speisegebote und der Einhaltung der Sabbatruhe kaum durchführbar. Selbst der getaufte Jude Fahnroth in Tettnang, der als Sattler tätig wurde, blieb aus der Zunft ausgeschlossen; er durfte nur für den Hof tätig werden, sonst aber keine Arbeit in der Stadt annehmen.

Die jüdischen Speisegebote setzten jüdische Metzger voraus. In dieser Zeit war es jedoch eher selten, daß auf dem Dorf oder in den kleinen Landstädten Juden allein den Beruf eines Metzgers ausübten, vielmehr haben mehr oder weniger alle jüdischen Haushaltsvorstände selbst geschlachtet, allenfalls noch unter der Aufsicht eines „schochet" (= Schächters), dessen Beruf meist mit dem eines Rabbiners oder Vorsängers verbunden war. Der Wortlaut des Hohenemser Schutzbriefes von 1617 erwähnt denn auch die Metzger gar nicht, sondern spricht nur vom „Metzgen". Wörtlich heißt es in Art.11, der zweifellos auch wieder auf eine Intervention des Wolf von Langenargen zurückgeht: „...mögen sie in iren heusern zu irer haussnotturft metzgen und die hindere stuckh, oder was inen abfellt oder zu essen verpotten, anderwerths verkhauffen"[485]. Sehr viel weniger weitgehend hatte noch der Entwurf lediglich zugestanden: „Das Hindertheil vom vieh mögen sie verkaufen"[486]. Es bleibt hier noch anzumerken, daß die christlichen Metzger über diese Konkurrenz nicht begeistert waren; sehr oft waren bei antijüdischen Ausschreitungen daher denn auch die Metzger die Wortführer.

Auch andere Berufe zur Erfüllung des jüdischen Gesetzes hat es selbstverständlich gegeben: den Rabbiner, den Vorsänger, den Schächter, den Schulmeister, den Sofer (Schreiber von Torarollen, Tefillin, Mesusot, Amuletten), den jüdischen Wirt. Vielfach wurden diese Berufe im Nebenamt ausgeübt. Selbst der Rabbiner war regelmäßig auch als Geldverleiher oder Händler tätig, aber auch der Wirt u.a.

Zu ihrer Selbstversorgung haben die Juden auch ihren Garten bestellt, gelegentlich auch einen Weingarten, sie haben ihr Vieh gehalten, ihre Gänse gemästet, deren jährliche Lieferung an den Grafen von Montfort wie auch an den Grafen von Hohenems verlangt wurde.

Die Schulmeister für die Kinder waren in der Regel umherziehende Rabbinatsschüler, die oft nur einige Monate blieben. Da die Juden großen Wert auf die Erziehung ihrer Kinder gelegt haben und das Angebot an Lehrmeistern groß war, dazu aber auch die notwendigen finanziellen Mittel nicht gefehlt haben, war jeder Haushaltsvorstand bestrebt, einen eigenen Schulmeister zu haben. Manchmal konnte man auch eine unverheiratete Tochter an den Mann bringen. Die Schulmeister sind daher ein wichtiges Element in der jüdischen Dorfgemeinschaft. Sie tragen dazu bei, die jüdische Religion und Tradition lebendig zu halten, da die Haushaltsvorstände die meiste Zeit abwesend sind.

In dieser Hinsicht spielt auch die jüdische Frau eine nicht zu unterschätzende Rolle, obwohl sie – im Gegensatz zum Schulmeister – weder über die Kenntnis der hebräischen Sprache verfügte noch im Talmud ausbildet war. Aber sie konnte ihren Kindern doch sehr viel von der jüdischen Tradition vermitteln.

Die jüdische Frau war die Statthalterin des abwesenden Mannes; sie half oft in dem offenen Laden aus, dessen Existenz der Hohenemser Schutzbrief von 1617 voraussetzt[487]. Oft betrieb sie auch ein eigenes kleines Geschäft, beispielsweise mit Bettfedern oder anderen Produkten (Geschirr).

Im 13. Jahrhundert liehen die Grafen von Montfort häufiger Geld bei Jüdinnen aus, zum Beispiel bei Mirjam (Maria) von Lindau oder Guta von Überlingen. Die als selbständige Geldverleiherin auftretende Jüdin ist im 16. Jahrhundert seltener geworden, wohl weil das Geschäft jetzt insgesamt schlechter lief. Aber es gab sie immer noch, wie das Beispiel der Gütlin von Wasserburg 1569 beweist.

Die Generation des Wolf von Langenargen kennt die selbständig handelde Frau kaum noch. Wolfs Frau wird kaum einmal erwähnt, sie tritt nirgend hervor. Bezeichnend sind auch die Formulierungen des Hohenemser Schutzbriefes. Während die mittelalterlichen Quellen in aller Regel formelhaft von „juden und jüdinnen" sprechen, so auch noch das Privileg für die Frankfurter Juden vom 26. Mai 1551, ist 1617 nur mehr von den „juden" die Rede[488], wohingegen die „jüdin" unerwähnt bleibt. Die Jüdin tritt ganz in den Schatten ihres Mannes und geht im Haushalt unter.

Sederteller, Zinn, 18. Jahrhundert, Herkunft unbekannt, 33 cm Durchmesser, hebr. Umschrift, Motiv: Rabbiner durchwachen die Nacht mit der Diskussion über die richtige Interpretation der Vorschriften des Festes (Privatbesitz).

Die Ausübung der Religion

Das teuerste Gut, das sich die Juden über die Schutzbriefe zu erhalten gewußt haben, ist die Glaubensfreiheit. Und diese war durchaus keine Selbstverständlichkeit. Denn erst auf dem Augsburger Reichstag von 1555 war der Grundsatz festgeschrieben worden *„cuius regio, eius religio"*. Der Landesherr, in unserem Fall der Graf von Montfort, bestimmte, welcher Religion seine Bürger und Untertanen anzugehören hatten. Die Montforter hatten sich, dem habsburgischen Kaiser und dem Haus Österreich verpflichtet und diesem folgend, für die katholische Konfession entschieden. Protestanten wurden in den Montforterlanden nicht geduldet: sie mußten katholisch werden oder gehen. Und theoretisch hätte der Grundsatz *„cuius regio, eius religio"* auch erlaubt, den Juden die Annahme der katholischen Religion zwingend vorzuschreiben. Man wußte jedoch aus Erfahrung, daß im Falle der Juden die Ausübung eines solchen Zwangs wenig erfolgversprechend war. Schon Mächtigere waren mit solchen Versuchen gescheitert. Und die Montforter mögen sich ebenso wie die Hohenemser mit dem Gedanken getröstet und ihr Gewissen beruhigt haben, daß in den abendländischen Zentren wie Prag und Rom die Juden unbehelligt ihrer Religion nachlebten[489]. Warum also sollte man sie nicht in Tettnang, Langenargen oder Wasserburg dabei belassen?

Dazu kamen auch rechtliche Bedenken. Sowohl die römischen Kaiser als auch die Kirche hatten den Juden seit jeher einen Freiraum zugestanden. Das römische und das kanonische Recht hatten diesen Freiheitsraum zwar durch eine Fülle sogenannter *„judenrechtlicher"* Normen eingeengt und in feste Grenzen gewiesen, nie aber gänzlich aufgehoben.

Ungefähr um die Zeit der zweiten montfortischen Judenansiedlung hatte der Konstanzer Bischof Kardinal Märk Sittich von Hohenems die Grundsätze jüdischer Existenz formuliert und ihnen die Ausübung der folgenden Rechte garantiert: ihre Handelsfreiheit, ihre bürgerlichen Rechte, ihre religiösen Gebote, das Recht auf ihre Schulen, ihre Synagogen, ihre Friedhöfe, ja in einer extensiven Interpretation dieser Grundsätze auch das Recht, hebräische Bücher zu drucken und zu verbreiten.

Jüdische Hochzeit unter der Chuppa (Trauhimmel), Kupferstich aus Johann Jodok Beck, Tractatus de juribus Judaeorum, *Nürnberg 1731.*

Es ist eben dieser Katalog von Glaubensfreiheiten und Rechten, der in die montfortischen Schutzbriefe oder auch in den Hohenemser Schutzbrief von 1617 Aufnahme gefunden hat. Was die bürgerlichen Rechte, d.h. das Privatrecht der Juden, anbetrifft, so sagt dazu Art. 8: *„Wann auch streittigkheiten under ihnen so ihr religion betrifft, fürfiehlen, mögen sie solches vor iren rabj nach irem gesetz und ordnung wol ausrichten, doch der herrschafft an dero herrlich- und obrigkheit ohnnachtheilig"*[490]. Hier scheint zwar auf die Religion Bezug genommen zu sein und in der Tat sind hier auch religiöse Fragen inbegriffen, gemeint ist aber vor allem das in der Tora und damit in den jüdischen Religionsgesetzen fundierte Privatrecht, insbesondere auch das Eherecht. Während das katholische Eherecht eine Scheidung und anschließende Wiederverheiratung nicht zuließ, erlaubte das jüdische Eherecht die Scheidung durch ein Rabbinergericht, ja sogar unter bestimmten Bedingungen die einseitige Ausstellung eines Scheidebriefs (hebr. *„get"*) durch den Mann. Entgegen der christlichen Rechtsordnung war mithin den Juden die Wiederverheiratung nach der Scheidung ohne weiteres erlaubt. Nach christlichem Verständnis stellte sich das als Bigamie und damit als ein strafbares Verbrechen dar. Dieses Beispiel zeigt, daß der christlichen Gesellschaft in dieser Anerkennung des jüdischen Privatrechts einiges abverlangt wurde; denn hier konnte eine Situation entstehen, die dem *„ordre publique"* entgegenlief.

In diesem Zusammenhang sei daran erinnert, daß die christliche Bevölkerung im Zuge der Gegenreformation auf der einen Seite fanatisiert wurde, daß aber der Landesherr auf der anderen Seite die geradezu inflationär sich ausbreitenden Sittenmandate oft damit begründete, daß Verstöße gegen Zucht und Sitte und deren Nichtahndung den Zorn Gottes erregen würden, der dann ein Land mit Hunger oder Pest dafür bestrafe. So wurde denn auch die Ausweisung der Juden aus der Grafschaft 1571 damit begründet, daß die Anwesenheit der Juden weder *„Glück noch Heil"*, sondern *„Misswachs der Früchte"* und *„allerlei Unrat"* gebracht hätte[491]. Auch Graf Jakob Hannibal von Hohenems befürchtete 1710, der Bau einer Synagoge führe *„zu vermehrung der Gottesläsasterung, folglichen auch Vnseres Hauses Vnglickhs"*[492].

Der zitierte Artikel 8 des Hohenemser Schutzbriefes von 1617 legte aber auch die Grenzen für die Ausübung des jüdischen Privatrechts fest: Es durfte nicht gegen die Souveränitätsrechte des Grafen verstoßen werden; die gräflichen Regalien durften nicht angetastet werden.

Zu einer derartigen Situation konnte es aber kommen (nicht nur in der Theorie, sondern auch in der Praxis, wie ein Fall aus Hohenems zeigt[493]), wenn Gemeinde und Rabbiner den Bann (hebr. *„cherem"*) gegen einen schutzverwandten Juden aussprachen, um ihn aus der Gemeinde auszustoßen. In einem solchen Fall kollidierte das jüdische Recht mit der landesherrlichen Schutzverpflichtung. Der Betroffene mochte dann entscheiden, ob er sich dem Bann fügen wollte oder ob er an den landesherrlichen Schutz appellierte, der dann Vorrang hatte. Der Bann war von den Juden sehr gefürchtet, weshalb sie versuchten, ihn durch Privilegien zu unterlaufen. So ließ sich beispielsweise 1413 Lazarus, der mutmaßliche Schwiegervater des Seligman von Tettnang, von König Sigismund ein Privileg erteilen, demgemäß er gegen den Bann eines Judenmeisters (= Rabbiners) geschützt war. Was die Religion angeht, so gestand Artikel 8 des Hohenemser Schutzbriefes von 1617 den Juden zu, *„in iren häussern synagogen schulen schulmeister irer religion gemäß haben und halten"* zu können[494] ohne jeglichen Einwand. Demnach sollte die Ausübung der Religion verdeckt stattfinden, d.h. hinter verschlossenen Türen. Hier sollten die Juden aber dann auch, wie der Schutzbrief von Aach 1551 sagt, einen absoluten Schutz genießen:*„...sollen sie in solchen* *ihren Häusern von Niemande unbilliger Weise nit beschwert oder beschädigt werden*"[495]. Den Protestanten aber war auch die geheime Ausübung ihrer Religion strikt verboten.

Die geheime Ausübung der Religion mag für manche Zeremonien durchführbar gewesen sein, doch ließ sich die jüdische Religion kaum zur Gänze vor der Öffentlichkeit verbergen. Das gilt besonders für das Gebot der Sabbatheiligung. Es konnte der christlichen Bevölkerung nicht entgehen, daß die Juden am Sabbat keine Geschäfte betrieben, daß sie am Sabbat nicht verreisten, daß sie am Sabbat keine Arbeiten verrichteten, daß sie kein Feuer und kein Licht anzündeten. Die Heiligung des Sabbats konnte den Christen umso weniger entgehen, als während des Sabbats die sogenannten Sabbatdrähte den Bezirk absteckten, in dem die Juden sich bewegen durften (für die Grafschaft Montfort sind solche zwar anzunehmen, aber nicht ausdrücklich bezeugt). Erst recht mußte es der Bevölkerung auffallen, wenn sich der jüdische Haushaltsvorstand einen christlichen Bedienten hielt, den sogenannten „*Schabbesgoi*", der die verbotenen Arbeiten verrichtete. Artikel 8 des Hohenemser Schutzbriefes hatte auch darauf – wohl über Intervention des Wolf von Langenargen – Rücksicht genommen: „*Sie mögen auch ahn irem Sabbath und feuertag christen bestellen, die inen ir hausheben verrichten*"[496]. Die versteckte Religionsausübung war damit einigermaßen ausgehöhlt. Denn es gab am Sabbat und an den hohen jüdischen Feiertagen eine Vielzahl von Zeremonien, bei denen Christen anwesend waren. Und es steht außer Frage, daß diese Christen auch über die ihnen ungewöhnlichen Zeremonien vielfach berichtet haben, so daß im Dorf jedermann davon wußte. Die gebildeten Schichten, insbesondere auch der Graf und seine Beamten, konnten sich aus einer weitläufigen Literatur über die jüdischen Gebräuche und Zeremonien informieren, etwa bei Johann Buxtorf dem Älteren (1564 – 1625), dessen „*Synagoga Judaica,…Oder Juden-Schul*" erstmals 1603 in Hanau erschienen ist (in deutscher Sprache, in lateinischer Sprache 1604).

Jedermann wußte auch um die Speisegebote und das Schächten, schon deswegen, weil das nicht koschere Fleisch an Christen verkauft werden durfte. Wolf von Langenargen vermittelte der hohenemsischen Kanzlei einen detaillierten Katalog verbotener Speisen: „*Nit essen derfen: Fisch, die keine schuoppen haben; Kein Bluet vom vich; Was geschwer oder unraine hat; Alles was nit gespaltne klauen hat*"[497]. Auch die Trennung des Geschirrs für milchige und fleischige Speisen dürfte der christlichen Bevölkerung nicht entgangen sein; denn oft genug kamen die Christen Geschäfte halber in die jüdischen Häuser, wo sie meist die Hausfrau in der Küche antrafen. Es gab auch gut geführte christliche Gasthäuser, die den Juden in der Beobachtung ihrer Speisegesetze entgegenkamen.

Was die jüdischen Feste angeht, so waren die Christen mit diesen schon aus ihrer Kenntnis der Bibel, aber auch

Joseph bewirtet seine Brüder. Wandmalerei aus der Kirche in Eriskirch, ca. 1410/20.

aus dem Kanon der christlichen Feiertage vertraut. Die Beschneidung des Herrn kannte man beispielsweise auch aus dem Kalender. In vielen Kirchen wie auch in den Armenbibeln, in denen die biblische Geschichte illustriert dargestellt wurde, konnte man Bilder der Beschneidung sehen. Ein Beispiel aus dem 15. Jahrhundert bietet ein von Hans Strigel dem Älteren geschaffenes Fresko in der montfortischen Kapelle in Zell bei Immenstadt. Vergleicht man die Darstellung Strigels mit dem Holzschnitt eines 1723 in Amsterdam gedruckten Minhagim-Buches, so stellt man leicht fest, daß der Künstler des 15. Jahrhunderts manches verkehrt wiedergibt: Auf der Beschneidungsbank sitzt der den Akt vollziehende Mohel in priesterlichem Gewand (anstelle des Paten, der das Kind hält). Der zugehörige Text „Vocatum est nomen eius Jesus" (sein Name wurde genannt Jesus) bringt richtig zum Ausdruck, daß mit der Beschneidung die Namengebung verbunden ist.

Auf eine – bisher wohl unbekannte – weitere Darstellung einer Beschneidung sei hier noch Bezug genommen. Es handelt sich um eine geritzte Zeichnung auf einem gläsernen Beschneidungsbecher des 18. Jahrhunderts, wahrscheinlich aus der Schweiz stammend. Der Becher ist etwa 13,5 cm hoch und hat einen Durchmesser von 7,8 cm. Im Gegensatz zu der Amsterdamer Darstellung, in der zwei Becher Verwendung finden, wird hier offenbar nur ein Becher gebraucht, wie sich nicht nur aus der Zeichnung, sondern auch aus der hebräischen Umschrift des Bechers ergibt: „kos schäl meziza ve-kos schäl beracha" (Becher für das Saugen und Becher für den Segen). Das Bild zeigt in der Mitte vorne den knienden Mohel (Vollzieher der Beschneidung) mit dem Beschneidungsmesser in der Linken. Ihm gegenüber sitzt der Gevatter oder Pate (hebr. „sandak") auf der Beschneidungsbank, das entblößte Kind auf dem Schoß haltend. Links von ihm steht, die Rechte auf die Lehne der Beschneidungsbank stützend, die Mutter. Neben dem Ge-

Beschneidungszeremonie nach einem Holzschnitt in einem Minhagim-Buch, Amsterdam 1723.

vatter sitzt eine weitere Person auf der Bank, vermutlich der Vater, der ein Tablett mit verschiedenen Gebrauchsgegenständen für die Beschneidung vor sich hat. Rechts im Bild steht noch ein weiterer Mann, der in seiner Rechten den Becher für den Mohel bereithält, in der Linken ein Tuch.

Andere Feste erwähnt allgemein der Schutzbrief von Aach 1551, der besonders auf die Tatsache hinweist, daß zu den Festen viele fremde Juden „in guter Unzahl" zu erscheinen pflegen[498]. Besonders erwähnt ist das „Laubraisen", das im Herbst gefeierte Laubhüttenfest, hebr. „Sukkot" (= Hütten). Zum Gedenken an das Hüttenleben während der Wanderung durch die Wüste (Lev.23,43) hält man sich während des Festes in einer Hütte (hebr. „sukka") auf.

Beschneidung Jesu Christi. Wandmalerei von Hans Strigel d.Ä. in der montfortischen Kapelle Zell um ca. 1450.

Beschneidungsbecher aus Glas, Höhe 13,5 cm, Durchmesser 7,8 cm, 18. Jahrhundert, wohl aus der Schweiz (Privatbesitz).

Darstellung des Laubhüttenfestes. Kupferstich aus: Johann Buxtorf, Synagoga Judaica, Frankfurt/Leipzig 1738, S.399.

Der Schutzbrief für Aach sagt weiter, daß die Juden ihre Zusammenkünfte *„allernächst bei dem Stadttor"*[499] haben, d.h. bei dem unteren Stadttor; von dort sollen sie jedoch ihre Zusammenkünfte auf einen anderen, ihnen vom Rat anzuweisenden Platz verlegen. Offenbar wurden ihre Gebete und ihr Gesang als störend empfunden; denn 1583 wird ihnen in Aach vorgeschrieben, daß sie sich künftig *„ihres Gesangs gänzlich enthalten"*[500].

Eine besondere Rolle im Leben der Juden spielt der Tanz. Der Tanz begleitet nicht nur die persönlichen Feste wie etwa die Hochzeit, sondern auch religiöse Feste. Das hebräische Wort *„chag"* (Feiertag) bedeutet ursprünglich Tanz[501]. Wie sehr die christliche Bevölkerung in der Grafschaft Montfort mit den Tanzgewohnheiten der Juden vertraut gewesen ist, läßt sich dem Geständnis der Hexe Anna Lohr aus Langenargen entnehmen, die 1625 auf die Frage, wie es bei einem Hexentanz zugehe, bekannte: *„Sie tanzen und hosplen miteinander herum wie die Juden"*[502].

Was die Rabbiner angeht, so besitzen wir keine direkten Hinweise auf deren Anwesenheit in der Grafschaft Montfort. Der Rabbiner ist in der fraglichen Zeit auch nicht der Seelsorger, wie es im 19. oder 20. Jahrhundert der Fall ist, sondern er ist vor allem rechtskundig. Wie schon bemerkt wurde, kommen in dieser Hinsicht sowohl dem Seligman von Tettnang im 15. Jahrhundert wie auch dem Wolf von Langenargen im 17. Jahrhundert Rabbiner-Qualitäten zu.

Es gibt keinerlei Hinweise darauf, daß in den Orten der Grafschaft Montfort mit jüdischer Bevölkerung je eine Synagoge gestanden hat. Man wird wohl auch bezweifeln müssen, daß es je eine gegeben hat. War die Ansiedlung der Juden in Tettnang um 1425 augenscheinlich zu klein für die Errichtung einer Synagoge gewesen (überdies bestand eine solche im benachbarten Ravensburg), so deutet der ausführlich zitierte Bericht des Notars von 1556 auf das Nichtvorhandensein einer Synagoge hin; denn wo eine solche bestand, bevorzugten es die Notare in gleichgelagerten Fällen, den Juden in ihren Synagogen die zu insinuierenden Privilegien zur Kenntnis zu bringen. In Tettnang und in Wasserburg suchte der Notar dagegen die Juden einzeln in ihren Häusern auf. Dagegen wird man sehr wohl annehmen können, daß in den jüdischen Häusern in Tettnang, Langenargen oder Wasserburg Betsäle zu finden waren, die – für eine zahlenmäßig kleinere Gemeinde – dieselben Zwecke erfüllt haben wie die Synagogen. Solche Betsäle kamen wohl auch eher den Wünschen der Obrigkeit entgegen, die religiösen Zeremonien im Geheimen abzuhalten, um möglichen Provokationen vorzubauen. Da die Juden in allen drei Orten vermögend waren, sind sogar mehrere Betsäle anzunehmen. Zwar wird man die hohen Feiertage gemeinsam zelebriert haben; für den Alltagsgebrauch diente aber wohl je ein Betsaal in Tettnang, Langenargen und Wasserburg.

Die Synagoge in Buchau vor ihrer Zerstörung 1938.

Irgendwelche Gegenstände zum liturgischen Gebrauch sind aus der Grafschaft Montfort nicht überliefert. Zu erwähnen bleibt lediglich, daß im Inventar des Grafen Ulrich IX. von 1574 *„Ain schön künstliche Bichsen von Helffenbain auß ainem stückh gemacht mit Hebrayschen Buochstaben"*[503] aufscheint. Vielleicht handelt es sich dabei um eine sogenannte Bessaminbüchse, die bei der Hawdala-Zeremonie beim Ausgang des Sabbats für den Gewürzsegen gebraucht wird: die Trauer über das Ende des Sabbats soll durch die Wohlgerüche der Gewürze verscheucht werden[504].

So wenig wie über die Synagoge wissen wir etwas über einen jüdischen Friedhof in der Grafschaft Montfort. Wahrscheinlich hat es einen solchen auch nicht gegeben, da die Gemeinde zu klein und auch die Dauerhaftigkeit der Niederlassung zu gering war. Wir müssen in diesem Fall damit rechnen, daß die montfortischen Juden andere Friedhöfe für die Bestattung ihrer Toten benützt haben. Als solche kommen in Betracht im 15. Jahrhundert der Friedhof in Überlingen, im 16. Jahrhundert derjenige von Buchau, nach 1617 der von Hohenems; aber auch andere Friedhöfe kämen noch in Betracht, ganz besonders der in Aach[505]. Der Friedhof von Aach war nicht nur im Schutzbrief für Aach von 1551 genau beschrieben, sondern es war auch ausdrücklich vorgesehen: *„Ob aber von andern fremden Juden gestorbene Juden zu begraben denen Juden zu Ach zukommen, mögen sie dieselben auch auf die hohen Halden begraben. So oft aber das geschieht, sollen die Juden zu Ach denen von Ach von jeden fremden Juden oder Judinen so mannbar ist, 2 fl. und von einer jeden Person, die nit manbar, 1 fl. zu geben schuldig sein"*[506].

Schwieriger zu beantworten ist die Frage, auf welche Weise das religiöse Leben im 19. und 20. Jahrhundert gestaltet war. 1832 wurden in Württemberg 13 Rabbinate errichtet, denen die insgesamt 41 jüdischen Gemeinden des Landes zugeordnet wurden[507]. Zu dieser Zeit lebten im Oberamt Tettnang noch keine Juden, die erst im Zuge der staatsbürgerlichen Gleichstellung und der damit gegebenen Niederlassungsfreiheit dort wieder in Erscheinung traten, jedoch in so geringer Zahl, daß es für eine Gemeindebildung nicht ausreichte. Während die Lindauer Juden des 19. Jahrhunderts sich nach Hohenems orientiert hatten und auch den dortigen Friedhof mitbenutzten, darf für die Juden des Oberamtes Tettnang eine Orientierung nach Buchau angenommen werden. Diese wird etwa durch die Tatsache bestätigt, daß der Rabbiner von Buchau die Insassen der Anstalt Liebenau betreut hat[508]. Wenn beispielsweise auch die Ravensburger Juden des 19. und 20. Jahrhunderts die Buchauer Einrichtungen mitbenutzt haben[509], so darf man das analog auch für die Juden des Oberamtes Tettnang annehmen; anderes gilt für die im badischen Markdorf ansässigen Juden dieser Zeit, die dem Rabbinat in Gailingen zugeordnet waren[510].

Das äußere Erscheinungsbild

Bildliche Darstellungen montfortischer Juden sind bis heute nicht bekannt geworden, sieht man von der Darstellung des *„Hopfenjuden"* von 1865 ab. Über die lokale christliche Ikonographie sind wir jedoch über das äußere Erscheinungsbild und die Kleidung der Juden einigermaßen unterrichtet.

So zeigen etwa zwei Darstellungen von Juden in den um 1420 entstandenen Glasfenstern in Eriskirch typische Merkmale, die wir um so mehr als historische Zeugnisse ansehen dürfen, als sie genau in die Zeit der ersten jüdischen Ansiedlung in Tettnang fallen. Zwei prächtige Darstellungen, die der Kreuzlegende (Auffindung des Kreuzes Christi durch die hl. Helena)[511] gewidmet sind, zeigen einmal den greisen Judas, als er der Kaiserin Helena überantwortet wird und diese ihm gebietet, ihr Golgatha zu zeigen[512]. Das andere Bild zeigt die Kreuzauffindung selbst mit der Bildunterschrift *„...hic Judas*

Szene aus der Kreuzlegende im Chorfenster der Kirche zu Eriskirch: Judas findet das Kreuz, um 1420.

invenit crucem sanctam" (hier findet Judas das heilige Kreuz)[513]. Im erstgenannten Bild erscheint Judas als ein würdiger Greis mit dem für die Juden typischen Bart und dem unverzichtbaren trichterförmigen Judenhut, der seit dem IV. Laterankonzil von 1215 in deutschen Landen als Abzeichen der Juden vorgeschrieben und üblich war. Der Judenhut erscheint in zahlreichen Darstellungen der christlichen Kunst als das den Juden kennzeichnende Merkmal. Derselbe Hut erscheint auch in der zweiten Darstellung ebenso wie auch der Bart. Gekleidet ist Judas mit einem halblangen blauen Rock, hellen (weißen) Beinlingen, schwarzen Schuhen, im Nacken einen grünen Kapuzenkragen („*chaperon*")[514].

Im 17. und 18. Jahrhundert unterscheidet sich die Kleidung der Juden kaum von jener der Christen, soweit die Juden nicht im Zusammenhang mit ihren religiösen Zeremonien dargestellt werden. Das Titelblatt zu Johann Caspar Ulrichs *„Sammlung Jüdischer Geschichten in der Schweitz"* (1768) zeigt sechs jüdische Männer in Mänteln und Gewändern der Zeit, teilweise mit Halskrause, die meisten mit Hüten und mit Bärten. Nur einer, der eine Torarolle vor sich entrollt liegen hat, trägt einen Gebetsmantel („*Tallit*"). Auch die Juden im Titelkupferstich zu Johann Jodok Becks *„Tractatus de juribus Judaeorum"* (Nürnberg 1731) oder die Abbildungen in Johann Buxtorfs *„Synagoga Judaica"* weisen keine Besonderheiten auf, soweit es die Alltagskleidung betrifft.

Für die neuere Zeit bliebe allgemein hervorzuheben, daß die Juden großen Wert auf gute Kleidung gelegt haben, besonders auch die Frauen[515]. Lokales Bildmaterial fehlt weitgehend. Zu erwähnen wäre aber immerhin der *„Hopfenjude"* auf der Tettnanger Schützenscheibe von 1865 in seinem karierten Anzug, dem hohen Hut und herabhängenden Monokel[516]. Die Fotos aus dem 20. Jahrhundert lassen keinerlei Besonderheiten in der Kleidung erkennen, durch die sich die Juden von der übrigen Bevölkerung unterschieden hätten.

Die Namen

Seit ihrer ersten Niederlassung im Bodenseeraum führen die Juden einen doppelten Namen: den einen verwenden sie im Umgang mit den Christen, den anderen nur unter sich selbst. In der Mehrzahl der Fälle kennen wir nur die erste Namensform, wie sie in den christlichen Quellen überliefert ist. Die zweite (interne) Namensform erscheint meist in jüdischen Quellen (Briefen, Siegeln, Grabsteinen usw.), die nahezu gänzlich verloren sind.

Die erstgenannten Namensformen sind in der Regel germanisierte oder alemannisierte hebräische Namen, an die oft die Verkleinerungssilbe (-l, -le, -li, -lin) angehängt wird. Beispiele sind etwa Seckhl (= Isac), Mossle (= Moses), Berlin (= Bär) oder Gütlin (= Guta). Dazu wird dann der Ort des Wohnsitzes genannt, immer in Verbindung mit einem „*Jud*" oder „*Jüdin*", also etwa Berlin Jud von Wasserburg, Esaias Jud von Langenargen, Wolf Jud zu Argen usw. Dabei ist zu beachten, daß mit einer Verlegung des Wohnsitzes häufig auch der Name wechselt. So wird aus dem Lazarus von Ems gleich nach seiner Übersiedlung nach Illereichen ein *„Lazarus Judt zue Aichen"*. Die eher herabsetzende Bezeichnung „*Jud*" wird von den Juden auch dann gebraucht, wenn sie mit ihrem alemannisierten Namen Dokumente in hebräischer Schrift unterzeichnen. Später fand man die neutralere Bezeichnung *„Hebräer"*, die vielfach an die Stelle jenes negativ klingenden *„Jud"* tritt. Die zweite (hebräische) Namensform besteht aus dem Namen und dem Namen des Vaters; Belege dafür fehlen aus unserem Raum, da nur ein einziges Siegel überliefert ist, dessen abgekürzte Buchstaben vorerst nicht aufzulösen sind: A, Sohn des A, also vielleicht etwa Abraham bar Aaron (Abraham, Sohn des Aaron).

Auf die Bedeutung der einzelnen Namen wurde meist schon hingewiesen. Die meisten Namen sind hebräischen Ursprungs, aber auch Namen aus der griechischen und römischen Antike sind anzutreffen. Familiennamen werden erst seit dem Anfang des 19. Jahrhunderts üblich; sie wurden im Zuge der Angleichung der Juden an die übrigen Bürger gesetzlich vorgeschrieben. Derartige Namen sind damals in Tettnang oder Langenargen nicht entstanden, weil es keine Juden gab. Die Zuwanderer seit der Mitte des 19. Jahrhunderts bringen bereits ihre Namen mit. Ausnahmsweise führen Juden auch schon im 16., 17. oder 18. Jahrhundert solche Familiennamen. Aus unserem Raum gibt es dafür nur wenige Beispiele: Bei David Obernauer ist an eine ursprüngliche Herkunft aus Obernau (Rottenburg am Neckar) zu denken, wo es im 16. Jahrhundert Juden gegeben hat[517]. Ebenso ist bei Lazarus Burgauer an die Herkunft aus der Markgrafschaft Burgau zu vermuten. Ähnlich ist der Name Jakob von Thannhausen zu deuten. Eine typisch montfortische Namenbildung ist hingegen „Fahnroth".

Sprache, Bildung und Kultur

Die Juden sind ein Volk der Schrift, wie denn auch unser Alphabet eine semitische Erfindung ist. Das geschriebene Wort stand hoch in Ehren. Geschriebenes wurde daher stets aufbewahrt, häufig in den „*Genisot*" (Plural von „*Genisa*", Magazin für unbrauchbar gewordene heilige Schriften oder Kultgegenstände) versteckt. Im Montforterland wurde bisher keine „*Genisa*" entdeckt. Und so ist die Zahl der auf uns gekommenen Zeugnisse in hebräischer Schrift äußerst spärlich: die Umschrift auf dem Siegel des Wolf von Langenargen (vor 1617) in hebräischer Quadratschrift[518], die Notiz des Moses von Langenargen auf dem Achtbrief vom 26. März 1565 in hebräischer Kursive: sie besteht nur aus sechs unvokalisierten Worten, den Vornamen und Nachnamen der drei Ächter „*stvbl fljb*" (Stoffel Philipp), „*qsbr gvsr*" (Caspar Gasser) und „*bltjs hvk*" (Balthis Hack)[519]. Wir haben noch ein drittes Zeugnis kennengelernt, den – leider nur verdeutschten – Auszug aus der jiddischen Familienchronik des David Obernauer, geschrieben 1641 bereits

Das vorerst einzige Stück in jiddischer Sprache. Notiz des Moses von Langenargen auf dem Achtbrief vom 26. März 1565 in hebräischer Schrift: die Namen der drei Ächter: stubl fljb (Stoffel Philipp), qsbr gvsr (Caspar Gasser) und bltis hvk (Baltis Hack). (Original: Vorarlberger Landesarchiv Urk. 3092).

in Hohenems, nicht mehr in Langenargen, aber dennoch dem Umfeld jüdischer Kultur der Montforterlande zurechenbar. Noch ein viertes Zeugnis mag man mit gewissen Einschränkungen hier anführen: eine jiddische Geschäftsnotiz des Hohenemser Viehhändlers Josle Levi von 1642 auf einem in Weingarten datierten Protokollauszug. Josle Levi hatte danach einen Streit mit einem gewissen Hans Amman „*aus dem ambt Zell*" wegen einer Kuh[520]. Der auf der Rückseite des Papiers in hebräischer Kursive angebrachte Vermerk lautet „*ktb m' hans amh*" (Urkunde von Hans Amman).

Die wiederholten Verfolgungen und Vertreibungen der Juden haben wohl die bestehenden „*Genisot*" in Tettnang, Langenargen und Wasserburg zerstört. Es bleibt somit nur die Hoffnung, daß zufolge der Hochschätzung des geschriebenen Wortes vielleicht doch noch das eine oder andere Zeugnis aus der jüdischen Überlieferung aufgefunden wird.

Diese Zeugnisse sind entweder in hebräischer oder in jiddischer Sprache, stets jedoch unter Verwendung des hebräischen Alphabets geschrieben. Im Mittelalter herrschte das Hebräische vor. Man darf davon ausgehen, daß Seligman und Salman von Tettnang ihre Geschäftspapiere noch in hebräischer Sprache geführt haben.

Das Landjudentum bevorzugte die jiddische Sprache, und zwar auch im Geschäftsverkehr, während das Hebräische seine Domäne vor allem im religiösen Bereich behauptet hat. Das Jiddische hat sich seit dem Mittelalter allmählich herausgebildet. Es besteht zum überwiegenden Teil aus deutschen und hebräischen, aber auch aus romanischen und slawischen Elementen. Die Grammatik vermischt deutsche und hebräische Sprachregeln. Leider läßt sich vorerst aus der montfortischen Überlieferung kein Beispiel beibringen. Doch läßt sich wohl soviel sagen, daß die Montforter Landjuden, wie man nicht zuletzt auch ihren Namensformen entnehmen kann, ein alemannisiertes Mitteljiddisch gesprochen haben. Mitteljiddisch ist, von der sprachlichen Entwicklung her gesehen, das in der Zeit von 1500 bis 1800 gesprochene Jiddisch. Aus der geographischen Sicht war es ein Westjiddisch (im Gegensatz zu dem in Osteuropa gesprochenen Ostjiddisch). Einen neujiddischen bzw. ostjiddischen Akzent dürfen wir bei Julius Josephsohn annehmen, von dem überliefert ist, daß er Schriftdeutsch mit jiddischem Akzent gesprochen hat.

Der Bildungsgrad der Juden muß allgemein hoch veranschlagt werden, was uns auch die wenigen Zeugnisse über die montfortischen Juden bestätigen. Der noch den mittelalterlichen Stadtjuden zuzurechnende Seligman von Tettnang hatte eine tiefergehende rabbinische Ausbildung: er war ein Rabbi (hier im Sinne eines Doktorgrades zu verstehen), ein Kenner der heiligen Schrift und der zu ihr bestehenden schriftlichen Überlieferung. Ähnliches konnten wir auch für Wolf von Langenargen feststellen.

Bezeichnend ist, daß Wolf mit dem christlichen Buchdrucker Bartholomäus Schnell in Hohenems einen Vertrag abgeschlossen hat, daß dieser 1624 die Buchstaben für den Druck eines hebräischen Büchleins gießen ließ. Der Druck kam dann nicht zustande, weil Wolf einem Mord zum Opfer gefallen war. Leider ist über den Inhalt dieses Buches nichts bekannt. Auf jeden Fall hat Wolf größere Investitionen getätigt, um ein hebräisches Buch drucken zu lassen, mit dem er in die Frühgeschichte des hebräischen Druckes eingegangen wäre.

Auf derselben Linie liegt es, wenn zum Jahr 1641 die jiddische Familienchronik des David Obernauer zitiert wird. Überliefert ist nur ein verdeutschter Auszug, der die Gerichte beschäftigt hat. Was für ein Schatz wäre diese Chronik, auch im Hinblick auf die jiddische Literaturgeschichte, wenn sie erhalten geblieben wäre.

Seligman, Wolf und David waren reiche Juden, über deren geistige und kulturelle Betätigung wir uns nicht wundern. Aber die Verehrung der Schrift ist keineswegs auf die Oberschicht beschränkt, sie umfaßte alle Juden bis hinab zur untersten Sprosse der sozialen Stufenleiter. 1772 starb in der Nähe von Lindau der 14jährige Betteljunge Moses von Buttenwiesen, der das Pessach (=Oster)fest in Hohenems feiern wollte. Alles was er hinterließ, war ein Sack mit Lumpen, zerrissenen Hemden und zerrissenen Strümpfen; doch fanden die darob erstaunten Lindauer Beamten, die den Todesfall protokollierten, auch *„ein Gebett Büchle und die 10 Gebothe"*[521] (letztere sind sogenannte „Tefillin", Gebetsriemen mit darauf befestigten Kästchen, in denen auf Pergament geschriebene vier Toraabschnitte verwahrt werden). Selbst ein junger Bettler kann auf das geschriebene Wort nicht verzichten.

Dieser Vorfall zeigt, daß die Ausbildung in der hebräischen Sprache und im Lesen und Schreiben der hebräischen Schrift nicht eine Sache der Zugehörigkeit zu einem bestimmten Stand gewesen ist. Alle jüdischen

Männer lernen das Lesen und Schreiben der hebräischen Schrift. Bezeichnend ist auch das Beispiel des Bettlers und Hausierers Samuel Joseph, der 1815 Tettnang passiert hat; in seinem Reisepaß steht der Vermerk „Kann nicht Deutsch schreiben". Man darf diesen Satz ergänzen: Hebräisch schreiben kann er.

Wir haben bereits mehrfach Beispiele dafür kennengelernt, daß auch die montfortischen Juden Privatlehrer für die Erziehung ihrer Kinder angestellt hatten, so etwa Joseph von Langenargen, David Obernauer oder Lazarus Burgauer. Überliefert sind die Namen von Schulmeistern, etwa Judas oder Jekosiel. Häufig haben diese Lehrer auch die ärmeren Nachbarkinder sowie auch die Mädchen unterrichtet. Denn wir haben auch Zeugnisse dafür, daß auch die Frauen die hebräische Schrift lesen und schreiben konnten. Die von Frauen geschriebenen Texte sind jedoch in der Regel jiddisch (nicht hebräisch). Ein Beispiel ist die Ehefrau des Joseph von Langenargen, die die jiddischen Geschäftsbücher ihres Mannes geführt hat.

Deutsch lesen und schreiben können zumindest die der Oberschicht angehörigen Juden: Wolf von Langenargen, David Obernauer oder Lazarus Burgauer. Man darf aber auch mit dieser Feststellung wohl weitergehen. Wenn 1556 der Notar bei seinem Besuch in Tettnang und in Wasserburg allen betroffenen Juden beglaubigte Abschriften des kaiserlichen Privilegs übergeben hat, so erscheint das nur dann sinnvoll, wenn die Juden diese Papiere auch lesen konnten.

Dazu steht keineswegs im Widerspruch, wenn der Satzbrief der Juden zu Aach 1551 in Artikel 15 den Juden vorschreibt, sie sollen *„ihre Brief gegen den Burgern zu Ach beim Stadtschreiber zu Ach und sonst nirgends schreiben lassen und ihm wie andere Bürger seine Belohnung darum geben"*[522]. Denn damit sollten nur die Einkünfte des Stadtschreibers sichergestellt werden. Auch bei der Konzipierung von Supplikationen oder Briefen an den Kaiser oder andere hochgestellte Persönlichkeiten war es üblich, einen Berufsschreiber zu verwenden, der diese Schreiben nicht nur kalligraphisch ausgestaltete, sondern auch den Briefstil vollkommen beherrschte; denn schon ein geringer Fehler in der Anrede konnte dazu führen, daß das Schreiben unbeachtet blieb.

Wir waren davon ausgegangen, daß sich die jüdische Kultur vor allem in den schriftlichen Zeugnissen niedergeschlagen hat, wobei wir bereits auf diesem Gebiet eine äußerst spärliche Überlieferung zu beklagen hatten. Erst recht muß das für die sonstige Überlieferung von Überresten gelten: für Bücher oder Handschriften ebenso wie für die vielfältig vorhanden gewesenen Kunstwerke, besonders aus dem religiösen Bereich, aber auch aus dem Alltag. Nach bisherigem Kenntnisstand hat sich so gut wie nichts erhalten. Es gibt einige diffuse Hinweise. Bemerkenswert bleibt zumindest die aus einem Stück gemachte *„schöne künstliche"* Büchse aus Elfenbein *„mit hebrayschen Buochstaben"*[523], vielleicht eine Bessamin(=Gewürz)-Büchse, wie sie am Ende des Sabbats gebraucht wird (Wohlgerüche sollen die Trauer über das Ende des Sabbats verscheuchen); aber auch andere Deutungen dieser Büchse wären möglich. Zu den Paramenten der Hohenemser Synagoge gehörten 1887 ein *„Parochet"* (Tora-Vorhang) aus dem 16. Jahrhundert und eine Altardecke mit der Jahreszahl 1632[524]. Beide Gegenstände wurden zwar erst in neuerer Zeit gestiftet, doch bleibt nicht auszuschließen, daß sie in die Anfänge der Gemeinde Hohenems zurückreichen. Denn 1632 stimmt auffälig mit der in diesem Jahr erfolgten Konstituierung der Gemeinde Hohenems zusammen. Wer aber sollte diese Altardecke sonst gestiftet haben wenn nicht ein David Obernauer oder einer der aus Langenargen zugewanderten sonstigen Juden. Erst recht gilt das für den Tora-Vorhang des 16. Jahrhunderts. Selbstverständlich sind auch hier andere Lösungen denkbar.

Zwei authentische Überreste bleiben jedenfalls gesichert: der gut erhaltene Siegelabdruck des Wolf von Langenargen von 1617 und der Grabstein des Julius Josephsohn auf dem Buchauer Friedhof von 1938.
Abschließend sei noch auf ein berühmtes Werk jüdischer Buchkunst hingewiesen, die Darmstädter Haggadah. Geschrieben wurde diese Handschrift durch den jüdischen Kalligraphen Israel ben Meir aus Heidelberg. Die Illumination des Textes erfolgte dagegen erst später, und zwar durch einen christlichen Meister am Oberlauf des Rheins, wahrscheinlich um 1430. Besonders auffällig ist eine Übereinstimmung des architektonischen Schmucks der Handschrift mit jenem der Wandmalereien der Kirche von Eriskirch aus den Jahren 1410/20[525]. Das in Frage stehende Blatt ist nicht nur für sich selbst ein hervorragendes Beispiel der Schriftkultur, in dem sich morgenländische und abendländische Elemente zu einer Synthese zweier Kulturen zusammenfügen: es ist zugleich eine Verherrlichung des Buches schlechthin: fast alle dargestellten Personen haben ein Buch in der Hand, auf das sie sich zu berufen scheinen, um einer von ihnen vertretenen Ansicht Nachdruck zu verleihen, seien sie nun Juden oder Christen.

Schlussbetrachtung

Die Geschichte der Juden in der Grafschaft Montfort ist in die Geschichte der Juden im Bodenseeraum eingebettet und mit dieser untrennbar verbunden. Diese Geschichte von *„medinat bodase"* (Bezirk Bodensee) oder der *„Judescheit an dem Bodmensee"* ist durch drei große Verfolgungen 1348/49, 1429/48 und 1933/45 gekennzeichnet, die jeweils die Vernichtung der Juden und deren Kultur zur Folge hatten. Die Kontinuität wurde unterbrochen. Diese Schlüsselereignisse wirkten sich jeweils auch auf die Juden in der Grafschaft Montfort aus.

Die Geschichte der Juden im Bezug auf die Grafen von Montfort beginnt 1286. Die Grafen liehen sich bei Juden rund um den Bodensee Geld aus. 1353 wurden die Grafen von Montfort Nutznießer des allgemeinen Judenmordes von 1349: der Kaiser erklärte alle ihre Schulden für nichtig. Auch für die Herrschaft Wasserburg beginnt die jüdische Geschichte 1286: allerdings bleibt ungeklärt, ob der berühmte Rabbi Meir mi-Rothenburg wirklich in Wasserburg am Bodensee vom Kaiser gefangengehalten wurde. Die Inhaftierung eines anderen Juden auf der Burg veranlaßte 1358 die Stadt Lindau zu einer Belagerung und Zerstörung der Burg Wasserburg.

Im Verlaufe des Konstanzer Konzils knüpften die Grafen von Montfort engere Beziehungen zu Juden. In dieser Zeit war Graf Rudolf VI. von Montfort als Landvogt von Schwaben im Namen des Kaisers für den Judenschutz in der Region verantwortlich. Um 1425 entstand eine erste jüdische Ansiedlung in Tettnang, die aber nur wenige Jahre existiert hat. Seligman von Tettnang und Salman von Tettnang, zwei reiche Kaufleute, repräsentieren diese älteste Niederlassung.

Im Zeitalter des Humanismus trat der Reformator Urbanus Rhegius aus Langenargen als Kenner der hebräischen Sprache und der rabbinischen Literatur hervor; wiederholt hat er mit Juden in den Synagogen von Hannover und Braunschweig Diskussionen über theologische Fragen geführt.

Der Übergang des mittelalterlichen Stadtjudentums zum frühneuzeitlichen Landjudentum läßt sich am Beispiel von Tettnang, Langenargen und Wasserburg schön demonstrieren. Die Nachkommen der Juden aus den mittelalterlichen Bodenseestädten, insbesondere aus Konstanz, fanden seit 1551 über Aach und Meersburg Zuflucht in der Grafschaft Montfort, von wo aus sie die Geschäftstätigkeit ihrer Vorfahren in der Reichsstadt Lindau wieder aufnahmen. Auch Vorarlberg suchten sie in ihre Medine einzubeziehen. 1572 wurden sie vertrieben, konnten jedoch wenige Jahre später wieder nach Langenargen und Wasserburg zurückkehren. Ihre Betätigungsmöglichkeiten wurden jedoch stark eingeschränkt, insbesondere der Geldhandel.

Seit 1617 förderte Wolf von Langenargen in entscheidendem Maße die Neugründung der jüdischen Gemeinde in Hohenems, die zunächst von Juden aus Langenargen und aus Rheineck besiedelt wurde. Hohenems darf in diesem Sinne als Fortsetzung der montfortischen Judengemeinde angesprochen werden. Es läßt sich somit eine Genealogie von den mittelalterlichen Bodenseegemeinden über die Gemeinden Rheineck, Aach, Meersburg, Tettnang, Langenargen und Wasserburg bis zu der ausgeprägten Landjudengemeinde Hohenems aufstellen. Die kleinen jüdischen Gemeinden des 16. Jahrhunderts in den Montforterlanden und deren Umgebung sind sozusagen Durchlaufstationen im Umbildungsprozeß vom mittelalterlichen Stadtjudentum zum Landjudentum des 17. Jahrhunderts gewesen.

In der Grafschaft Montfort spielen die Juden nach der Etablierung der Gemeinde von Hohenems keine Rolle mehr. Die spektakuläre Taufe des Juden Fahnroth in Tettnang 1749 oder die Verpachtung der dem Untergang geweihten montfortischen Münze in Langenargen 1758 blieben vorübergehende Ereignisse ohne Bedeutung. Erst das württembergische Gleichstellungsgesetz von 1864 öffnete den Juden wieder die Tore für eine Niederlassung in Tettnang und Langenargen; doch nur sehr wenige Juden machten davon Gebrauch. In Tettnang haben die Juden im Hopfenanbau und Hopfenhandel eine Rolle gespielt; noch heute ist hier die Weltfirma Steiner präsent. Ungeachtet der geringen Zahl der Juden in Tettnang und Langenargen lassen sich auch hier nationalsozialistische Verfolgungen von Arisierungen bis hin zu Euthanasiemorden greifen. Zur Zeit der *„Reichskristallnacht"* am 9. November 1939 gab es in Tettnang und in Langenargen keine Juden mehr.

Die mehrfach in ihrer kontinuierlichen Entwicklung gewaltsam unterbrochenen montfortischen Juden haben nur wenige Spuren ihrer Geschichte und Kultur hinterlassen. Nur schemenhaft läßt sich ihre Lebenswelt nachzeichnen. Aufgabe dieses Buches war es, zunächst einmal auf die Existenz der bisher unbekannten montfortischen Juden hinzuweisen. Zugleich aber sollte dieses Buch auch ein Aufruf und eine Anleitung zur Spurensuche und Spurensicherung sein. Aus praktischen Gründen mußte der Schwerpunkt der bisherigen Spurensuche und Spurensicherung im Bereich der schriftlichen Überlieferung liegen. Künftig wird man in stärkerem Maße die Realien einbeziehen müssen, deren Aufspürung sich sehr viel schwieriger gestalten wird, aber dennoch erfolgreich sein kann, wie die Beispiele des Siegels des Wolf von Langenargen von 1617, der Tettnanger Schützenscheibe mit der Darstellung des „Hopfenjuden" von 1865 oder des Grabsteins von Julius Josephsohn auf dem jüdischen Friedhof in Bad Buchau von 1938 zeigen. Vielleicht gelingt es, der Dokumentation der schriftlichen Zeugnisse eine ansehnliche Zahl von Realien an die Seite zu stellen. Wenn der Leser zu der – bis heute keineswegs selbstverständlichen – Einsicht gelangt ist, daß die lokale Geschichte der Juden ein integraler Bestandteil der eigenen örtlichen Geschichte ist, und sein Blick dafür geschärft wurde, Gegenstände der jüdischen Geschichte als solche zu erkennen und in ihrer Bedeutung zu erfassen, so hat dieses Buch ein wesentliches Ziel erreicht. Und was heute vielleicht noch als eine unrealistische Vision erscheint, der Geschichte der Juden in der Grafschaft Montfort nicht nur eine Dokumentation, sondern eine wirkliche Ausstellung zu widmen, kann eines Tages vielleicht doch Wirklichkeit werden.

Anmerkungen

1. Ziegler, Juden in St. Gallen, S. 33.
2. Landmann, Jiddisch, S. 21.
3. Veithans, Judensiedlungen, S. 3.
4. Wegscheider, Rankweiler Chronik, S. 100; vgl. auch Vorarlberger Landesarchiv, Hds. u. Cod., Lichtbildserie 38 b, S. 272 f.
5. Zur Problematik des Landjudentums vgl. Landjudentum im Süddeutschen- und Bodenseeraum, insbesondere den Beitrag von Monika Richarz, Die Entdeckung der Landjuden. Stand und Probleme ihrer Erforschung am Beispiel Südwestdeutschlands, dort S. 11 – 21.
6. Überzeugend der Verbesserungsvorschlag (Mellingen statt Ailingen, aber auch für Gailingen) von A. Nordmann, Zur Geschichte der Juden in der Innerschweiz. In: Geschichtsfreund 84 (1929), S. 73 – 89 (hier S. 75, Anm. 6); ebenso schon Adolphe Neubauer, Le Mémorbuch de Mayence. In: Revue des études juives 4 (1882), S. 1 – 30 (hier S. 27).
7. Salfeld, S. 69.
8. Löwenstein, Bodensee, S. 20 und S. 112, Anm. 17; Heller, Konstanz, Sp. 283; Veithans, S. 34.
9. Germania Judaica, Bd. 2/1, S. 449, Anm. 43.
10. Alpher, Encyclopedia of Jewish History, S. 71.
11. Vgl. Johann Friedrich Böhmer, Regesta imperii, Bd. 6: Die Regesten des Kaiserreichs unter Rudolf, Adolf, Albrecht, Heinrich VII. 1273 – 1313, 1. Abt., hg. v. Oswald Redlich, Innsbruck 1898, S. 475, Nr. 2185; Adolf Kober, Meir ben Baruch aus Rothenburg. In: Jüdisches Lexikon, Bd. 4/1, Sp. 55 f.
12. Zunz, Literaturgeschichte der synagogalen Poesie, S. 357 f.
13. Renan, Les Rabbins français, S. 456.
14. Renan, Les Rabbins français, S. 456.
15. Nicht „Ludwig", wie fälschlich in Germ. Jud., Bd. 2/1, S. 489.
16. Wartmann, Bd. 3, S. 247, Nr. 1050.
17. MGH, LL, Bd. 2, S. 372.
18. Schulte, Geschichte des mittelalterlichen Handels, Bd. 1, S. 318. In Frankreich ist dieser Zinssatz schon 1218 bezeugt.
19. Wartmann, Bd. 3, S. 248, Nr. 1052.
20. Vanotti, Grafen von Montfort, S. 475, Nr. 14.
21. Mohr, Bd. 2, S. 186 – 188, Nr. 114.
22. Mohr, Bd. 2, S. 191 – 194, Nr. 117.
23. Mohr, Bd. 2, S. 445, hält ihn zu Unrecht für einen Juden.
24. Schulte, Geschichte des mittelalterlichen Handels, Bd. 1, S. 298.
25. Die Chronik des Johanns von Winterthur, hg. v. Friedrich Baethgen, 2. Aufl. Berlin 1955, S. 239 f.
26. Burmeister, Feldkirch, S. 17 f.
27. MGH, Constitutiones, Bd. 9, S. 510, Nr. 680.
28. Schwabenspiegel, Landrecht, Art. 322.
29. Moritz Stern, Die Wiederaufnahme der Juden in Speyer nach dem schwarzen Tode. In: Zeitschrift für die Geschichte der Juden in Deutschland 3 (1899), S. 245 – 248.
30. Löwenstein, Bodensee, S. 37.
31. Vgl. Burmeister, „Der reiche Samuel", passim.
32. Metzger, S. 162.
33. Hörburger, S. 110 f.
34. Joseph ha Cohen, Emek habacha, S. 57.
35. Wolfart, Bd. 1/1, S. 103.
36. Beschreibung des Oberamts Tettnang, S. 369.
37. Keyser, Städtebuch, S. 456 – 458.
38. Miller, Handbuch der Historischen Stätten, S. 670 f.
39. Sauer, Die jüdischen Gemeinden, S. 193 f.
40. Frick, Grafschaft Montfort, S. 99 ff.
41. Pinkas Hekehillot, Register (hier scheinen die Namen Langenargen, Tettnang oder Montfort nicht auf).
42. Hahn, Erinnerungen, S. 135.
43. Hundsnurscher, Konstanz, S. 163.
44. Vanotti, Montfort, S. 126.
45. Vgl. dazu Der Schwabenspiegel, hg. v. F. L. A. von Saßberg, Neudruck der Ausgabe von 1840 Aalen 1961, besonders S. 116 ff. (Landrecht Art. 260 – 263, auch Art. 81, 125, 192, 255 und 322.
46. Vgl. dazu Burmeister, Feldkirch, S. 15 ff.
47. Salfeld, S. 413.
48. Ammann, S. 54, Nr. 269.
49. Guggenheim-Grünberg, Judenschicksale, S. 16.
50. Ottenthal/Redlich, S. 434, Nr. 2182.
51. Ammann, S. 64, Nr. 469 und S. 81.
52. Hundsnurscher, Konstanz, S. 669, Nr. 13b, Ziff. 16.

53 Zu diesem vgl. auch Hundsnurscher, Konstanz, S. 666, Nr. 5a.
54 Hundsnurscher, Konstanz, S. 668, Nr. 13b, Ziff. 10.
55 Löwenstein, Bodensee, S. 37 f.
56 Löwenstein, Bodensee, S. 43.
57 Löwenstein, Bodensee, S. 46 und besonders S. 133, Anm. 49; auch Hörburger, S. 111, Nr. 38.
58 Löwenstein, Bodensee, S. 43.
59 Hörburger, S. 109, Nr. 15.
60 Hundsnurscher, Konstanz, S. 666, Nr. 5a.
61 Löwenstein, Bodensee, S. 46 (unter Hinweis auf die Responsen Nr. 106 und 147).
62 Jüdisches Lexikon, Bd. 4/2, Sp. 1358.
63 Salfeld, S. 412.
64 Altmann, Regesten Sigmunds, S. 43, Regest Nr. 736.
65 Ammann, S. 65, Nr. 489.
66 Ammann, S. 65, Nr. 489.
67 Ammann, S. 65, Nr. 487.
68 Ammann, S. 42.
69 Ammann, S. 65 f., Nr. 485, 492 und 509.
70 Ammann, S. 66, Nr. 495.
71 Ammann, S. 65, Nr. 479.
72 Ammann, S. 65, Nr. 482.
73 Ammann, S. 65, Nr. 493.
74 Vgl. die Darstellung im einzelnen bei Kramml, S. 203 ff.
75 Zitiert nach Kramml, S. 82, der sich auf die Urk. 5568 im Stadtarchiv Konstanz bezieht.
76 Paul Diebolder, Hartmann II. von Werdenberg-Sargans zu Vaduz, Bischof von Chur. In: Jahrbuch des Historischen Vereins für das Fürstentum Liechtenstein 37 (1937), S. 101–131.
77 Weinsberg, S. 77.
78 Ottenthal/Redlich, Bd. 3, S. 434.
79 Bayerisches Hauptstaatsarchiv München, Montforter Urkunden Nr. 232 (künftig Staatsarchiv Augsburg).
80 Über ihn zuletzt Martin Bürkle, Urbanus Rhegius – Der Reformator aus Langenargen. In: Langenargener Geschichte(n) 4 (1989), S. 89–96.
81 Vgl. darüber im einzelnen Roderich Stintzing, Ulrich Zasius, Ein Beitrag zur Geschichte der Rechtswissenschaft im Zeitalter der Reformation, Basel 1857 (Reprint Darmstadt 1961), S. 113–121; Rowen, Zasius und die Taufe jüdischer Kinder, S. 79–98.
82 Genauere bibliographische Daten bei Liebmann, Rhegius, S. 364, Nr. 22.
83 Liebmann, Rhegius, S. 120 ff., besonders S. 127.
84 Vgl. dazu im einzelnen Wiedemann, Eck, S. 330–335.
85 Wiedemann, Eck, S. 345 f.
86 Rowan, Zasius und die Taufe jüdischer Kinder, S. 84.
87 F. v. Soden und J. K. F. Knaake, Christoph Scheurl's Briefbuch. Nachdruck Aalen 1962, S. 8.
88 Johannes Eck, Epistola de ratione studiorum suorum (1538), hg. v. Johannes Metzler (Corpus Catholicorum, 2). Münster i. W. 1921, S. 65
89 Zum Verhältnis zwischen Rhegius und Eck vgl. Wiedemann, Eck, S. 345–350.
90 Uhlhorn, Rhegius, S. 219 und S. 226.
91 Uhlhorn, Rhegius, S. 218 f.
92 Uhlhorn, Rhegius, S. 226.
93 Zitiert nach Uhlhorn, Rhegius, S. 310.
94 Uhlhorn, Rhegius, S. 310.
95 Uhlhorn, Rhegius, S. 310.
96 Epistola Urbani Regii ad totam Judaeorum synagogam, Brunsvici habitantem, ex Hebraeo in latinum sermonem versa, de Messia vero, quod venerit. In: Opera Urbani Regii latine edita, Nürnberg 1562, Bd. 3, S. 92, zitiert nach Uhlhorn, Rhegius, S. 368, Anm. 17.
97 ZGO 14 (1862), S. 477.
98 Privileg für die Juden in Frankfurt/Main vom 26. Mai 1551, Abschrift im Vorarlberger Landesarchiv, HoA Sch. 298, sub dato.
99 Kichler/Eggart, Langenargen, S. 76.
100 Müller/Götz, Meersburg, S. 171 f., U/305; vgl. auch S. 205, U/364.
101 Braunn, S. 156, Nr. 456.
102 Braunn, S. 185, Nr. 558.
103 Marmor, S. 180.
104 Braunn, S. 197, Nr. 599.
105 Hauptstaatsarchiv Stuttgart, B 198 U 42.
106 Braunn, S. 197, Nr. 599.

107 Löwenstein, Baden, S. 384.
108 Braunn, S. 224, Nr. 695.
109 Braunn, S. 235, Nr. 737.
110 Braunn, S. 236, Nr. 740.
111 Lévy, Les noms, S. 124 und S. 198; Kessler, Familiennamen, S. 11.
112 Hauptstaatsarchiv Stuttgart, B 481 U 42.
113 Hauptstaatsarchiv Stuttgart, B 481 U 42.
114 Braunn, S. 195, S. 591.
115 Lévy, Les noms, S. 207; Kessler, Familiennamen, S. 16, 27 u. 75.
116 Hauptstaatsarchiv Stuttgart, B 481 U 42.
117 Braunn, S. 236, Nr. 742.
118 Stadtarchiv Lindau, Ratsprotokoll 1550/52, S. 41, 45 oder 46.
119 Stadtarchiv Lindau, Ratsprotokoll 1552/55, Bl. 23 verso.
120 Stadtarchiv Lindau, Ratsprotokoll 1552/55, Bl. 51 verso.
121 Lévy, Les noms, S. 189.
122 Kichler/Eggart, Langenargen, S. 76.
123 Schiess, Briefwechsel, Bd. 2, S. 504.
124 Löwenstein, Baden, S. 384.
125 Stadtarchiv Lindau, Ratsprotokoll 1550/52, Bl.199 verso und 1552/55, Bl. 56 recto und Bl. 59 recto.
126 Marmor, S. 179 f.
127 Marmor, S. 180.
128 Marmor, S. 90 (mit falscher Jahreszahl 1453).
129 Braunn, S. 197, Nr. 599.
130 Günter, Gerwig Blarer, Bd. 2, S. 398.
131 Hauptstaatsarchiv Stuttgart, B 481 U 42.
132 Hauptstaatsarchiv Stuttgart, B 481 U 42.
133 Müller/Götz, Meersburg, S. 171 f., U/305.
134 Staatsarchiv Augsburg, Urkunden Reichsstadt Lindau Nr. 1221 und 1222.
135 Schiess, Briefwechsel, Bd. 2, S. 504.
136 Kichler/Eggart, Langenargen, S. 76.
137 Stadtarchiv Lindau, Ratsprotokoll 1550/52, Bl. 212 verso und 1552/55, Bl. 52 recto, 54 verso, 58 verso, 59 recto und 82 recto.
138 Marmor, S. 89 (mit falscher Jahreszahl 1453).
139 Hauptstaatsarchiv Stuttgart, B 481 U 42.
140 Braunn, S. 205, Nr. 624.
141 Müller/Götz, Meersburg, S. 205, U/364.
142 Vorarlberger Landesarchiv, Urk. Nr. 3092.
143 Vorarlberger Landesarchiv, Urk. Nr. 3091.
144 Braunn, S. 228, Nr. 710.
145 Tiroler Landesarchiv, Buch Walgau, Bd. 6, Bl.185 recto f.
146 Tiroler Landesarchiv, Buch Walgau, Bd. 6, Bl.187 verso.
147 Braunn, S. 239, Nr. 754.
148 Lévy, Les noms, S. 105.
149 Stadtarchiv Lindau, Ratsprotokoll 1552/55, Bl. 176 recto.
150 Braunn, S. 197, Nr. 600.
151 Hauptstaatsarchiv Stuttgart, B 481 U 42.
152 Stadtarchiv Lindau, Ratsprotokoll 1555/57, Bl. 154 verso.
153 Stadtarchiv Lindau, Ratsprotokoll 1558/60, S. 221 ff.
154 Tiefenthaler, Schulden, S. 199.
155 Vorarlberger Landesarchiv, Vogta. Bludenz, Nr. 262.
156 Braunn, S. 224, Nr. 697.
157 Braunn, S. 229, Nr. 714.
158 Braunn, S. 238, Nr. 750.
159 Braunn, S. 269, Nr. 862.
160 Lévy, Les noms, S. 205.
161 Hauptstaatsarchiv Stuttgart, B 481 U 42.
162 Stadtarchiv Lindau, Ratsprotokoll 1552/55, Bl. 80 recto, 87 recto und 199 recto.
163 Vorarlberger Landesarchiv, Vogta. Bludenz, Nr. 262.
164 Tänzer, Hohenems, S. 12 f. mit Abdruck der Urkunde.
165 Hauptstaatsarchiv Stuttgart, B 123 L, Bd. 2 (unpaginiert).
166 Braunn, S. 236, Nr. 742.
167 Hauptstaatsarchiv Stuttgart, B 515 U 37.
168 Hauptstaatsarchiv Stuttgart, B 481 U 42.
169 Hauptstaatsarchiv Stuttgart, B 481 U 42.
170 Nach einem maschinenschriftlichen Papier von Dr. Alex Frick über „Die Familie Balthasar und ihre Nachkommen" war derselbe Georg Müller Wirt des Gasthofs „Zum goldenen Rad", um 1560

auch Heiligenpfleger. Freundliche Mitteilung von Frau Dr. Angelika Barth, Stadtarchivarin in Tettnang, vom 9. März 1992.
171 Hauptstaatsarchiv Stuttgart, B 481 U 42.
172 Hauptstaatsarchiv Stuttgart, B 481 U 42.
173 Braunn, S. 209, Nr. 640.
174 Urkunden-Auszüge zur Geschichte der Stadt Lindau, hg. v. Joseph Würdinger, Lindau 1872, S. 86.
175 Alois Niederstätter, Quellen zur Geschichte der Stadt Bregenz 1330 – 1663, Wien 1985, S. 137.
176 Braunn, S. 210, Nr. 643.
177 Braunn, S. 210, Nr. 644.
178 Braunn, S. 210, Nr. 645.
179 Stadtarchiv Lindau, Chronik des Jakob Lynns (= Lit. 18), S. 275; spätere Abschrift im Vorarlberger Landesarchiv, Hds. u. Cod., Bibliotheksgut 113 A, Bl. 108 verso.
180 Hauptstaatsarchiv Stuttgart, B 198 U 42.
181 Hauptstaatsarchiv Stuttgart, B 198 U 42.
182 Tiefenthaler, Schulden und Wucher, S. 200.
183 Euer Gnaden.
184 Römische Kaiserliche Majestät.
185 Vorarlberger Landesarchiv, Vogta. Bludenz 262, sub dato.
186 Tiroler Landesarchiv, Buch Walgau, Bd.5, Bl. 299 recto; Vorarlberger Landesarchiv, Vogta. Bludenz 262, sub dato.
187 Vorarlberger Landesarchiv, Vogta. Bludenz 262, sub dato.
188 Vorarlberger Landesarchiv, Vogta. Bludenz 262, sub dato.
189 Tiefenthaler, Schulden und Wucher, S. 199.
190 Vorarlberger Landesarchiv, Vogta. Bludenz 262, sub dato.
191 Vorarlberger Landesarchiv, Vogta. Bludenz 262, sub dato; auch Tiroler Landesarchiv, Buch Walgau, Bd. 5, Bl. 312.
192 Vorarlberger Landesarchiv, Urk. 3092 und 3091.
193 Tiroler Landesarchiv, Buch Walgau, Bd. 5, Bl. 323 verso und Bl.324.
194 Tiefenthaler, Schulden und Wucher, S. 200 f.
195 Tiefenthaler, Schulden und Wucher, S. 201.
196 Tiefenthaler, Schulden und Wucher, S. 193.
197 Staatsarchiv Augsburg, Reichsstadt Lindau, Urkunde 1222.
198 Staatsarchiv Augsburg, Reichsstadt Lindau, Urkunde 1221.
199 Stadtarchiv Lindau, Ratsprotokoll 1550/52, S. 41.
200 Stadtarchiv Lindau. Ratsprotokoll 1550/52, S. 45 - 47.
201 Vorarlberger Landesarchiv, Urk. 3092 (Gemeindearchiv Nenzing).
202 Vorarlberger Landesarchiv, Urk. 3091 (Gemeindearchiv Nenzing).
203 Weiß, Grafen von Montfort, S. 81.
204 Baumann. In: Mitteilungen aus dem Fürstenbergischen Archive II, S.269 (zitiert nach ZGO 57, S. 43, Anm.1).
205 Tiroler Landesarchiv, Buch Walgau, Bd. 6, Bl. 185 recto f.
206 Weiß, Grafen von Montfort, S. 81 f.
207 Kichler/Eggart, Langenargen, S. 71.
208 Kichler/Eggart, Langenargen, S. 73.
209 Braunn, S. 239, Nr. 754.
210 Tänzer, Hohenems, S. 24, Art.12.
211 Löwenstein, Baden, S. 77.
212 Weiß, Grafen von Montfort, S. 81 f.
213 Tänzer, Hohenems, S. 14.
214 Tänzer, Hohenems, S. 12.
215 Hauptstaatsarchiv Stuttgart, B 123 L, Bd. 2 (unpaginiert).
216 Tiroler Landesarchiv, Buch Walgau, Bd. 7, Bl.171 recto.
217 Vorarlberger Landesarchiv, Vogta. Feldkirch, Sch. 28, sub anno.
218 Tänzer, Hohenems, S. 12.
219 Tänzer, Hohenems, S. 13 f.
220 Staatsarchiv Augsburg, Heiligkreuz, Urk. v. 1580 Juni 17.
221 Braunn, S. 258, Nr. 819.
222 Stadtarchiv Lindau, Ratsprotokoll 1619, S. 276.
223 Original im Vorarlberger Landesarchiv, HoA Sch. 298, sub dato 1617 Juni 30.
224 Abgebildet bei Freddy Raphael und Robert Weyl, Juifs en Alsace. Culture, société, histoire, Toulouse 1977, S. 216. Dort wird das Tier als Löwe bezeichnet und die Möglichkeit erwogen, mit einem Namen „Löwenbrunn" in Verbindung gebracht zu werden.
225 Vgl. dazu Daniel M. Friedenberg, Medieval Jewish Seals from Europe, Detroit 1987, S. 30.
226 Vorarlberger Landesarchiv, HoA 159,1.

227 Vorarlberger Landesarchiv, HoA Sch. 298, sub dato.
228 Vorarlberger Landesarchiv, HoA Sch. 298, sub dato.
229 Vorarlberger Landesarchiv, HoA Sch. 298, sub dato.
230 Vorarlberger Landesarchiv, HoA Sch. 298, sub dato.
231 Vorarlberger Landesarchiv, HoA 159,1.
232 Burmeister, Rheineck, S. 25
233 Gemeindearchiv Höchst, Rechnungbuch 1637 – 1666, Bl. 28 verso.
234 Burmeister, Rheineck, S. 32.
235 Dokumente, S. 18.
236 Dokumente, S. 19.
237 Hermann Rose, Geschichtliches der Israelitischen Kulusgemeinde Altenstadt, Altenstadt 1931, S. 3.
238 Moos, Randegg, S. 33.
239 Zusammenstellung der Daten über ihn bei Burmeister, Pferdehandel, S. 10.
240 Tänzer, Hohenems, S. 25 f.
241 Dokumente, S. 32 – 35.
242 Stadtarchiv Lindau, Ratsprotokoll 1619, S. 276.
243 Stadtarchiv Lindau, Ratsprotokoll 1619, S. 259.
244 Ebenda 1619, S. 276.
245 Ebenda 1620, S. 441.
246 Ebenda 1620, S. 461 f.
247 Ebenda 1620, S. 524.
248 Ebenda 1620, S. 631.
249 Ebenda 1621, S. 48 und passim.
250 Ebenda 1621, S. 65 und S. 107.
251 Ebenda 1621, S. 69.
252 Ebenda 1621, S. 123.
253 Ebenda 1621, S. 461 und S. 473.
254 Stadtarchiv Lindau, Ratsprotokoll 1621, S.599 – 601.
255 Vorarlberger Landesarchiv, HoA 48,4.
256 Vorarlberger Landesarchiv, Hds. u. Cod., Reichsgrafschaft Hohenems 364, Bl. 111 recto; gemäß Bl. 101 recto lebte er noch am 28. April 1633.
257 Ebenda 364, Bl. 111 recto.
258 Ebenda 364, Bl. 124 verso.
259 Ebenda 364, Bl. 98 verso ff.
260 Stadtarchiv Lindau, Ratsprotokoll 1621, S. 123.
261 Ebenda, S. 599 – 601.
262 Der Familienname ist häufig bezeugt, z. B. Dokumente, S. 37.
263 Stadtarchiv Lindau, Ratsprotokoll 1625, S. 476.
264 Stadtarchiv Lindau. Ratsprotokoll 1631, S. 523 und 1632, S. 24 und S. 235.
265 Stadtarchiv Lindau, Ratsprotokoll 1630, S. 388.
266 Vorarlberger Landesarchiv, HoA 48,4.
267 Ebenda, Hds. u. Cod, Reichsgrafschaft Hohenems 344, sub dato 1633 Juni 24 u.ö.
268 Ebenda, Ausgabenbuch 1633, Bl. 80 recto.
269 Ebenda, Bl. 80 recto.
270 Ebenda, Bl. 75 recto.
271 Ebenda, Bl. 80 recto.
272 Ebenda, Ausgabenbuch 1633, Bl. 72 verso; Bl. 75 recto.
273 Ebenda, Bl. 77 recto.
274 Ebenda 345, Bl. 17 verso.
275 Tänzer, Hohenems, S. 27 f. unter Mitteilung des vollen Wortlauts. Eine zeitgenössische Abschrift des Originals liegt im Vorarlberger Landesarchiv, HoA Sch.298, sub dato 1640 April 27.
276 Vorarlberger Landesarchiv, Hds. u. Cod., Reichsgrafschaft Hohenems 345, Bl. 33 verso.
277 Ebenda 345, Bl. 90 verso.
278 Dokumente, S. 37 f.
279 Vorarlberger Landesarchiv, HoA Sch. 298, sub anno.
280 Ebenda, Hds. u. Cod., Reichsgrafschaft Hohenems 345, Bl. 203 recto.
281 Stadtarchiv Lindau, Ratsprotokoll 1653, S. 64.
282 Ebenda, S. 68.
283 Tiroler Landesarchiv, Buch Walgau, Bd.15, Bl. 326 verso; vgl. auch ebenda Bl. 51 recto (1651), Bl. 69 verso (1651), Bl. 119 recto (1652).
284 Wagner, Albert Einstein's ancestors, S. 8.
285 Der Familienname „Burgauer" ist nur einmal belegt, und zwar in der eigenhändig geschriebenen Liste seiner Schuldner: Vorarlberger Landesarchiv, HoA Sch. 298, sub anno.

286 Tänzer, Hohenems, S. 34.
287 So bezeichnet in: Vorarlberger Landesarchiv, Hds. u. Cod., Reichsgrafschaft Hohenems 345, Bl. 117 recto (1646); ebenda 364, Bl. 199 recto (1640).
288 Ebenda, Bl. 138 verso; auch 364, Bl. 248 recto.
289 Ebenda, 345, Bl. 151 recto.
290 Vgl. dazu Dokumente, S. 32 – 35.
291 Vgl. dazu Karl Heinz Burmeister, Der Würfelzoll, eine Variante des Leibzolls. In: Aschkenas 3 (1993), S. 49 – 64.
292 Dokumente, S. 29.
293 Vorarlberger Landesarchiv, Hds. u. Cod., Reichsgrafschaft Hohenems 345, Bl. 75 recto (1642); Bl. 89 verso (1644).
294 Ebenda 345, Bl. 17 verso.
295 Ebenda 345, Bl. 50 verso.
296 Ebenda 345, Bl. 63 verso f.
297 Vgl. zur Vorgeschichte ebenda 345, Bl. 50 verso f.
298 Ebenda 345, Bl. 117 recto; Bl. 150 verso; Bl. 173 recto.
299 Ebenda 345, Bl. 74 recto.
300 Ebenda 345, Bl. 60 recto.
301 Ebenda 345, Bl. 103 recto.
302 Ebenda 345, Bl. 17 verso.
303 Ebenda 345, Bl. 17 verso; Bl. 90 recto.
304 Tänzer, Hohenems, S. 34; Dokumente, S. 44 – 46.
305 Vorarlberger Landesarchiv, HoA Sch. 298, sub anno.
306 Dokumente, S. 42.
307 Vorarlberger Landesarchiv, HoA 158, 37.
308 Vorarlberger Landesarchiv, HoA 100,4, besonders S. 25 ff.
309 Rose, Altenstadt, S. 3 und besonders S. 63 ff.
310 Rose, Altenstadt, S. 64.
311 Stadtarchiv Lindau, Ratsprotokoll 1625, S. 476.
312 Tänzer, Hohenems, S. 27 f.
313 Fix/Dieck, S. 119.
314 Vorarlberger Landesarchiv, HoA 100,4, sub dato; Dokumente, S. 30, Nr. 15.
315 Vgl. im einzelnen Tänzer, Württemberg, S. 31 ff.
316 Hahn, Erinnerungen, S. 134.
317 Tiroler Landesarchiv, Buch Walgau, Bd. 3, Bl. 102 verso f.
318 Schiess, Briefwechsel, Bd. 2, S. 504.
319 Germania Judaica Bd. 3/1, S. 241.
320 Ulrich, S. 258.
321 Vorarlberger Landesarchiv, Hds. u. Cod., Reichsgrafschaft Hohenems 345, Bl. 151 b.
322 Stiftsarchiv St. Gallen, 262 b, 1651 Oktober 5.
323 Vorarlberger Landesarchiv, Hds. u. Cod., Reichsgrafschaft Hohenems 345, Bl. 233 a.
324 Ulrich, S. 257.
325 Ulrich, S. 252 – 256; Emil Stauber, Geschichte der Herrschaften und der Gemeinde Mammern, Frauenfeld 1934, S. 14.
326 Siehe Zeitschrift für die Geschichte der Juden in Deutschland 1 (1887), S. 308 (1583); Eidgenössische Abschiede, Bd. 5/2/II, S. 1598, Nr. 492 und 493 (1638/39); Repertorium schweizergeschichtlicher Quellen, Abt.I, Bd. 3, S. 179, Nr. 1688 (1648/49).
327 Repertorium (wie vorige Anm.).
328 Repertorium (wie vorige Anm.).
329 Repertorium (wie vorige Anm.).
330 Thomas Armbruster, Die jüdischen Dörfer von Lengnau und Endingen. In: Landjudentum im Süddeutschen- und Bodenseeraum, Dornbirn 1992, S. 38 – 86; Florence Guggenheim-Grünberg, Aus einem alten Endinger Gemeindebuch (= Beiträge zur Geschichte und Volkskunde der Juden in der Schweiz, 2), Zürich 1952, S. 1 – 10; Florence Guggenheim-Grünberg, Der Schutz- und Schirmbrief für die Judenschaft zu Endingen und Lengnau vom Jahre 1776, ebenda, S. 11 – 15; Florence Guggenheim-Grünberg, Juden in der Schweiz, S. 13 – 17; Florence Guggenheim-Grünberg, Die ältesten jüdischen Familien in Lengnau und Endingen. In: Schweizerischer Israelitischer Gemeindebund 1904 – 1954, Festschrift zum 50jährigen Bestehen, Zürich o.J., S. 121 – 142.
331 Rudolf Thommen, Urkunden zur Schweizer Geschichte in österreichischen Archiven, Bd. 5, Basel 1935, S. 236.
332 Berner, S. 481.
333 Berner, S. 481 unter Hinweis auf das Tiroler Landesarchiv.
334 Sauer, Bodenseeraum, S. 331; Berner, S. 482.
335 Moos, Randegg, passim.

336 Reinhild Kappes, „...und in Singen gab es keine Juden?", Eine Dokumentation, Sigmaringen 1991, S. 11.

337 Sauer, Bodenseeraum, S. 332 ff.

338 Hundsnurscher/Taddey, S. 285; Sauer, Bodenseeraum, S. 332; Berner, S. 484.

339 Berner, S. 486.

340 Berner, S. 483.

341 Tiroler Landesarchiv, Buch Walgau, Bd. 6, Bl. 185 recto f.

342 Karl Heinz Burmeister, Die Juden in Tisis. In: Tisis, Dorf- und Kirchengemeinde, hg. v. Rainer Lins (Schriftenreihe der Rheticus-Gesellschaft, 28). Feldkirch 1992, S. 141 – 147.

343 Burmeister, Feldkirch, S. 51.

344 Karl Heinz Burmeister, Die jüdische Gemeinde am Eschnerberg 1637 – 1651. In: Jahrbuch des Historischen Vereins für das Fürstentum Liechtenstein 89 (1991), S. 155 – 176.

345 Burmeister, Feldkirch, S. 70 f.

346 Karl Heinz Burmeister, Die Juden in Altenstadt (Feldkirch),

347 in: Montfort 43 (1991), S. 250 – 260. Bernhard Purin, Die Juden von Sulz. Eine jüdische Landgemeinde in Vorarlberg 1676 – 1744 (= Studien zur Geschichte und Gesellschaft Vorarlbergs, 9) sowie die dazugehörige Rezension von Karl Heinz Burmeister. In: Montfort 43 (1991), S. 330 – 332; vgl. auch Karl Heinz Burmeister, „Das Töchterle hat gemöchtet ein Miederle". In: Kultur 7 (1992), S. 32 ff.; Karl Heinz Burmeister, Die Synagoge in Sulz 1738 – 1744. In: Rheticus 14 (1992), S. 205 – 216.

348 Karl Heinz Burmeister, Liechtenstein als Zufluchtsort der aus Sulz vertriebenen Juden 1745/47. In: Jahrbuch des Historischen Vereins für das Fürstentum Liechtenstein 86 (1986), S. 327 – 345.

349 Schöttle, Buchau, S. 161 – 182 und S.478 – 484.

350 M. Buck, Ein Vortrag über die Judenschaft in Aulendorf. In: Verhandlungen des Vereins für Kunst und Altertum in Ulm und Oberschwaben NR 7 (1895), S. 30 – 40.

351 Gisela Roming, Die demographische Entwicklung der jüdischen Gemeinden Gailingen und Randegg zwischen Schutzherrschaft und Emanzipation. In: Landjudentum im Süddeutschen- und Bodenseeraum, Dornbirn 1992, S. 92 – 101.

352 Berner, S. 494.

353 Erich Bloch, Geschichte der Juden von Konstanz im 19. und 20. Jahrhundert, Eine Dokumentation, Konstanz 1971.

354 Artur Wolffers, Die Geschichte der Juden in St. Gallen. In: Landjudentum im Süddeutschen- und Bodenseeraum, Dornbirn 1992, S. 145 – 148;
Marianne Degginger-Unger, Das Archiv der jüdischen Gemeinde St. Gallen, ebenda, S. 148 – 154.

355 Cahnman, S. 187 f.

356 Höfler, Heinrich von Diessenhoven, S. 14.

357 Pfarrarchiv Hohenems, Taufbuch Bd. 1, sub dato.

358 Hans Franke, Geschichte und Schicksal der Juden in Heilbronn, Vom Mittelalter bis zur Zeit der nationalsozialistischen Verfolgungen (1050 bis 1945) (Veröffentlichungen des Archivs der Stadt Heilbronn, 11). Heilbronn 1963, S. 41.

359 Schenk, Laupheim, S. 298.

360 Schöttle, Buchau, S. 83 f.

361 Diese und die folgenden Angabe verdanke ich dem verstorbenen Stadtarchivar von Tettnang Dr. Alex Frick in einer brieflichen Mitteilung vom 23. November 1986.

362 Vorarlberger Landesarchiv, Hds. u. Cod., Bibliotheksgut 8, S. 57.

363 Staatsarchiv Augsburg, Reg.-Fiskalat Neuburg, Nr.677.

364 Vorarlberger Landesarchiv, Landgericht Dornbirn, Sch. 350, Juden 1815.

365 Über ihn Volaucnik-Defrancesco, S. 29, 31, 32 und 85 (dort als Salomon Joseph bezeichnet; in den Quellen kommen beide Namen vor).

366 Schöttle, Münzwesen, S. 426.

367 Kichler/Eggart, Langenargen, S. 190.

368 Klein, Münzstätte Langenargen, S. 104.

369 Klein, Münzstätte Langenargen, S. 108.

370 Klein, Münzstätte Langenargen, S. 104.

371 Schöttle, Münzwesen, S. 428.

372 Lévy, Les noms, S. 130; Kessler, Familiennamen, S. 11.

373 Vorarlberger Landesarchiv, HoA 100,6, 1764 November 12.

374 Zitiert nach der Jerusalemer Bibel, Deutsche Ausgabe, hg. v. Diego Arenhoevel, Alfons Deissler und Anton Vögle, 16. Auflage, Freiburg/Basel/Wien 1981, S. 1463.

375 Vgl. die Jahrgänge 1824, 1828, 1831, 1835, 1839, 1843, 1847.

376 Staatshandbuch 1854, S. 503 und besonders S. 506.

377 Staatshandbuch 1858, S. 516 und besonders S. 518.
378 Staatshandbuch 1862, S. 516.
379 Staatshandbuch 1866, S. 536.
380 Tänzer, Württemberg, S. 96.
381 Hahn, Erinnerungen, S. 133.
382 Hahn, Erinnerungen, S. 134.
383 Schweizer, Friedrichshafen, S. 4 und S. 5; vgl. dazu auch Lebenszeiten, Lebensorte, Erinnerungen an Friedrichshafen 1900 – 1930, bearb. v. Elvira Fesseler (Schriftenreihe des Stadtarchivs Friedrichshafen, 3), Friedrichshafen 1993, S. 124 (betr. Spielwarengeschäft Harburger).
384 Schweizer, Friedrichshafen, S. 4.
385 Schweizer, Friedrichshafen, S. 4.
386 Schweizer, Friedrichshafen, S 4.
387 Schweizer, Friedrichshafen, S. 4 f.
388 Bloch, Das verlorene Paradies, S. 84 f.
389 Schweizer, Friedrichshafen, S. 11 betr. Antonie Davidsohn, Witwe des verstorbenen Arztes Dr. med. Egon Davidsohn.
390 Schweizer, Friedrichshafen, S. 12 f.
391 Schweizer, Friedrichshafen, S. 4.
392 Hahn, Erinnerungen, S. 134.
393 Hilarová/Diekmann, Ik heb geen naam, S. 124 – 130.
394 Hahn, Erinnerungen, S. 134.
395 Hahn, Erinnerungen, S. 135.
396 Sauer, Gemeinden in Württemberg, S. 194.
397 Stadtarchiv Tettnang, A 275 c.
398 Stadtarchiv Tettnang, A 274 f.
399 Stadtarchiv Tettnang, A 274 f.
400 Stadtarchiv Tettnang, A 274 f.
401 Frick, Einführung des Hopfenbaues, S. 60 f.; Beschreibung des Oberamts Tettnang, S. 132 und besonders S. 541 ff.; Erika Dillmann, Landschaft für Obst und Hopfen. In: Konrad Theiss und Hermann Baumhauer, Der Kreis Tettnang, S. 139 – 147 (hier S. 144).
402 Hermann Fischer, Schwäbisches Wörterbuch, Bd. 3, Tübingen 1911, Sp. 1804.
403 Daxelmüller, S. 73.
404 Stadtarchiv Tettnang, B 243, passim.
405 Stadtarchiv Tettnang, Gemeinderatsprotokoll 1864, 240, 244 und 251; Frick, Einführung des Hopfenanbaues, S. 62.
406 Stadtarchiv Tettnang, Gemeinderatsprotokoll 1864, 240.
407 Stadtarchiv Tettnang, Gemeinderatsprotokoll 1864, 244.
408 Frick, Einführung des Hopfenbaues, S. 62; Frick, Stadt Tettnang als Hopfenpflanzer, S. 2.
409 Stadtarchiv Tettnang, B 243, sub dato, Ziff. 297.
410 Steiner Gimbel, S. 42.
411 Steiner Gimbel, passim.
412 Stadtarchiv Tettnang, B 243, 1865, Ziff. 364, 432, 433 usw.
413 Schenk, Laupheim, S. 294, S. 42.
414 Steiner Gimbel, S. 50; Stadtarchiv Tettnang, Grundbuchheft Nr. 211/492 Tannau.
415 Steiner Gimbel, S. 50.
416 Schenk, Laupheim, S. 429.
417 Stadtarchiv Tettnang, B 573, Bl. 287 verso.
418 Mayer Elias Moos, geboren am 21. Oktober 1823 in Gailingen (Briefliche Mitteilung von Mag. Gisela Roming).
Eigentlich Wolf Moos, der sich später Wilhelm nannte, geboren am 31. Januar 1858 in Gailingen, Sohn des vorgenannten Mayer Elias Moos, 1893 als Güterhändler bezeichnet (Gemeindearchiv Gailingen IV.1/112), 1894 in den Synagogenrat gewählt (GLA Karlsruhe 359 1932/15 169). Diese Hinweise verdanke ich Frau Mag. Gisela Roming in Konstanz).
Samuel Elias Levi, geboren am 28. April 1857 als Sohn des Elias Levi in Worblingen (Freundlicher Hinweis von Mag. Gisela Roming).
Stadtarchiv Tettnang, Kaufbuch der Stadt Tettnang.Bd. 23, S. 188 – 191.
419 Ebenda, Bd. 23, S. 544 – 553.
420 Ebenda, Bd. 24, S. 77 – 80.
421 Ebenda, Bd. 24, S. 292 – 295 b.
422 Ebenda, Bd. 25, S. 212, 223, 268, 400, 418, 423, 427.
423 Amtsblatt für den Ober-Amts-Bezirk Tettnang 1880.
424 Wynfrid Kriegleder, Mosenthal. In: Walther Killy (Hg.), Literatur Lexikon, Bd. 8 (1990), S. 236 f.
425 Stadtarchiv Tettnang, Fremdenbuch der Krone 1919/27, passim.
426 Stadtarchiv Tettnang, AA 556.
427 Stadtarchiv Tettnang, AA 556.
428 Stadtarchiv Tettnang, AA 556.

429 Staatshandbuch für Württemberg, Ortschaftsverzeichnis, Ausgabe 1936, S. 299.
430 Gemeindearchiv Langenargen, Bestand Langenargen, Abt.A, Karton 192, Mappe m, AZ 5422.
431 Gemeindearchiv Langenargen, A 192 f, AZ 5160. Dort wird auch berichtet, daß die Akten der Schule einschließlich aller Schülerverzeichnisse bei der Aufhebung der Schule abhanden gekommen und daher heute nicht mehr verfügbar sind.
432 Ebenda, AZ 5160.
433 Interview vom 20. September 1993 mit Frau Müller, Tochter des Langenargener Volksschullehrers Max Hofmann.
434 Interview mit Prof. Peter Kleinheinz (Mitteilung von Prof.Dr.Wolfgang Fix).
435 In amtlichen Schreiben aus Langenargen wird Königsberg aus Geburtsort genannt, während im Fremdenbuch des Gasthauses Krone in Tettnang Magdeburg angegeben ist.
436 Ebenda, A 192 m, AZ 5422.
437 Stadtarchiv Tettnang, Fremdenbuch Krone, sub 1921 Januar 3.
438 Ostini, Bass & Keller, S.124.
439 Gemeindearchiv Langenargen, A 192 Mappe m, AZ 5422.
440 Interview mit Frau Franziska Eisele, Langenargen (Mitteilung von Prof. Dr. Wolfgang Fix).
441 Interview mit Frau Franziska Eisele, Langenargen (Mitteilung von Prof. Dr. Wolfgang Fix).
442 Schweizer, Friedrichshafen, S. 11.
443 Wocher, Langenargen, S. 274; Ostini, Bass & Keller, S. 124.
444 Wocher, Langenargen, S. 274.
445 Interview mit Frau Franziska Eisele, Langenargen (Mitteilung von Prof. Dr. Wolfgang Fix).
446 Interview mit Prof. Peter Kleinheinz (Mitteilung Prof. Fix).
447 Interview mit Prof. Peter Kleinheinz (Mitteilung Prof. Fix).
448 Schweizer, Friedrichshafen, S. 11.
449 Wocher, Langenargen, S. 274.
450 Interview mit Frau Franziska Eisele, Langenargen (Mitteilung von Prof. Dr. Wolfgang Fix).
451 Rueß, S. 645.
452 Über den Brauch des Steinelegens vgl. Alfred Etzold, Joachim Fait, Peter Kirchner, Heinz Knobloch, Jüdische Friedhöfe in Berlin, Berlin 1987, S. 17.
453 Schweizer, Friedrichshafen, S. 9.
454 Schweizer, Friedrichshafen, S. 10.
455 Wocher, Langenargen, S. 275.
456 Gemeindearchiv Langenargen, A 192 m, AZ 5422.
457 Schweizer, Friedrichshafen, S. 10 f.
458 Günter, Gerwig Blarer, Bd. 2, S. 398.
459 Tänzer, Hohenems, S. 23, Art. 6.
460 Eugen Mayer, Die Frankfurter Juden, Blicke in die Vergangenheit, Frankfurt/Main 1966, S. 20.
461 Weinberg, Memorbücher, S. 7.
462 Löwenstein, Baden, S. 387, Art. 12.
463 Vorarlberger Landesarchiv, Vogta. Bludenz 262, sub dato.
464 Tänzer, Hohenems, S. 23 f. Art. 10.
465 Stadtarchiv Rheineck, Ratsprotokoll I, Bl.95 verso.
466 Dokumente, S. 18 f.
467 Ammann, Judengeschäfte, S. 37 ff.
468 Weiß, Grafen von Montfort, S. 82, Anm. 322.
469 Hämmerle, Saulgau, S. 86.
470 Tänzer, Hohenems, S. 22, Art. 2.
471 Burmeister, Feldkirch, S. 15 f.
472 Dokumente, S. 16.
473 Dokumente, S. 16.
474 Tänzer, Hohenems, S. 22, Art. 3.
475 Tänzer, Hohenems, S. 22, Art. 1.
476 Burmeister, Feldkirch, S. 66
477 Löwenstein, Baden, S. 76, Art. 19.
478 Löwenstein, Baden, S. 387, Art. 17.
479 Löwenstein, Baden, S. 386, Art. 10.
480 Burmeister, Feldkirch, S. 121.
481 Vgl. auch Lewin, Ärzte, S. 53, Nr. 386.
482 Vgl. Steinberg, S. 86 ff.
483 Vgl. den lateinischen Wortlaut in: Recueil diplomatique du Canton de Fribourg, Bd. 7, Fribourg 1863, S. 109 – 115.
484 Moritz Steinschneider, Jüdische Ärzte. In: Zeitschrift für hebräische Bibliographie 17 (1914), S. 63 und in den folgenden Bänden dieser Zeitschrift. Dort scheinen 2168 Namen jüdischer Ärzte auf, ergänzt von Lewin, Ärzte (siehe unten Literaturverzeichnis).

485 Tänzer, Hohenems, S. 24, Art. 11.
486 Dokumente, S. 16.
487 Tänzer, Hohenems, S. 22, Art. 3.
488 Tänzer, Hohenems, S. 22 ff.
489 Vgl. dazu Ludwig Welti, Graf Kaspar von Hohenems 1573–1640. Innsbruck 1963, S. 158.
490 Tänzer, Hohenems, S. 23, Art. 8.
491 Weiß, Grafen von Montfort, S. 81 f.
492 Staatsarchiv Augsburg, Fürststift Kempten, NA, A, 1961, S. 22.
493 Vgl. Dokumente, S. 49.
494 Tänzer, Hohenems, S. 23.
495 Löwenstein, Baden, S. 386, Art. 9.
496 Tänzer, Hohenems, S. 23.
497 Dokumente, S. 15.
498 Löwenstein, Baden, S. 386, Art. 6.
499 Hahn, Erinnerungen, S. 302.
500 Löwenstein, Baden, S. 75, 6.
501 Philo-Lexikon, Sp. 745.
502 Fix/Dieck, S. 119.
503 Jakob von Rammingen, Allerlei Schrifften vnd Documenta, die Graffen von Montfort betreffendt (Württembergische Landesbibliothek Stuttgart, Cod. Hist. Fol. Nr.618), Bl. 270 recto.
504 Philo-Lexikon, Sp. 275.
505 Hahn, Erinnerungen, S. 302.
506 Löwenstein, Baden, S. 387, Art. 11.
507 Tänzer, Württemberg, S. 60 ff.
508 Hahn, Erinnerungen, S. 134.
509 Hahn, Erinnerungen, S. 448. Auf dem Friedhof in Buchau sind mehrere Grabsteine von Ravensburger Juden anzutreffen.
510 Hahn, Erinnerungen, S. 134.
511 Eine ausführliche Darstellung der Kreuzlegende findet man bei dem Montforter Chronisten Thomas Lirer, Schwäbische Chronik, hg. v. Eugen Thurnher, Bregenz o.J., S. 15 ff.
512 Kuhn/Rau/Vesenmayer, Pfarrkirche Eriskirch, S. 60 mit Abb. auf S. 61.
513 Kuhn/Rau/Vesenmayer, Pfarrkirche Eriskirch, S. 62 mit farbiger Abb. S. 59.
514 Vgl. dazu Metzger, Jüdisches Leben, S. 113 ff.
515 Jeggle, S. 223 ff.
516 Vgl. Abb. in Frick, Einführung des Hopfenbaus, S. 62.
517 Hahn, Erinnerungen, S. 524 f.
518 Vorarlberger Landesarchiv, HoA Sch. 298, sub dato.
519 Vorarlberger Landesarchiv, Urk. 3092.
520 Vorarlberger Landesarchiv, HoA 100,4; vgl. auch Dokumente, S. 30.
521 Stadtarchiv Lindau, Reichsstädtische Akten 21,4; vgl. dazu Burmeister, Eine jüdische Beerdigung (im Druck).
522 Löwenstein, Zur Geschichte der Juden in Baden, S. 387.
523 Württ. Landesbibliothek, Cod. Hist. Fol. 618, Bl. 270 recto. Bessamin-Büchsen aus Elfenbein sind im Jüdischen Museum in Prag vorhanden. Vgl. Dolezelová, S. 53 f; Historica Hebraica, S. 125, A 411.
524 Tänzer, S. 578.
525 Gutmann, Joodse miniaturen, S. 96 unter Hinweis auf Bl. 48 verso der Handschrift.

Zeittafel

1286	Erste Geldaufnahme der Montforter bei Juden
1286	Haft des Rabbi Meir mi-Rothenburg in Wasserburg (nicht gesichert)
1290	Die Klosterfrauen von Löwental verbürgen sich für eine Schuld des Grafen Hugo III. von Montfort-Tettnang bei der Jüdin Guta in Überlingen
1349	Vernichtung der Juden im Bodenseegebiet
1353	Kaiser Karl IV. erklärt die Judenschulden der Grafen von Montfort für nichtig
1358	Wasserburger Fehde (wegen eines dort inhaftierten Juden)
1412 ff.	Darstellungen von Juden in den Chorfenstern der Kirche von Eriskirch
1425	Seligman und Salman, Juden von Tettnang
1429/30	Judenverfolgungen in Lindau, Ravensburg, Buchhorn und Überlingen
1433	Vermutliches Ende der Juden in Tettnang
1443	Graf Heinrich VI. Untersuchungsrichter in einem den Juden angelasteten Ritualmordprozeß
1448	Vertreibung der Juden aus Konstanz
1535	Hebräischer Brief des Urban Rhegius an die Juden in Braunschweig
1551	Schutzbrief für die Juden in Aach (Hegau)
1552	Schutzbrief für zwei Juden in Langenargen
1553	Lindau erlaubt den Juden den Besuch der Stadt nur unter Polizeibegleitung
1556	Juden in Tettnang, Langenargen und Wasserburg bezeugt
1557 – 1562	Geldverleih der Juden Wolf und Berlin von Wasserburg in den Herrschaften Feldkirch und Bludenz
1559	Brief des Juden Wolf von Wasserburg an den Kaiser
1565	Das Hofgericht Rottweil verhängt die Acht über die Gegner des Juden Mossle von Langenargen
1571	Aufkündigung des Judenschutzes
1574	Landesordnung Graf Ulrichs IX. für Tettnang, Langenargen und Wasserburg untersagt den Handel mit Juden
1574	Jüdische Kunstgegenstände im Inventar des verstorbenen Grafen Ulrich IX. von Montfort
1584	Privileg des Erzherzogs Ferdinand v. Tirol für den Juden Wolf in Wasserburg, sich in der Herrschaft Bregenz niederzulassen
1589	Schutzbrief für die Niederlassung von Juden in Langenargen und Wasserburg
1590	David von Wasserburg u.a. bitten um Niederlassung in der Herrschaft Bregenz
1617	Graf Kaspar von Hohenems verhandelt über die Niederlassung von Juden in Hohenems mit Wolf von Langenargen
1624	Wolf von Langenargen ermordet
1632	Übersiedlung von Juden aus Langenargen nach Hohenems
1652/54	Letzte Hinweise auf Juden in Langenargen
1749	Taufe des Joseph Anton Fahnroth in Tettnang
1758	Verpachtung der montf. Münze in Langenargen an einen Juden
1764	Feist Levi wird bei Langenargen überfallen

1828	Württembergisches Israelitengesetz; im Oberamt Tettnang leben keine Juden
1846 ff.	Juden aus Buchau auf den Jahrmärkten in Tettnang
1854 – 1862	Mehrere Juden wohnen in Ettenkirch
1864	Gleichberechtigung für die Juden in Württemberg gewährt die Niederlassungsfreiheit
1864	Stadt Tettnang erwirbt von A.R. Einstein eine Hopfenanlage
1869 - 1894	Mehrere Juden wohnen in Tettnang
1896 ff.	Jüdische Patienten in der Anstalt Liebenau (Betreuung durch den Rabbiner von Buchau)
1914 – 1938	Julius Josephsohn in Langenargen
1917	Die Firma Steiner erwirbt die Hopfenanlage in Siggenweiler
1936	Antisemitischer Terror gegen den Friseur Friedrich Vetter in Langenargen
1937	Arisierung der Hopfenbaufirma Steiner
1937	„Juden nicht erwünscht" im Strandbad von Langenargen
1940	Tod von zwei jüdische Patienten aus Liebenau als Opfer der Euthanasie
1943	Deportation der Gabriele Schwarz nach Auschwitz
1949	Rückgabe der Hopfenanlage in Siggenweiler an die Firma Steiner
1994	Dokumentation „Spuren jüdischer Geschichte und Kultur in der Grafschaft Montfort" im Museum Langenargen

Quellenverzeichnis

Augsburg, Staatsarchiv:
    Reg.-Fiskalat Neuburg, Nr. 677
    Reichsstadt Lindau, Urk. 1221 und 1222
    Fürststift Kempten, NA, A, 1961, S. 22.
Bregenz, Vorarlberger Landesarchiv:
    Urkunden Nr. 3091 und 3092
    Hds. u. Cod., Bibliotheksgut 8
    Hds. u. Cod., Bibliotheksgut 113 A
    HoA 100,4 (1642 Okt.27)
    HoA 100,6 (1764 Nov.12)
    HoA 158,28 (1617)
    HoA 159,1 (1617)
    HoA 159,14 (1643)
    HoA Sch. 298
    Landgericht Dornbirn, Sch. 350, Juden 1815
    Vogta. Bludenz, Akt 262
    Vogta. Feldkirch, Sch. 28 (1591)
Friedrichshafen, Stadtarchiv:
    Seeblatt Jg. 1936
Höchst, Gemeindearchiv:
    Rechnungsbuch 1637 – 1666
Hohenems, Pfarrarchiv:
    Taufbuch 1607 – 1721
Innsbruck, Tiroler Landesarchiv:
    Bücher Walgau, Bd. 5 - Bd. 7
Konstanz, Stadtarchiv:
    Urk. 5568
    Urk. 9967 (1552 November 8)
    Urk. 8842 (1553 Januar 26)
    Urk. 9965 (1553 Februar 12)
    Urk. 8843 (1553 April 24)
Langenargen, Gemeindearchiv:
    A 192 f, AZ 5160
    A 192 m, AZ 5422
Lindau, Stadtarchiv:
    Lit. 18
    Ratsprotokolle 1550/52, 1552/55, 1620/32, 1653
    Reichsstädtische Akten 21,4 (1772)
Meersburg, Stadtarchiv:
    Urk. 305 (1545)
    Urk. 364 (1564)
München, Bayer. Hauptstaatsarchiv:
    Montfort-Archiv, Urk. 16 u. 232
Rheineck, Gemeindearchiv:
    Ratsprotokoll I
St. Gallen, Stiftsarchiv:
    Urk. FF 5 B 1 (1286)
    Urk. FF 5 B 2 (1287)
Stuttgart, Hauptstaatsarchiv:
    B 123, U 27
    B 123, U 31
    B 481, U 42
    B 123 L, Bd. 2 (Geldrechnung 1589)
Stuttgart, Württ. Landesbibliothek:
    Cod. Hist. Fol. 618
Tettnang, Stadtarchiv:
    A 274 f.
    A 275 c.
    AA 556
    B 243, Waaghausbuch Hopfen 1864 ff.
    B 573, Summarisches Steuervermögensregister I (Inwärtige)
    B 622, Fremdenbuch 1889/97
    Gemeinderatsprotokoll 1864
    Kaufbücher der Stadt Tettnang, Bd.23 – 25
    Fremdenbuch des Gasthauses Krone 1919/27
    Amtsblatt 1877, 1880
Tettnang, Pfarrarchiv St. Gallus:
    Taufbuch sub dato 9. März 1749
    Ehebuch 18. Jahrhundert
    Sterbebuch 18. Jahrhundert

Literaturverzeichnis

ALPHER, Joseph: Encyclopedia of Jewish History. Events and Eras of the Jewish People.
New York/Oxford 1986.

ALTMANN, Wilhelm: Die Urkunden Kaiser Sigmunds, 1410 – 1437 (Regesta imperii, 11). Innsbruck 1910.

AMMANN, Hektor: Die Judengeschäfte im Konstanzer Amann-Gerichtsbuch 1423 – 1434. In: Schriften des Vereins für Geschichte des Bodensees und seiner Umgebung 71 (1952), S.37 – 84.

AMTSBLATT für den Ober-Amts-Bezirk Tettnang 1877, 1880.

BERNER, Herbert: Gailinger Purim – jüdische Fasnacht im Hegau, Ein Beitrag zum jüdischen Gemeindeleben und zur Emanzipation der Juden in Baden. In: Herbert Berner, „Das Hegöw, ein kleines, aber über die Maßen wol erbauen fruchtbar Ländlein" (Sebastian Münster). Ausgewählte Aufsätze, Festgabe zu seinem 70. Geburtstag, hg. v. Franz GÖTZ, Sigmaringen 1991, S. 470 – 502.

BESCHREIBUNG DES OBERAMTS TETTNANG, hg. v. Statistischen Landesamt. 2. Bearbeitung.
Stuttgart 1915.

BLOCH, Erich: Das verlorene Paradies. Ein Leben am Bodensee 1897 – 1939. Bearbeitet von Werner TRAPP (Konstanzer Geschichts- und Rechtsquellen, 33).
Sigmaringen 1992.

BOULAN, Friedrich: Lindau vor Altem und Jetzt. Lindau 1870 (Reprint, hg. v. Werner DOBRAS, Lindau 1980).

BRAUNN, Wilfried: Quellen zur Geschichte der Juden bis zum Jahr 1600 (Hauptstaatsarchiv Stuttgart, Thematische Repertorien, 1). Stuttgart 1982.

BURMEISTER, Karl Heinz: Johannes Campensis und Sebastian Münster, Ihre Stellung in der Geschichte der hebräischen Sprachstudien. In: Ephemerides Theologiae Lovanienses 46 (1970), S. 441 – 460.

BURMEISTER, Karl Heinz: Die Juden in Vorarlberg im Mittelalter. In: Schriften des Vereins für Geschichte des Bodensees und seiner Umgebung 94 (1976), S. 1 – 18.

BURMEISTER, Karl Heinz: Die Montforter und die Kultur. In: Die Grafen von Montfort, Geschichte und Kultur (Kunst am See, 8).
Friedrichshafen 1982, S. 34 – 42.

BURMEISTER, Karl Heinz: Der jüdische Pferdehandel in Hohenems und Sulz im 17. und 18. Jahrhundert (Veröffentlichungen der Hochschule für Jüdische Studien Heidelberg, 3). Wiesbaden 1989.

BURMEISTER, Karl Heinz: Die jüdische Landgemeinde in Rheineck im 17. Jahrhundert. In: Landjudentum im Süddeutschen- und Bodenseeraum. Dornbirn 1992, S. 22 – 37.

BURMEISTER, Karl Heinz: „Der reiche Samuel", Zur Biographie eines jüdischen Bankiers aus Lindau (ca. 1360 – 1430). In: Jahrbuch für den Landkreis Lindau 7 (1992), S. 56 – 59.

BURMEISTER, Karl Heinz: Geschichte der Juden in Stadt und Herrschaft Feldkirch (Schriftenreihe der Rheticus-Gesellschaft, 31). Feldkirch 1993.

BURMEISTER, Karl Heinz: Kawertschen in Lindau. In: Jahrbuch des Landkreises Lindau 8 (1993), S. 11 – 15.

BURMEISTER, Karl Heinz: Zur Geschichte der Juden. In: Werner DOBRAS und Andreas KURZ (Hgg.), Daheim im Landkreis Lindau. Konstanz 1994 (im Druck).

BURMEISTER, Karl Heinz: Eine jüdische Beerdigung in Lindau 1772. In: Jahrbuch für den Landkreis Lindau 9 (1994) (im Druck).

BURMEISTER, Karl Heinz: Medinat Bodase. Zur Geschichte der Juden am Bodensee (I), 1200 – 1349. Konstanz 1994 (im Druck).

BUXTORF, Johannes: Synagoga Judaica...Oder Juden-Schul. Frankfurt am Main/Leipzig 1738.

CAHNMAN, Werner J.: Der Dorf- und Kleinstadtjude als Typus. In: Zeitschrift für Volkskunde 1974, S.169 – 193.

CONSTITUTIONES ET ACTA PUBLICA IMPERATORUM ET REGUM (Monumenta Germaniae Historica), Bd. 9, bearb. v. Margarete KÜHN. Weimar 1974.

DAXELMÜLLER, Christoph: Jüdische Kultur in Franken. Würzburg 1988.

de LANGE, Nicholas: Atlas of the Jewish World. Oxford 1985.

DOBRAS, Werner: Die Reichsstädtischen Akten im Stadtarchiv Lindau, Ein Inventar (Neujahrsblatt des Museumsvereins Lindau, 20). Lindau 1970.

DOLEZELOVA, Jana: Spice Boxes from the Collections of the State Jewish Museum (A Contribution to the Diskussion About Jewish Applied Art).
In: Judaica Bohemiae 24/1, Praha 1988, S. 42 – 64.

DOKUMENTE zur Geschichte der Juden in Vorarlberg vom 17. bis 19. Jahrhundert, bearb. v. Karl Heinz BURMEISTER und Alois NIEDERSTÄTTER (Forschungen zur Geschichte Vorarlbergs, 9). Dornbirn 1988.

EITEL, Peter: Die spätmittelalterlichen „Kopfziegel" vom Grünen Turm in Ravensburg und ihre Bedeutung.
In: Schriften des Vereins für Geschichte des Bodensees und seiner Umgebung 95 (1977), S. 135 – 139.

EITEL, Peter: Bilder aus dem Schussental. 50 historische Skizzen. Ravensburg 1987.

FIX, Martin und DIECK, Margarete: Von „teufelischen Künsten und Hexerei" – der Prozeß von 1625 gegen Anna Lohr aus Argen. In: Langenargener Geschichte(n) 4 (1989), S. 110 – 123.

FRICK, Alex: Die Stadt Tettnang als Hopfenpflanzer, Tettnang o.J. (Manuskript im Stadtarchiv Tettnang)

FRICK, Alex: Die Einführung des Hopfenbaues in Tettnang. In: Hopfen und Malz, München-Aßling 1966, S. 60 – 62.

FRICK, Alex: Die Grafschaft Montfort. In: Heimat und Arbeit. Der Kreis Tettnang und die Stadt Friedrichshafen. Aalen 1969, S. 99 – 112.

GEIGER, Ludwig: Das Studium der Hebräischen Sprache in Deutschland vom Ende des XV. bis Mitte des XVI. Jahrhunderts. Breslau 1870.

GERMANIA JUDAICA, Bd. 2: Von 1238 bis zur Mitte des 14. Jahrhunderts, hg. v. Zvi AVNERI. Tübingen 1968.

GERMANIA JUDAICA, Bd. 3/1. Teilband: 1350 – 1519, hg. v. Ayre MAIMON. Tübingen 1987.

GUGGENHEIM-GRÜNBERG, Florence: Place names in Swiss Yiddish: examples of the assimilatory power of a western Yiddish dialect. In: The Field of Yiddish, ed. by Uriel Weinreich, second collection, Den Haag 1965, S.147 – 157.

GUGGENHEIM-GRÜNBERG, Florence: Judenschicksale und „Judenschuol" im mittelalterlichen Zürich (Beiträge zur Geschichte und Volkskunde der Juden in der Schweiz, 8). Zürich 1967.

GUGGENHEIM-GRÜNBERG, Florence: Die Juden in der Schweiz (Beiträge zur Geschichte und Volkkskunde der Juden in der Schweiz, 7). Zürich 1976.

GÜNTER, Heinrich: Gerwig Blarer, Abt von Weingarten und Ochsenhausen. Briefe und Akten. Bd. 2:
1547 – 1567 (Württembergische Geschichtsquellen, 17). Stuttgart 1921

GUTMANN, Joseph: Joodse miniaturen. Utrecht/Antwerpen 1978.

HAHN, Joachim: Synagogen in Baden-Württemberg. Stuttgart 1987.

HAHN, Joachim: Erinnerungen und Zeugnisse jüdischer Geschichte in Baden-Württemberg. Stuttgart 1988.

HÄMMERLE, Georg: Juden in Saulgau. In: Saulgauer Hefte zur Stadtgeschichte und Heimatkunde 3 (1982), S. 83 - 95.

HELLER, Josef: Konstanz. In: Encyclopaedia Judaica, Bd.10, Berlin 1934, Sp. 283 – 286.

HILAROVA, Dagmar und DIEKMANN, Miep : Ik heb geen naam. 3. Aufl. Utrecht/Antwerpen 1981.

HISTORICA HEBRAICA – Jüdische Kunst – Kultur und Geschichte aus dem Staatlichen Jüdischen Museum Prag, Ausstellungs-Katalog, Berlin 1965.

HOPFEN- UND HOPFENVEREDLUNGSPRODUKTE. 125 Jahre Steiner-Hopfen. Laupheim 1970.

HÖRBURGER, Hortense: Judenvertreibungen im Spätmittelalter. Am Beispiel Esslingen und Konstanz (Campus Forschung, 237). Frankfurt/New York 1981.

HUNDSNURSCHER, Franz: Konstanz. In: Germania Judaica, hg. v. Ayre MAIMON, Bd. 3/1: 1350 – 1519. Tübingen 1987, S. 665 – 673.

HUNDSNURSCHER, Franz und TADDEY, Gerhard : Die jüdischen Gemeinden in Baden. Denkmale, Geschichte, Schicksale (Veröffentlichungen der staatlichen Archivverwaltung Baden-Württemberg, 19). Stuttgart 1968.

JEGGLE, Utz: Judendörfer in Württemberg (Volksleben, 23). Tübingen 1969.

JOSEPH HA COHEN: Emek habacha. Übersetzt von M. WIENER, Leipzig 1858.

JÜDISCHES LEXIKON. Ein enzyklopädisches Handbuch des jüdischen Wissens. Bd. I – IV/2, Berlin 1927 (Nachdruck Königstein/Taunus 1987).

KESSLER, Gerhard: Die Familiennamen der Juden in Deutschland. Leipzig 1935.

KEYSER, Erich (Hrsg.): Württembergisches Städtebuch (Deutsches Städtebuch, 4/2). Stuttgart 1962.

KICHLER, Johann B. und EGGART, Hermann : Die Geschichte von Langenargen und des Hauses Montfort. 2. Auflage. Friedrichshafen 1926 (siehe auch unter WOCHER, Christoph).

KISCH, Guido: Zasius und Reuchlin. Eine rechtsgeschichtlich-vergleichende Studie zum Toleranzproblem im 16. Jahrhundert (Pforzheimer Reuchlinschriften, 1). Konstanz/Stuttgart 1961.

KLEIN, Ulrich: Die Münzstätte Langenargen. In: Langenargener Geschichte(n) 4, Langenargen 1989, S. 97 – 109.

KRAMML, Peter F.: Kaiser Friedrich III. und die Reichsstadt Konstanz (1440 – 1493). Die Bodenseemetropole am Ausgang des Mittelalters (Konstanzer Geschichts- und Rechtsquellen, 29). Sigmaringen 1985.

KUHN, Elmar, RAU, Raimund und VESENMAYER, Bernhard (Hrsg.): Die Pfarrkirche Eriskirch. Spätgotik am Bodensee (Kunst am See, 17). Friedrichshafen 1986.

LANDJUDENTUM IM SÜDDEUTSCHEN- UND BODENSEERAUM. Wissenschaftliche Tagung zur Eröffnung des jüdischen Museums Hohenems (Forschungen zur Geschichte Vorarlbergs, 11). Dornbirn 1992.

LANDMANN, Salcia: Jiddisch, Abenteuer einer Sprache (dtv, 252). 3. Auflage, München 1968.

LEVY, Paul: Les Noms des Israélites en France. Histoire et Dictionnaire. Paris 1960.

LEWIN, Louis: Nachträge und Bemerkungen zu Steinschneiders Verzeichnis der jüdischen Ärzte. In: Zeitschrift für hebräische Bibliographie 23 (1920), S. 40 – 62 und 24 (1921), S. 1 – 21.

LIEBMANN, Maximilian: Urbanus Rhegius und die Anfänge der Reformation (Reformationsgeschichtliche Studien und Texte, 117). Münster i. W. 1980.

LÖWENSTEIN, Leopold: Geschichte der Juden am Bodensee und Umgebung. 1. Teil, ohne Ort 1879.

LÖWENSTEIN, Leopold: Zur Geschichte der Juden im Großherzogtum Baden. In: Zeitschrift für die Geschichte der Juden in Deutschland 2 (1888), S. 383 – 388 und 3 (1889), S. 74 – 77.

MADER, Herbert: Stiefenhofen. Mittelpunkt am Rande. Stiefenhofen 1983.

MADER, Herbert: Zuflucht in schwerer Zeit. In: Pfarrblättle 1989, Nr. 5, S. 10 – 11.

MARMOR, Johann: Urkunden-Auszüge zur Geschichte der Stadt Konstanz. III. Reihe: 1452 – 1499. In: Schriften des Vereins für Geschichte des Bodensees und seiner Umgebung 6 (1875), Anhang (S. 89 – 146); IV. Reihe: 1500 – 1808, ebenda 7 (1876), Anhang (S. 147 – 221).

MARTIN, Theodor: Aus den Zeiten der Judenverfolgung am Bodensee (um 1348). In: Schriften des Vereins für Geschichte des Bodensees und seiner Umgebung 9 (1878), S. 88 – 102.

MATTHEY, W. v. und A. SCHAHL: Die Kunstdenkmäler des Kreises Tettnang. Stuttgart/Berlin 1937.

MEMMINGER, v.: Beschreibung des Oberamts Tettnang. Stuttgart/Tübingen 1838.

METZGER, Thérèse und Mendel: Jüdisches Leben im Mittelalter nach illuminierten hebräischen Handschriften vom 13. bis 16. Jahrhundert. Fribourg/Würzburg 1983.

MILLER, Max: Baden-Württemberg (Handbuch der Historischen Stätten, Deutschland, 6). Stuttgart 1965.

MOHR, Th. von: Codex Diplomaticus. Sammlung der Urkunden zur Geschichte Cur-Rätiens und der Republik Graubünden. Bd. 2. Chur 1852/54.

MOOS, Samuel (Semi): Geschichte der Juden im Hegaudorf Randegg. Gottmadingen 1986.

MÜLLER, Anneliese und GÖTZ, Franz: Die Urkunden des Stadtarchivs Meersburg in Regesten (Inventare badischer Gemeindearchive, Meersburg 1). Meersburg 1971.

NÜBLING, Eugen: Die Judengemeinden des Mittelalters, insbesondere die Judengemeinde der Reichsstadt Ulm. Ein Beitrag zur deutschen Städte- und Wirtschaftsgeschichte. Ulm 1896.

OSTINI, Hanns-Dieter, Freiherr von: Bass & Keller – Essigfabrik und das „Rote Haus". In: Langenargener Geschichte(n) 5: Langenargen im Königreich Württemberg. Langenargen 1990, S. 123 – 126.

OTTENTHAL, Emil von und REDLICH, Oswald: Archiv-Berichte aus Tirol, Bd. 3, Wien/Leipzig 1903.

OVERDICK, Renate: Die rechtliche und wirtschaftliche Stellung der Juden in Südwestdeutschland im 15. und 16. Jahrhundert, dargestellt an den Reichsstädten Konstanz und Esslingen und an der Markgrafschaft Baden (Konstanzer Geschichts- und Rechtsquellen, 15). Konstanz 1965.

PATSCHOVSKY, Alexander: Das Rechtsverhältnis der Juden zum deutschen König (9. – 14. Jahrhundert). Ein Europäischer Vergleich.
In: Zeitschrift der Savigny-Stiftung für Rechtsgeschichte Germ. Abt. 110 (1993), S. 331 – 371.

PHILO-LEXIKON. Handbuch des jüdischen Wissens. 3. Auflage. Berlin 1936 (Nachdruck Königstein/Taunus 1982).

PINKAS HAKEHILLOT: Encyclopaedia of Jewish Communities from their Foundation till after the Holocaust. Germany: Württemberg, Hohenzollern, Baden. Jerusalem 1986.

RENAN, Ernest: Les rabbins français du commencement du quatorzième siècle. Paris 1877 (Nachdruck Westmead 1969).

RÖMER, Gernot: Für die vergessenen. KZ-Außenlager in Schwaben – Schwaben in Konzentrationslagern. Berichte, Dokumente, Zahlen und Bilder. Augsburg 1984.

ROSE, Hermann: Geschichtliches der Israelitischen Kultusgemeinde Altenstadt. Altenstadt 1931.

ROSE, Hermann: Leidensgeschichte des Schutzjuden Lazarus aus der Zeit der ersten Judenansiedlung in Illereichen. In: Hermann ROSE, Geschichtliches der Israelitischen Kultusgemeinde Altenstadt, Altenstadt 1931, S. 63 – 79.

ROWAN, Steven: Ulrich Zasius und die Taufe jüdischer Kinder. In: Zeitschrift des Breisgau- Geschichtsvereins („Schau-ins-Land") 97 (1978), S. 79 – 98.

RUESS, Karl-Heinz: Dr. Aron Tänzer – Leben und Werk des Rabbiners. In: Aron Tänzer, Die Geschichte der Juden in Jebenhausen und Göttingen, neu hg. v. Karl-Heinz RUESS, Weissenhorn 1988, S. 620 – 649.

SALFELD, Siegmund: Das Martyrologium des Nürnberger Memorbuches (Quellen zur Geschichte der Juden in Deutschland, 3). Berlin 1898.

SALMEN, Walter: „...denn die Fiedel macht das Fest". Jüdische Musikanten und Tänzer vom 13. bis 20. Jahrhundert. Innsbruck 1991.

SAUER, Paul: Die jüdischen Gemeinden in Württemberg und Hohenzollern. Denkmale, Geschichte, Schicksale (Veröffentlichungen der staatlichen Archivverwaltung Baden-Württemberg, 18). Stuttgart 1966.

SAUER, Paul: Die Judengemeinden im nördlichen Bodenseeraum. In: Zeitschrift für die Geschichte des Oberrheins 128 (1980), S. 327 – 343.

SCHENK, Georg: Die Juden in Laupheim. In: Laupheim 778 – 1978. Weißenhorn 1979, S. 286 – 303.

SCHÖTTLE, Gustav: Das Münzwesen der Grafen von Montfort-Tettnang. In: Beschreibung des Oberamts Tettnang, hg. v. Statistischen Landesamt, 2. Bearbeitung, Stuttgart 1915, S. 418 – 429.

SCHÖTTLE, Johann Evang.: Geschichte von Stadt und Stift Buchau samt dem stiftischen Dorf Kappel, Waldsee 1884 (Reprint Bad Buchau 1977).

SCHULTE, Aloys: Geschichte des mittelalterlichen Handels und Verkehrs, Bd.1, Berlin 1966 (Nachdruck der Ausgabe von 1900).

SCHWEIZER, Karl: Juden in Friedrichshafen. Konstanz 1988.

SCHWEIZER, Karl: Jüdisches Leben und Leiden in Lindau. Ein Überblick. Lindau 1989.

STEINER GIMBEL, Louis: Steiner. Applebrook Farm, Atlantic Highlands, N.J., 1982.

STOBBE, Otto: Die Juden in Deutschland während des Mittelalters in politischer, sozialer und rechtlicher Beziehung. Braunschweig 1866 (Nachdruck Amsterdam 1968).

STRAUSS, Walter (Hrsg.): Lebenszeichen. Juden aus Württemberg nach 1933. Gerlingen 1982.

STROMER, Wolfgang von und TOCH, Michael: Zur Buchführung der Juden im Spätmittelalter. In: Wirtschaftskräfte und Wirtschaftswege. Festschrift für Hermann Kellenbenz, hg. v. Jürgen SCHNEIDER, Bd.1, Stuttgart 1978, S. 387 – 410.

TÄNZER, Aron: Geschichte der Juden in Hohenems und im übrigen Vorarlberg. Meran 1905 (Nachdruck Bregenz 1982).

TÄNZER, Aron: Die Geschichte der Juden in Württemberg. Frankfurt/Main 1937.

THEISS, Konrad und BAUMHAUER, Hermann (Hgg.): Der Kreis Tettnang und die Stadt Friedrichshafen. Aalen 1969.

TIEFENTHALER, Meinrad: Schulden und Wucher im Vorarlberger Oberland im 17. Jahrhundert. In: Montfort 6 (1951/52), S. 191 – 249.

UHLHORN, Gerhard: Urbanus Rhegius. Leben und ausgewählte Schriften.
Elberfeld 1861 (Nachdruck Nieuwkoop 1968).

VANOTTI, Johann Nepomuk: Geschichte der Grafen von Montfort und von Werdenberg. Ein Beitrag zur Geschichte Schwabens, Graubündens, der Schweiz und Vorarlbergs. Belle-Vue bei Konstanz 1845 (Nachdruck Bregenz 1988).

VEITHANS, Helmut: Die Judensiedlungen der schwäbischen Reichsstädte und der württembergischen Landstädte im Mittelalter (Arbeiten zum historischen Atlas von Südwestdeutschland, 5). Stuttgart 1970.

VOLAUCNIK-DEFRANCESCO, Monika: Arme und Hausierer in der jüdischen Gemeinde von Hohenems (Forschungen zur Geschichte Vorarlbergs, 12). Dornbirn 1993.

WAGNER, Siegfried: Albert Einstein's Ancestors, their origin and their fate (Talk given at the Jewish Cemetery of Bad Buchau, July 28, 1993), München 1993 (vervielfältigtes Manuskript, Exemplar im Vorarlberger Landesarchiv).

WARTMANN, Hermann: Urkundenbuch der Abtei Sanct Gallen, Bd. 3. St. Gallen 1882.

WEGSCHEIDER, Ilse (Hg.): Rankweiler Chronik von Johannes Häusle in zwei Teilen (1746/1758) (Forschungen zur Geschichte Vorarlbergs, 10). Dornbirn 1991.

WEINBERG, M.: Die Memorbücher der jüdischen Gemeinden in Bayern. Frankfurt/Main 1937.

WEINSBERG, Conrad von: Einnahmen- und Ausgaben-Register von 1437 und 1438 (Literarischer Verein Stuttgart, 18). Tübingen 1850.

WEISS, Roland: Die Grafen von Montfort im 16. Jahrhundert (Geschichte am See, 49). Markdorf/Tettnang 1992.

WIEDEMANN, Theodor: Dr. Johann Eck, Professor der Theologie an der Universität Ingolstadt. Eine Monographie. Regensburg 1865.

WOCHER, Christoph (Hg.): Die Geschichte von Langenargen und des Hauses Montfort von Johann B. KICHLER, Reprint der 2. Auflage mit einer Sammlung lokaler Ereignisse 1927 – 1950. Darmstadt 1986.

ZIEGLER, Ernst: Juden in St. Gallen. In: Bodensee-Hefte 1982, Nr. 10, S. 33 – 34.

ZUNZ, Leopold: Literaturgeschichte der synagogalen Poesie. Frankfurt/Main 1865.

Register der Orte

Aach (Hegau) 40, 42, 43, 65, 92, 133, 135, 136, 138, 143, 145, 148, 150, 155, 157
Aargau 26, 27, 93, 101, 126
Aeschach (Lindau) 58, 59, 60
Ailingen (FN) 14, 15
Allensbach 14, 15
Altenstadt (Feldkirch) 92, 93
Amsterdam 145
Amtzell 90, 153
Andelfingen (ZH) 92
Arbon (TG) 92
Arco (TN) 93
Asti 18
Augsburg 27, 35, 36, 39, 42, 43, 49, 51, 70, 77, 89, 110, 131, 133, 139, 142
Aulendorf 93
Auschwitz 130, 131
Babenhausen 101
Bad Buchau siehe Buchau
Bad Cannstatt 9
Baden (AG) 26, 92
Baden (Land) 93, 96, 100, 101, 103, 150
Baden-Württemberg 9, 11
Basel 14, 16, 35
Bayern 100, 101, 103
Berg bei Weinfelden (TG) 28
Berlin 126
Biberach 42, 46, 49, 70, 101
Binswangen 76
Birnbaum (Höchst, Vorarlberg) 19
Bischofszell (TG) 14
Bludenz (Vorarlberg) 14, 46, 48, 49, 50, 51, 54, 55, 56, 62, 136

Blumenegg (Vorarlberg) 92, 93
Bodensee 13, 14, 15, 16, 18, 21, 28, 31, 32, 40, 48, 51, 55, 62, 91, 93, 103, 119, 157
Bodman 92
Bologna 36
Bozen 93
Braunschweig 37
Bregenz 14, 16, 18, 33, 44, 66, 67, 70, 81, 85, 91, 93, 101
Breslau 21
Brugg (AG) 26 27
Brünnensweiler (Tettnang) 46
Brüssel 47
Buchau 9, 77, 78, 79, 82, 93, 97, 99, 100, 101, 111, 113, 123, 124, 125, 149, 150, 156, 158
Buchhorn (siehe auch Friedrichshafen) 9, 14, 15, 21, 31
Budapest 116
Burgau (Markgrafschaft) 76, 77, 85, 90, 101, 138, 153
Bürglen (TG) 28, 29
Buttenwiesen 154
Celle 35
Chur 18, 33, 81, 82
Colmar 33
Dachau 110
Darmstadt 156
Davos 126
Deutschland 13, 16, 115
Diepoldsau (SG) 85
Diessenhofen (TG) 14, 15, 21, 91, 92
Donaueschingen 92
Dornbirn (Vorarlberg) 72, 80, 84, 99, 100
Eger 110
Elsaß 71, 73
Emmishofen (TG) 92
Endingen (AG) 92, 93
Engen (Hegau) 92

Ensisheim (Haut-Rhin) 16
Eriskirch 10, 24, 144, 150, 151, 156
Ermatingen 28, 29
Erolzheim 90
Eschnerberg (FL) 92, 93, 138
Ettenkirch (FN) 108
Feldkirch (Vorarlberg) 14, 15, 18, 19, 20, 21, 31, 32, 33, 46, 48, 49, 51, 70, 93, 133, 136, 138
Fischbach (FN) 107, 108, 109
Franken 111
Frankfurt/Main 40, 57, 115, 134, 140, 148
Frankreich 14, 16, 18, 111
Frauenfeld 28
Fraustadt (Posen) 131
Freiburg im Breisgau 35, 36
Freiburg im Uechtland 139
Friedingen 28, 29
Friedrichshafen (siehe auch Buchhorn) 11, 14, 108, 109, 110, 126, 132
Fürth 101
Fußach (Vorarlberg) 92, 93
Gailingen 9, 14, 15, 77, 92, 93, 96, 115, 150
Gaißau (Vorarlberg) 92, 93
Gardasee 93
Genhofen 127, 128, 129
Giessen 131
Golgatha 24, 150
Göppingen 125
Gottlieben 28, 29
Götzis (Vorarlberg) 92, 93
Graz 33
Grönenbach 101
Gundertweiler (Markdorf) 44, 62, 63
Günzburg 70
Güttingen (TG) 43, 91
Hagenau (Bas-Rhin) 21

Hagenried 70
Hagnau 28, 29
Haigerloch 117
Hall in Tirol 35
Halle (Saale) 126
Hamburg 99, 116
Hanau 144
Hannover 37
Hausen (AG) 126
Hechingen 101
Hegau 92, 93
Heidelberg 156
Heilbronn 9, 27, 97, 99, 136
Hemigkofen (FN) 109
Hemishofen (SH) 101
Herlach (Meersburg) 28, 29
Heusel (TG) 92
Hiltensweiler 99
Höchst (Vorarlberg) 19, 77
Hofen (FN) 132
Hohenems (Vorarlberg) 39, 61, 62, 65, 67, 72, 73, 74, 75, 76, 77, 78, 80, 83, 84, 85, 86, 87, 88, 90, 92, 93, 96, 97, 99, 101, 103, 108, 133, 134, 136, 137, 140, 142, 143, 144, 150, 152, 153, 154, 155, 157
Hörbranz (Vorarlberg) 44, 93
Horn (TG) 92
Hürben 90
Illereichen 77, 87, 101, 152
Illertissen 90
Immelstetten (bei Mindelheim) 76
Immenstadt 145
Ingenheim (Pfalz) 9
Ingolstadt 35, 36, 67
Innsbruck 44, 46, 49, 50, 54, 55, 60, 70, 93
Isny 61
Italien 16, 18, 67

Jericho 108
Jerusalem 13, 108, 115
Kärnten 33
Kassel 116
Kempten 26, 27, 96
Kißlegg 44
Kluftern 44
Köln 20
Königsberg (Ostpreußen) 119
Konstanz 9, 14, 15, 16, 18, 21, 22, 23, 25, 26, 27, 28, 29, 31, 32, 33, 35, 39, 40, 42, 43, 44, 47, 91, 92, 96, 110, 133, 142
Krakau 97
Kreuzlingen (TG) 110
Kriegshaber 90
Krumbach (Bayerisch-Schwaben) 90
Landshut 47
Langdorf (TG) 28
Laupheim 9, 46, 97, 113, 115, 117
Leipzig 131, 148
Lengnau (AG) 92, 93
Leutkirch 49, 61, 88
Liebenau 109, 110, 117, 150
Liechtenstein (Fürstentum) 62, 93, 138
Lindau 14, 15, 16, 17, 18, 21, 25, 26, 27, 31, 35, 42, 43, 44, 46, 48, 49, 58, 59, 60, 70, 77, 81, 83, 85, 90, 108, 133, 150, 154, 157
Linden (Hannover) 36
Linz 33
Lombardei 16, 18
London 116
Lörrach 44
Löwental 18, 20
Ludesch (Vorarlberg) 92
Lüneburg 35
Lustenau (Vorarlberg) 72, 80, 84

Mäder (Vorarlberg) 92, 93
Magdeburg 119
Mainz 16, 18, 29
Mammern (TG) 92
Mannenbach (TG) 92
Mantua 80
Markdorf 44, 62, 150
Markoberdorf 131
Matzingen (TG) 28
Meckenbeuren 109, 113, 115
Meersburg 28, 29, 31, 32, 33, 39, 40, 43, 44, 58, 59, 91, 136, 157
Mellingen (AG) 33
Meran 93
Mestre (Venedig) 27, 136
Michelbach an der Lücke 101
Mittelbuch (Ochsenhausen) 44
Mosbach 101
Möttlingen 101
München 131
Nenzing (Vorarlberg) 44, 55, 62, 63, 64
Neuburg am Rhein (Vorarlberg) 80
Neuburg an der Donau 99
Neufrach 28, 31
New York 115, 116
Nonnenbach 109
Nördlingen 101
Nürnberg 14, 25, 36, 96, 110, 126, 142
Oberdorf (Langenargen) 125
Obernau 153
Obersulmetingen (Laupheim) 46
Ochsenhausen 43, 44, 46, 47, 48
Orsenhausen (Gem. Schwendi) 42
Osteuropa 154
Ostpreußen 119
Österreich 55, 56, 60, 80, 88, 90, 93, 96, 103, 142

Palästina 13, 16, 29
Paradies (Konstanz) 43
Petershausen 28, 29, 43
Pfaffenhofen 25
Pfersee 76
Pforzheim 103
Posen 131
Prag 36, 142
Preußen 119
Radolfzell 14, 15
Randegg 77, 92, 93, 96
Rankweil 13, 21, 59, 62, 92, 93, 136
Raperswilen (TG) 28, 29
Rapperswil (SG) 14, 21
Ravensbrück 131
Ravensburg 9, 14, 15, 21, 30, 31, 38, 48, 49, 101, 117, 148
Regensburg 36
Reichenau 14, 28, 31
Resterbühl (TG) 28
Reuti (TG) 28
Rhein 14, 26, 36, 72, 85, 156
Rheinau (ZH) 92
Rheineck (SG) 73, 76, 77, 81, 83, 92, 136, 157
Rheinland 14
Rheintal 77, 85, 92
Rickartshofen (Lindau) 85
Riedlingen 101
Riva (TN) 93
Rom 16, 142
Rothenburg ob der Tauber 16
Rothenfels 27, 33, 38, 43, 64, 133
Rottenburg am Neckar 153
Rottweil 43, 44, 46, 55, 56, 57, 58, 59, 60, 62, 63, 64, 136
Rovereto (TN) 93

Sankt Gallen 13, 14, 15, 16, 17, 21, 25, 81, 91, 96
Sankt Veit 33
Schachen (Lindau) 108
Schaffhausen 14, 15, 21, 25, 101, 103, 108
Schallstadt (Breisgau-Hochschwarzwald) 44
Schellenberg (FL) 72, 80, 84
Schlesien 99
Schomburg 109
Schussenried 101
Schwaben 13, 25, 28, 32, 36, 43, 49, 49, 61, 70, 82, 87, 88, 93, 103, 106, 136
Schweden 86
Schweiz 82, 91, 92, 93, 96, 103, 110, 126, 139, 145, 147, 152
Schwendi (Biberach) 42
Siena 67
Siggenweiler 115
Sigmaringen 117
Singen (Hohentwiel) 92
Sonnenberg (Vorarlberg) 49, 54, 55, 56, 62
Speyer 9, 21, 136
Steckborn (TG) 28, 92
Steiermark 67
Stein am Rhein (SH) 14, 26, 33
Stetten 76
Stiefenhofen 127, 128, 129, 130, 131
Stockach 28, 92
Straßburg 36
Stühlingen 92
Stuttgart 9, 117, 119
Sulgen (TG) 28
Sulz (Vorarlberg) 92, 93
Thannhausen 68, 70, 90, 139, 153
Theresienstadt 110
Thurgau 14, 28, 43, 85, 91, 92
Thüringen (Vorarlberg) 92

Tiengen 92
Tirol 16, 35, 46, 66, 67, 93
Tisis (Feldkirch) 92, 93
Triboltingen (TG) 28, 92
Trient 32, 93
Tübingen 35
Tuttlingen 42
Überlingen 9, 14, 15, 18, 20, 21, 31, 33, 150
Ulm 9, 13, 26, 27, 31, 110, 133
Unterhochsteg (Lindau) 101
Unterlangnau 99
Uttwil (TG) 28
Vaduz (FL) 72, 80, 84
Venedig 27
Vesoul 139
Vienne 21
Vorarlberg 19, 46, 48, 49, 56, 62, 77, 84, 93, 96, 157
Wallerstein 101
Wangen im Allgäu 14, 15, 21, 43, 44, 87, 101
Wangen am Untersee 92, 93
Weil (Lörrach) 44
Weinfelden (TG) 28
Weingarten 43, 44, 46, 47, 48, 90, 153
Wien 116
Wildenstein 59
Wolfenweiler (Schallstadt) 44
Wollmatingen 28, 29
Worblingen 92, 93, 96, 115
Worms 16, 21
Württemberg 9, 91, 96, 100, 101, 108, 109, 111, 117, 118, 150, 158
Würzburg 117
Zell 145, 146
Zürich 21, 26, 27, 31, 33, 93
Zurzach (AG) 93, 100, 101

Register der Personen

Aaron siehe auch Aron
Aaron von Tettnang 42, 46
Aaron ben Isac Dillkom von Immelstetten 76
Abraham von Aach der Ältere 42
Abraham von Aach der Jüngere 42
Abraham von Kolmar 33
Abraham von Stein am Rhein 33
Abraham von Tettnang 40, 42, 47
Ackin de Vesoul 139
Adorno, Hofpenhändler 113
Aichele, Josef 129, 131
Aichele, Theresia 129, 131
Albrecht Mooß 103
Amman, Hans 90, 153
Amschel von Illereichen 90
Anshelm von Überlingen 18, 20
Antiochus 13
Ärmlin, Thomas 43
Armsheim, Johann von 37
Aron von Konstanz 26, 27
Auberlin, Hans 46
Balthasar siehe Müller, Georg
Bappel, Johann, Notar 49
Basilius, Heiliger 139
Baß, Leopold Mayer 115
Bass & Keller, Firma 119
Bausohn, Güdela 113
Beck, Johann Jodok 96, 142, 152
Belin von Konstanz 18
Bendit von Konstanz 18
Bentele, Anna Maria 98
Ber, Hopfenhändler 114
Berlin von Wasserburg 40, 44, 46, 48, 49, 50, 51, 55, 56, 77, 152
Berlocher (Herr) 81
Bernhard, Hans 44
Bertele, Josef 115
Bertold von Heiligenberg (Bischof von Chur) 18, 20
Bertold (Bertschi) von Lindau 17, 18
Bianchi, Kurt 120
Bodman, Maria Ursula von 96, 97
Bodman, Rupert von, Abt von Kempten 96, 97
Böschenstein, Johannes 36
Braunschweig-Lüneburg, Ernst von (Herzog) 35
Brendlin, Peter 81
Brenz, Johannes 36
Breydenbach, Bernhard von 29
Büchelmayer, Johann Nepomuk 98
Burgau, Philipp 83
Burgauer, Lazarus siehe Lazarus von Langenargen
Buxtorf, Johann, der Ältere 144, 148, 152
Carlin, Hans 46, 48
Cerf, Erna, geb. Frank 126
Cerf, Kurt Adolf 126
Chajm siehe Hayny
Clas von der Reichenau 31
Dadaras von Tettnang 40, 42, 47, 48
Dalp, Johann 83
David von Binswangen 76
David von Langenargen 67, 70, 77, 82, 83, 84, 85, 86, 90, 153, 154, 155
David von Wasserburg 67, 70
David Natis von Stetten 76
Deßler, Thomas 82
Dillkom siehe Isac Dillkom von Immelstetten
Ebenhoch, Franz Xaver 115
Eck, Johannes 35, 36
Eckart, Wilhelm 131

Egenolff, Christian 57
Einstein, A. R. 113, 115
Einstein, Albert 85
Ekkehard I. von St. Gallen 13
Elias von Rheineck 76, 77
Ellerbach, Burkhart von 25
Elsi 26
Ems, Ulrich von 19
Esaias von Langenargen 40, 43, 44, 47, 48, 60, 133, 135, 152
Esaias ben Lazarus von Binswangen 76
Eßlinger (von Buchau) 111
Fabri, Felix 13
Fahnroth, Eduard Ernst Johann Nepomuk 98, 99
Fahnroth, Johann Baptist Anton 98
Fahnroth, Joseph Anton 98, 99, 135, 158
Fahnroth, Maria Anna Walburga 98, 99
Fahnroth, Maria Antonia (I) 98
Fahnroth, Maria Antonia (II) 98
Fahnroth, Maria Theresia 98
Falckenstein, Ignaz von 96, 97
Falckenstein, Maria Ursula 96, 97
Feist Levi 103, 106, 107, 108
Ferdinand I., Kaiser 39, 48, 51, 52, 56, 91, 135
Ferdinand, Erzherzog von Tirol 46, 66, 67
Ferdinand Karl, Erzherzog von Österreich 61, 88
Flach, Polay 60
Franck, Sebastian 13
Frank, Erna 126
Freyberg, Johanna von 97
Friedrich III., Kaiser 27, 32, 33
Fugger, Hans Jakob 42
Fürstenberg, Albracht von 64
Gasser, Kaspar 44, 55, 62, 63, 153
Geiger, Hieronymus 49
Gerwig, Abt von Weingarten 44

Goldstücker, Hopfenhändler 113
Göller, Lehrer 121
Gottlieb von Konstanz 28
Grotius, Hugo 35
Grünenbach, Gustav 117
Guggenheimer, Hopfenhändler 113, 114
Gugger, Aktuar 101
Gührer, Hopfenhändler 113
Guta von Überlingen 18, 20, 140
Gütlin von Wasserburg 42, 46, 47, 140
Gutman, Werner (?) 119
Hack, Paulus (Balthus) 44, 62, 63, 153
Hagen, Georg 43
Hamelele (?) 119
Hansl siehe Schmid
Happl 82
Häusle, Johannes 13
Hayny (Chajm) von Konstanz 26
Heilbronner, Christlieb 97
Heiman, Nathan 113
Heinrich von Basel (Bischof) 16
Helena, Kaiserin 24, 150
Helfenstein, Beatrix von 33
Hentla, Ehefrau des Marx von Rheineck 77
Herderer, Bastian 42
Herr, Sebastian 61
Hertzog, Christian (genannt Beckh) 48
Herzog, Michael 44
Hirschle Obernauer 85
Hitler, Adolf 119
Hofmann, Lehrer 122, 125
Hohenems, Jakob Hannibal von 143
Hohenems, Kaspar von 72, 73, 74, 75, 76, 77, 78, 79, 80, 84
Hohenems, Maria Franziska von 96, 97
Hohenems, Märk Sittich (+ 1565) von 50, 54, 55

Hohenems, Märk Sittich (+ 1595) von (Kardinal) 39, 142
Höslin 82
Hügelin, Jerg 60
Hünlin, Heinrich 81
Isaac von Arbon 92
Isaak von Baden 26
Isaac von Tettnang 40, 42, 47
Isac Dillkom von Immelstetten 76
Isak von Hürben 90
Isäckli von Konstanz 26, 27
Israel von Brugg 26, 27
Israel von Konstanz 26, 27
Israel ben Meir von Heidelberg 156
Issakar bar Abraham 71
Jäckli von Feldkirch 32, 33
Jacob Berlin siehe Berlin von Wasserburg
Jacobus Kowerzinus 18
Jakob von Ahausen 32
Jakob von Pfersee 76
Jakob von Thannhausen 68, 70, 139, 152
Jakob ben Jehuda Weil 27
Jekosiel, Schulmeister 155
Jelin, Hans 48
Jentlin von Konstanz 26, 27, 28
Johanan von Zürich 26
Joseph von Langenargen 70, 81, 82, 83, 155
Joseph ben Jakob von Pfersee 76
Joseph ben Joschua ha Cohen 21
Josephsohn, Julius 117, 118, 119, 120, 121, 122, 124, 126, 154, 156, 158
Josle Levi 63, 90, 153
Judas (Kreuzlegende) 24, 150, 151, 152
Judas, Schulmeister 83, 155
Judlin von Arbon 92
Kahn, Albert 117
Karl IV., Kaiser 19

Karl V., Kaiser 47, 138
Kauffmann, Angelika 102
Kaufmann, Konrad, Stadtschreiber 49
Kick, Hans Ulrich 83
Kiene siehe Kühne
Kilian, Lucas 72
Kolbe, Maximilian 130, 131
Königsegg, Freiherrn von 129
Korros, Franziska 98
Korros, Matthäus 98
Kowerzinus siehe Jacobus Kowerzinus
Krenkel, Joseph 82
Krenkel, Ulrich 81
Kühne, Heinrich 49, 56
Kühne, Kunigunde 55, 56
Kühne, Ulrich 55, 56
Landauer, Isaak 111
Landauer, Jakob 111
Lanz, Therese 98
Lazarus von Binswangen 76
Lazarus von Konstanz 26, 27, 28, 143
Lazarus (Burgauer) von Langenargen 67, 70, 77, 84, 85, 86, 87, 88, 90, 152, 153, 155
Lazarus Moses von Buchau 97
Lemblin von Wolfenweiler 44
Levi siehe Feist Levi
Levi siehe Wolf Levi
Levi, Samuel Elias 115
Lew von Konstanz 33
Lew, Lienhart 56
Liebhans von Neufrach 31
Lingenhöle, Jakob 108
Lins, Michael 70
Litz, J. 112
Lohr, Anna 148
Löwenthal, Wolf 113

Ludgera, Sr. 131
Luther, Martin 35, 36, 37
Maier Jonathan Uffenheimer 99
Maitli von Konstanz 26
Maria siehe Mirjam
Maria Johanna 97
Maria Johanna Franziska 97
Maria Theresia, Kaiserin 103
Marius, Johann Wilhelm 85
Marx von Rheineck 77, 81, 83
Maximilian, Erzherzog 80
Mayer, Endris 60
Mayr, Jonas 113
Meir ben Baruch mi-Rothenburg 15, 16, 157
Melanchthon, Philipp 36
Meschenmoser, Julius 115
Meyr Kuhn 113
Midas, Werner 119, 121
Mirjam von Lindau 16, 140
Mogger, Hans 59
Montfort, Anton I. von 68
Montfort, Ernst von 94, 95, 98, 103, 104
Montfort, Franz Xaver von 102, 103, 104, 105
Montfort, Friedrich II. von 18, 20
Montfort, Georg III. von 67, 68, 70
Montfort, Heinrich IV. von 19, 20
Montfort, Heinrich VI. von 32, 33
Montfort, Hermann II. von 33
Montfort, Hugo III. von 18, 20
Montfort, Hugo V. von 18, 20
Montfort, Hugo VIII. von 19, 20
Montfort, Hugo XVI. von 38, 39, 40
Montfort, Hugo XVII. von 33
Montfort, Hugo XVIII. von 80, 85, 90, 133
Montfort, Johannes III. von 33
Montfort, Johannes VI. von 67, 68, 70, 73, 76
Montfort, Maria Theresia von 98
Montfort, Rudolf II. von 20
Montfort, Rudolf III. von 19
Montfort, Rudolf VI. von 12, 25, 28
Montfort, Rudolf VII. von 27, 33
Montfort, Ulrich I. von 16, 17, 18, 20
Montfort, Ulrich II. von 19
Montfort, Ulrich IX. von 42, 44, 46, 64, 67, 150
Montfort, Wilhelm I. von 16, 17, 18
Montfort, Wilhelm II. von 20
Montfort, Wilhelm III. von 19, 20
Montfort, Wilhelm V. von 25, 27
Montfort, Wolfgang III. von 67, 68, 70
Moos, Mayer Elias 115
Moos, Wilhelm 115
Mosenthal, Salomon Heinrich 116
Moses von Arbon 92
Moses von Buttenwiesen 154
Moses von Langenargen 40, 42, 43, 44, 47, 48, 55, 56, 57, 58, 59, 60, 62, 63, 64, 65, 133, 153
Moses von Mellingen 33
Moses von Obersulmetingen 46
Moses von Tettnang 42, 44
Moses von Überlingen 18, 20
Moses ben Jakob von Pfersee 76
Müller, Georg (genannt Balthasar) 48
Müller, Josef 112, 113
Nachpaur, Hans 70
Nattan, Hopfenhändler 113
Neuburger, Isaac 97
Neßler, Jos 49
Noppis, Johann 62
Nördlinger, Leopold 117
Obelin von Feldkirch 33

Obernauer siehe David Obernauer und Hirschle Obernauer
Obernauer, Max 117
Osaias siehe Esaias
Paumgartner, David 43, 133
Pellikan, Konrad 36
Pfeifle, Hotelier in Göppingen 125
Philipp, Stoffel 44, 55, 62, 63, 153
Pletzer, Johann 131
Radspieler, Alfred, Professor 117, 118, 119
Raitnau, Rudolf von 33
Ramb, Ignaz 99
Rechberg, Johann von 88, 90
Rechberg, Kaspar Bernhard von 88
Rechel von Baden 26, 27
Reisch, Gregor 36
Reise, Gerhard 117, 118, 120, 126
Rem, Andreas 36
Renan, Ernest 16
Rentz, Ludwig, Landrichter 61, 87
Reuchlin, Johannes 36
Rey, Ursula 98, 99
Rhegius, Urbanus 10, 34, 35, 36, 37
Richental, Ulrich 12, 22, 23
Riedtman, Peter 81
Rieger, Konrad 35
Roen, Klara 44
Ropp, Ulrich 120
Rosenberg, Hopfenhändler 113
Rosenberg, Gisela 131
Rosenberg, Leo, Prof. 131
Rosenbusch, Hopfenhändler 113
Rothschild, Julius 117
Rudolf I., König 16
Sabath, Jakob 115
Sabath, Johann 115

Säcklin von Aach 40, 42
Salman von Tettnang 25, 28, 29, 31, 32, 135, 137, 154
Salmann, Hopfenhändler 113
Salomon von Illereichen 87, 88, 90
Säm, Hans 32, 33
Säm, Margarethe 32, 33
Samuel von Lindau 21
Samuel Joseph 99, 100, 101, 155
Sara von Orsenhausen 42
Sauter, Stefan 115
Schäfler, Familie 120
Schaich siehe Esaias
Schalck, Christoph, Dr. 76
Scharrer, Georg, Notar 42, 43, 46, 47, 48
Schay siehe Esaias
Scheffmacher, Cosman 43
Schelderlin, Hans Georg 87, 88
Schellenberg, Hans Ulrich von 44
Schellenberg, Marquart von 25
Schelling, Hans Ulrich 70
Schenck, Wenzeslaus von 99
Schertlin 76
Scheurl, Christoph 36
Schey siehe Esaias
Schgach, Lienhart 56
Schieffeneck, Melchior 44
Schimpflin, Hans 43
Schlegel, Sebastian 44
Schmid, Hansl 32
Schmid, Konrad 32
Schnell, Bartholomäus 77, 86, 154
Schnell, Hans 49
Schobser, Hanns 139
Schömezeler, Gebhard 115
Schreiber, Sigmund 43

Schwab, Hopfenhändler 114
Schwarz, Charlotte 129, 131
Schwarz, Gabriele 129, 130, 131
Schwarz, Johann, Ritter 31
Seckl siehe Isaak
Seifert 119
Selig von Stein am Rhein 26, 27
Seligman von Konstanz 27
Seligman von Tettnang 25, 26, 27, 28, 31, 32, 33, 135, 137, 143, 154
Seligman von Thannhausen 90
Seligman von Ulm 27, 33
Sibel, Franz, Pfarrer 97
Sigismund, Kaiser 25, 28, 143
Som, Geronimus 81
Som, Isackh 82
Som, Rami 82
Spiri, Salomon 61
Sprenger, Joseph 99
Stamler, Hans 59, 60, 61
Stein, Michael 62
Steiner, Simon Heinrich 113, 117, 158
Storr, Pfarrer in Heilbronn 97
Strigel, Hans 145, 146
Stumpf, Johannes 93
Sulz, Wilhelm von 62, 63
Süzkint von Lindau 18
Tänzer, Aron 70, 76, 77, 125
Uffenheimer siehe Maier Jonathan Uffenheimer
Ulrich, (der „gute") 15
Ulrich, Johann Caspar, Pfarrer 152
Vetter, Friedrich 125, 126
Vetter, Maria 125, 126
Vierfelder, Abraham 111
Vöhlin, Hans Christoph von 90
Vogel, Eduard 115

Wagner, Maria 99
Waldburg, Antonia von 95, 98
Waldburg, Jakob Truchsess von 32
Wallersteiner, David 111
Wallersteiner, Samuel 111
Walser, Lukas 70
Wegerich 82
Weil siehe Jakob ben Jehuda
Weinsberg, Konrad von 33
Welden, Carl Damian von 97
Wer, Georg 48
Werdenberg, Hartmann IV. von (Bischof von Chur) 33
Werdenberg, Hugo II. von 18, 20
Westler, Hans 44
Wilhelm I., König von Württemberg 9, 111
Wolf von Langenargen 40, 67, 70, 71, 73, 74, 75, 76, 77, 78, 79, 80, 81, 82, 83, 86, 90, 134, 135, 137, 138, 140, 144, 152, 153, 154, 156, 157, 158
Wolf (I.) von Wasserburg 44, 46, 48, 49, 50, 51, 52, 53, 54, 55, 56, 66, 67, 70, 71, 135
Wolf (II.) von Wasserburg 70
Wolf Levi 99
Zadic von Tettnang 40, 42, 47
Zasius, Ulrich 35, 36, 39
Zenckin, Magdalena 44
Zimmern, Wilhelm Werner von 59, 60
Zunz, Leopold 16
Zurlaut, Hans 49

Bildnachweis

Bayr. Hauptstaatsarchiv, München, S. 19.
Werner Dobras, Lindau, S. 42, 43, 46.
Kurt Feiner, Langenargen, S. 2, 6, 8, 10, 14, 15, 29, 32, 34, 37, 41, 57, 89, 92, 93, 97, 109, 111, 112, 114, 116, 118, 119, 123, 124, 134, 137, 139, 142, 145, 148, 189.
Joachim Feist, Pliezhausen, S. 144.
Foto Gartze, Ravensburg, S. 94, 95.
Eduard Hindelang, Langenargen, S. 127, 128, 130, 132, 146.
Helga Kaeß, Neuburg an der Donau, S. 58.
Dr. Wolfgang Kessler, Rottweil, S. 24, 151.
Helmut Klapper, Bregenz, S. 12, 22, 23, 52, 53, 61, 63, 66, 68, 69, 71, 72, 74, 75, 78, 79, 80, 84, 85, 86, 87, 88, 96, 100, 101, 141, 142, 153.
Kreisarchiv Markdorf, S. 64, 102.
Regina Kühne, St. Gallen, S. 17.
Helma Müller, Heidelberg, S.118, 120, 121, 122.
Toni Schneiders, Lindau, S. 147.
Stadtarchiv Tettnang, S. 38, 107.
Städtisches Museum, Ravensburg, S. 30.

Veröffentlichungen des Museums Langenargen am Bodensee

KARL CASPAR (1879–1956)
Katalog zu seinem 100. Geburtstag

Herausgegeben von Eduard Hindelang. Bearbeitet von Karl Meißner. 1979. 174 Seiten mit 125 Abbildungen, darunter 23 farbige. 21 × 21 cm. Kartoniert.

Mit Beiträgen von Eduard Hindelang, Josef Pieper, Karl-Heinz Meißner, Reinhard Müller-Mehlis, Karl Neuwirth, Wilhelm Nyssen.

KARL CASPAR – Das druckgraphische Werk.
Gesamtverzeichnis

Herausgegeben von Eduard Hindelang. Bearbeitet von Karl Theodor Köster und Felizitas E. M. Köster-Caspar. 1985. 280 Seiten mit 211 Abbildungen, darunter 37 farbige. 21,5 × 21,5 cm. Leinen mit farbigem Schutzumschlag.

Wilhelm Nyssen: Das Wort des Bildes; Bischof Dr. Georg Moser: Beobachtungen zu Karl Caspars Schaffen; Felizitas Köster-Caspar: Zu diesem Gesamtverzeichnis. – Katalogteil, Lebenslauf, Ausstellungsverzeichnis. Literatur.

HANS PURRMANN (1880–1966)
Ausstellungskatalog zu seinem 100. Geburtstag.

Herausgegeben von Eduard Hindelang. Bearbeitet von Angela Heilmann. 1980. 244 Seiten mit 114 Abbildungen, darunter 38 farbige. 21 × 21 cm. Kartoniert.

Mit Beiträgen u. a. von Curt Georg Becker, Richard Biedrzynski, Gunter Böhmer, Heinz Braune, Susanne Faschon, Barbara Göpel, Erhard Göpel, Rudolf Großmann, Karl Hartung, Angela Heilmann, Hermann Hesse, Eduard Hindelang, Hans-Jürgen Imiela, Konrad von Kardorf, Hans Kinkel, Rudolf Levy, Gerhard Marcks, Marino Marini, Hugo Max, Karl-Heinz Meißner, Georg Meistermann, Karin Nagel, Thomas Niederreuther, Hans Purrmann, Emy Roeder, Rosai, Paulus Skopp, Heidi Vollmoeller, Hans Wimmer.

HANS PURRMANN –
Würdigung zu seinem 100. Geburtstag

Herausgegeben von Eduard Hindelang. 1980. 36 Seiten mit 15 Abbildungen, darunter zwei farbige. 21 × 21 cm. Broschur.

Mit Beiträgen von Susanne Faschon, Hans-Jürgen Imiela, Georg Tochtermann, Gisela Linder, Jürgen Morschel, Walter Lingenhöle.

HANS PURRMANN – Das druckgraphische Werk.
Gesamtverzeichnis

Herausgegeben von Eduard Hindelang. 1981. 340 Seiten mit 137 Abbildungen, darunter sieben farbige. 21,5 × 21,5 cm. Leinen. Werkverzeichnis Angela Heilmann.

Mit Beiträgen von Hans-Jürgen Imiela, Hans Purrmann, Robert Purrmann, J. A. Schmoll gen. Eisenwerth.

MARCEL DORNIER – Gemälde · Zeichnungen · Graphik
Katalog zur Ausstellung
„Marcel Dornier zum 90. Geburtstag"

Herausgegeben von Eduard Hindelang. 1983. 175 Seiten mit 130 Abbildungen, darunter 53 farbige. 21,5 × 21,5 cm. Leinen.

Mit Beiträgen von Joseph August Beringer, Marcel Dornier, Margrit Dornier, Herbert Gröger, Eduard Hindelang, Maja Horváth, Hans Jenny, Margot Luda.

JAN BALET – Gemälde · Zeichnungen · Graphik
Katalog zur Ausstellung „Jan Balet zum 70. Geburtstag"

Herausgegeben von Eduard Hindelang. 1983. 200 Seiten mit 151 Abbildungen, darunter 55 farbige. 21,5 × 21,5 cm. Leinen.

Mit Beiträgen von Jan Balet, Oto Bihalji-Merin, Eduard Hindelang, Reiner Kunze, Gisela Linder, Ida Niggli, Anton Sailer, Helmut Seitz, Otto Schnabbe.

FRANZ ANTON MAULBERTSCH UND SEIN KREIS IN UNGARN
Ausstellungskatalog zu seinem 260. Geburtstag

Werke aus den Beständen des Museums der Bildenden Künste Budapest, der Ungarischen Nationalgalerie Budapest und dem Museum für Christliche Kunst in Esztergom. Herausgegeben von Eduard Hindelang, 1984. 192 Seiten mit 118 Abbildungen, darunter 48 farbige, und einer Kartenzeichnung. 21,5 x 21,5 cm. Leinen.

Klára Garas: Franz Anton Maulbertsch in Ungarn; Miklós Mojzer: Frühe Maulbertschkopien in Ungarn; Enikö D. Buzási: Maulbertschs ungarische Auftraggeber in Bildnissen; Anna Jávor: Kracker und Maulbertsch und ihre Nachfolger in Erlau: Klára Garas, Éva Nyerges; Franz Anton Maulbertsch und sein Kreis in Ungarn, Katalog der ausgestellten Werke; Michael Krapf: Zeittafel der Biographie.

HANS PURRMANN – Aquarelle zum 20. Todestag

Herausgegeben vom Kunstverein Speyer und Museum Langenargen. Wissenschaftliche Bearbeitung Angela Heilmann. 1986. 131 Seiten mit 56 Farbtafeln. 21 × 21 cm, Broschur. (Edition Braus)

HANS PURRMANN – GERHARD MARCKS
Eine Künstlerfreundschaft in Briefen.

Veröffentlichung des Museums Langenargen und der Gerhard-Marcks-Stiftung Bremen. Herausgegeben von Eduard Hindelang. Redaktion und Gestaltung: Dr. Martina Rudloff. Erschienen im Mai 1986 aus Anlaß des zehnjährigen Bestehens des Museums Langenargen. Jahresgabe 1986 für den Freundeskreis des Gerhard-Marcks-Hauses e.V., 72 Seiten mit 22 Abbildungen. 21 × 21 cm. Broschur.

ANDREAS BRUGGER (1737–1812)
Maler von Langenargen

Ein Beitrag zur Kunstgeschichte des Bodenseegebietes und seiner Umgebung zwischen Barock und Romantik von Hubert Hosch, herausgegeben von Eduard Hindelang. 444 Seiten mit 282 Abb., davon 91 in Farbe, Leinen.

WERNER OBERLE – Das druckgraphische Werk
Gesamtverzeichnis

Herausgegeben von Eduard Hindelang. Bearbeitet von Werner Oberle und Eduard Hindelang. 292 Seiten mit 366 Abb., davon 33 in Farbe. 21,5 × 21,5 cm, Leinen.

DIE BILDHAUERIN CLARA RILKE-WESTHOFF
(1878–1954)

Herausgegeben von Eduard Hindelang, 216 Seiten mit 161 Abb., 21,5 × 21,5 cm, Leinen. Gedichte und Briefe von Rainer Maria Rilke an seine Frau Clara, Rudolf Alexander Schröder an Clara, Briefe an Rodin. Clara Rilke: Erinnerungen an Auguste Rodin, Auswahl aus dem plastischen Werk von C.R.W.

KUNST UND KULTUR UM DEN BODENSEE
Zehn Jahre Museum Langenargen.
Festgabe für Eduard Hindelang

Ernst Ziegler (Hg.) 1986. 396 Seiten mit 136 Abbildungen, darunter 29 farbige. 17 × 24 cm. Leinen.

Helmut Engler: Zum Geleit; Rolf Müller: Grußwort; Gisela Linder: Zehn Jahre Museum Langenargen; André Ficus: Porträtkohlezeichnung von Eduard Hindelang, 1983; Aquarell „Argenmündung", 1978; Johannes Duft: Millenarien am Bodensee; Karl Heinz Burmeister: Meister Wilhelm von Montfort, genannt Gabler (um 1390–1459), Alois Niederstätter: Johannes Hugonis de Montfort (um 1440 – um 1505), ein illegitimer Sproß des Grafengeschlechts im ausgehenden Mittelalter; Peter Eitel: Die Ravensburger

Schutzmantelmaria. Beobachtungen zur Geschichte eines mittelalterlichen Kunstwerks; Guntram Brummer: eine unbekannte Konstanz-Vedute von 1508. Mit Beiträgen zur Bau- und Kunstgeschichte der Daisendorfer Kapelle und zur Ikonographie des hl. Sebastian; Klára Garas: Franz Anton Maulbertsch (1724–1796). Neue Zuschreibungen und neue Probleme; Rupert Feuchtmüller: Einige Anmerkungen zu Gemälden in Isny und Reute; Hans Ulrich Wepfer: Wiederaufgetauchtes Kunstgut aus dem ehemaligen Augustiner-Chorherrenstift Kreuzlingen; Herbert Schindler: Weingarten – Architektur einer Reichsabtei; Herbert Berner: Kulturelle Institute in Singen (Hohentwiel). Hegau-Museum – Städtische Kunstsammlung – Hegau-Bibliothek; Ernst Ziegler: Der St. Galler Maler Daniel Ehrenzeller (1788–1849); Karl-Heinz Meißner: Karl Caspar und die Avantgarde in München. 1909–1914; Hans-Jürgen Imiela: Wandbilder Hans Purrmanns; Martin Rudloff: Herzlichst Ihr alter Purrmann. Aus Hans Purrmanns Briefen an Gerhard Marcks; Helmut Maurer: Martin Heidegger als Mitschüler; Susanne Faschon: Gedichte; Maria Müller-Gögler: Gedichte vom Bodensee; Martin Walser: Gedichte „Zletzschd".

Register der Orts- und Personennamen; Bildnachweis; Mitarbeiterverzeichnis.

MERET EICHLER – Beiträge zu Leben und Werk
Herausgegeben von Eduard Hindelang mit Beiträgen von Wolfgang Brokmeier, Erika Dillmann, Walter Dürr, André Ficus, Jeane Flieser, Josef W. Janker, Arthur Mehlstäubler, Walter Münch, Adolf Schahl, Helmut Verch und Antonia Anna Weiss.
204 Seiten mit 148 Abb., davon 73 in Farbe,
21,5 × 21,5, Leinen.

RAINER MARIA RILKE – MATHILDE VOLLMOELLER,
Briefwechsel
1906 – 1914, Hg. von Barbara Glauert-Hesse, 253 Seiten mit 48 Abb. Geb. Sonderausgabe des Museums Langenargen mit Geleitwort von Eduard Hindelang.

ANDRÉ FICUS – Gemälde · Aquarelle · Graphik
Herausgegeben von Eduard Hindelang mit Beiträgen von: Reinhard Döhl, André Ficus, Heinrich Geissler, Dino Larese, Doris Rümmele und Martin Walser. 320 Seiten mit 249 Abb., davon 112 in Farbe, 21,5 × 21,5 cm, Leinen.
Bezug durch das Museum Langenargen oder durch den Verlag Robert Gessler, Friedrichshafen.

JULIUS HERBURGER – Gemälde · Zeichnungen
Herausgegeben von Eduard Hindelang mit Beiträgen von: Peter Eitel, André Ficus, Josef W. Janker, Herbert Karl Kraft, Gisela Linder, Walter Münch, Peter Renz, Harry Schlichtenmaier, Wilfried Stahl.
264 Seiten mit 195 Abb., davon 88 in Farbe, 21,5 × 21,5 cm, Leinen.

DIETHER F. DOMES
Werkübersicht
Herausgegeben von Eduard Hindelang mit Beiträgen von: Erika Dillmann, Diether F. Domes, Walter M. Förderer, Eckart Frahm, Erich Legler, Walter Münch, Gerhard Schaugg, Lutz Tittel.
172 Seiten mit 114 Abb., davon 66 in Farbe, 21,5 × 21,5 cm, Leinen.

Die Bände „André Ficus", „Julius Herburger" und „Diether F. Domes" können durch das Museum Langenargen oder durch den Verlag Robert Gessler, Friedrichshafen, bezogen werden.

Die vorgenannten Bände „Veröffentlichungen des Museums Langenargen" können vom Museum Langenargen oder vom Jan-Thorbecke-Verlag, Sigmaringen, bezogen werden.